东岳教育论丛

徐继存　冯永刚　主编

第二辑

山东教育出版社

图书在版编目（CIP）数据

东岳教育论丛 . 第二辑 / 徐继存，冯永刚主编 . — 济南：山东
教育出版社，2021.12

ISBN 978-7-5701-1910-3

Ⅰ.①东… Ⅱ.①徐… ②冯… Ⅲ.①教育－文集 Ⅳ.①G4-53

中国版本图书馆CIP数据核字（2021）第255260号

DONGYUE JIAOYU LUNCONG DI-ER JI

东岳教育论丛 第二辑　　　　　　　　徐继存　冯永刚　主编

主管单位：山东出版传媒股份有限公司

出版发行：山东教育出版社

　　　　　地址：济南市市中区二环南路2066号4区1号　　邮编：250003

　　　　　电话：（0531）82092660　　网址：www.sjs.com.cn

印　　刷：山东新华印务有限公司

版　　次：2021年12月第1版

印　　次：2021年12月第1次印刷

开　　本：710毫米×1000毫米　1/16

印　　张：17

字　　数：296千

定　　价：60.00元

（如印装质量有问题，请与印刷厂联系调换）印厂电话：0534-2671218

　　《东岳教育论丛》是由山东师范大学教育学——省高水平学科建设项目资助的研究成果之一。山东师范大学教育学是 1950 年学校创办之初最早设立的六大学科之一，有着悠久的学术传统，汇聚了章益、傅统先、朗奎第、张尊颂、李家骧等一批从海外归国的知名学者。本学科 1981 年获硕士学位授予权；2001 年获教育学原理博士学位授予权；2006 年获课程与教学论博士学位授予权；2007 年设立教育学博士后流动站；教育学原理学科被遴选为国家重点（培育）学科；2011 年获教育学一级学科博士学位授予权；2017 年在全国第四轮学科评估中获 B+ 等次；2018 年入选山东省一流学科建设名单；2020 年入选山东省"优势特色学科"建设名单。教育学、教育技术学、学前教育学三个专业入围国家一流专业建设点。

　　本学科始终以"建设一流队伍，培养一流人才，创造一流成果，提供一流服务"为目标，已经发展成为研究方向明确稳定，研究队伍学历、职称和年龄结构合理，研究成果突出，综合实力较强，总体学术力量、研究能力和研究成果在国内具有较大影响和良好声誉的学科。

　　"十三五"以来，本学科先后承担国家级、省部级科研课题 70 余项；出版学术著作 30 余部；发表学术论文 400 余篇，其中在《教育研究》《课程·教材·教法》等期刊发表高水平论文 80 余篇。近年来承担国家社科基金重点项目、青年基金项目、教育部人文社会科学规划项目、全国教育科学规划教育部重点项目、山东省哲学社会科学规划重大项目等省部级以上重点课题 41 项。研究成果先后获全国普通高校人文社会科学优秀成果三等奖 2 项，全国教育科学研究优秀成果三等奖 5 项，山东省社会科学优秀成果一等奖 4 项、二等奖 18 项；获国家级教学成果一等奖 1 项、二等奖 4 项，省级教学成果特等奖 3 项。本学科现有国家"万人计划"教学名师 1 人，山东省"泰山学者"特聘专家 1 人，山东省社科名家 2 人，山东省有突出贡献的中青年专家 4 人，2 人名列"中国哲学社会科学最有影响力学者排行榜"。

近年来，本学科重视学科队伍建设，构建了多个学科团队，进行较明确的分工，显示了学科创新的活力。经过努力，本学科在优化学历层次、增强学术潜力方面取得了显著成效，一批海内外名校毕业的青年学者、学术骨干加盟进来，为学科的长远发展奠定了坚实的基础。

为推进学科建设工作，进一步调动学科人员从事科研的积极性、主动性和创造性，推出高质量的科研成果，提供高水平学术平台，与国内外学术界开展广泛的学术交流，不断提升教育学优势特色学科的建设水准，依据山东师范大学教育学优势特色学科建设关于出版书籍的要求，我们编辑出版了《东岳教育论丛》系列丛书。本年度出版第一、二辑，以后每年根据需要出版 2～4 辑。该丛书设立中西传统教育思想的现代诠释与转化研究（教育哲学）、基于立德树人的道德教育与学校改进研究（德育原理）、课程与教学基本理论的建构与应用（课程与教学）、教师的社会心理及其培育研究（教师教育）、信息技术与课程教学深度融合创新（教育信息化）等五个主题，主要刊载近年来教育学科教师公开发表的高水平学术论文，凸显研究的前沿性、前瞻性、时代性和综合性。

编　者

2021 年 11 月

CONTENTS **目 录**

01 教育哲学

002 从追求绝对正义到反对非正义
　　　　——教育正义论的范式转换 ◎ 高　伟
017 温故而知新：孔子的师道观义疏 ◎ 周卫勇
030 康德的实践性教育：强制与自由的悖论 ◎ 李长伟

02 德育原理

062 学生综合素质评价定位研究 ◎ 柳夕浪
077 学校德育改革应该确立的四种意识 ◎ 唐汉卫
084 教育家办学的制度实践与思考
　　　　——以山东省潍坊市校长职级制改革为例 ◎ 张茂聪　侯　洁
095 高校制度文化及其道德教育蕴意 ◎ 冯永刚

03 课程与教学

106 学校课程建设的辩证逻辑 ◎ 徐继存
118 论基于现实问题的学校课程建设 ◎ 孙宽宁　徐继存　张　莉
130 走向协同教学：课程与教学改革的时代呼唤 ◎ 吉　标
146 论学生的课程理解 ◎ 朱忠琴

04　教师教育

158　实践取向的教师教育困境及突围　◎　冯永刚　高　斐

169　空间嵌入视野下乡村教师社会生活的变迁　◎　车丽娜

182　教师"眼高手低"现象解析：生态取径的教师能动性视角　◎　刘新阳

202　教师的道德认同及其叙事建构　◎　王夫艳　高义吉

05　教育信息化

218　学校在线教育的理性之维　◎　李逢庆　史　洁　尹　苗

230　论在线课程教学系统的建构　◎　王永明　徐继存

245　利用有效失败的创客学习活动设计

　　　　　——一项探索性研究　◎　刘新阳

01

教育哲学

从追求绝对正义到反对非正义

——教育正义论的范式转换

高　伟①

[**摘要**] 教育正义论范式转换的实质是从追求绝对正义到反对非正义。思考教育与正义关系的目的是如何消除教育中显而易见的非正义以及如何通过教育消除社会中那些显而易见的非正义，而一种绝对正义的本质主义认识论路线和演绎式思维方式已经阻碍了教育正义论研究的深入展开。对教育正义来说，一种必不可少的理智必须是在形式上以更全面的视野最大限度地克服立场的片面性，在内容上则以更大的思想体量包容地对待各种合理的理由。诉诸理智思考的教育正义论由此必须从追求绝对正义转向反对非正义。一种恰当的教育正义论的本质维度是生活指标的建立，内容维度是实质自由的确立，目的维度则是提升人的可行能力。教育正义之实现必须转向以人为中心，以人的发展为中心。

[**关键词**] 正义；非正义；教育正义；正义理论

正义是人类的普遍感受（作为心灵秩序）和永恒追求（作为理念），也是社会变革的主要目的（作为价值）。作为实践理性的教育正义论，其目的并不在于建构一套绝对正义的理论框架，而在于对真实的社会生活真正有所作为，即致力于消除教育中显而易见的非正义以及通过教育消除社会中显而易见

---

① 高伟，江苏师范大学教育学部教授、博士生导师，主要从事教育哲学研究。

的非正义。对教育正义的简化处理，会助长实际生活中的争端。教育正义论从而面临一个严峻的范式转换问题，即从追求绝对正义转向反对非正义。这既是教育改革所提出的现实要求，也是教育正义的内在必有之义。

一、追求绝对正义：本质主义的困境

追求正义是教育之本有之义，舍正义者，无谓教育，舍正义问题者，亦无谓教育哲学。关于教育正义，相关论述已不知凡几。教育哲学之正义论究问自其初创便丝缕相续，流布至今，其中断然不绝伟大思想的发现与发明。但统而观之，教育哲学之正义论研究范式不外有二：一是将教育正义视为社会正义之一部，以社会正义之普适性提出对教育正义之要求；二是将正义视为教育的核心价值，从而教育正义实为教育实践之内在目的。前者侧重于正义理念在教育领域之具体应用，后者侧重于考察教育自身的正义状况与正义问题。究其要者，不难发现一种追求绝对正义的本质主义认识论对教育正义论研究的深刻影响。本质主义相信，社会生活和人类灵魂背后总有一个绝对的、确定的正义，只有在这一绝对正义的指导下，社会生活和人类灵魂才能得到正当的解释，从而某种正义的教育才成为可能。本质主义正义论上迄古典政治哲学，中经基督教教义，下至现代性保守主义思想，贯穿整个哲学发展的进程，而教育正义论探究也就是在这一格局下逐渐形成和发展起来的。教育正义论常依附于某种正义论，并以演绎的方式来解说、指导教育实践。因其依附性，也就无所谓教育正义论，只有教育正义论对某种正义论的亦步亦趋；因其演绎性，也就无所谓对正义问题的反思以及对教育实际问题的关注，只有某种正义论在教育领域的适用性。这似乎可以合理地解释：为什么现在我们有越来越多的教育正义论，而对教育正义问题却知道得越来越少。

（一）绝对性的迷思

本质主义的正义论上迄古典正义论，下至现代性正义论，贯穿正义论发展的整个过程。本质主义正义论的要害在于单一价值秩序的预设。在古典正义论看来，所谓正义，本义即指"正确"与"合宜"，人之灵魂正义与城邦的正义都需做"正确"与"合宜"之事，而无论是古希腊时期的理则神，还是中世纪时期的人格神，"正确"与"合宜"的尺度都在于神而不在于人。柏拉图是其中最为典型的代表。他将最高的正义归功于神，城邦正义之建构端赖于神的立法。至现代性之肇始，启蒙思想家仍然相信自然是永恒的标准，是决定好人与好社会的最高标准，只不过现代性中的自然与古典时期的自然已经迥然有别。对现代性来说，自然是人性之自然，因人性之自然为其"自保"，因此订立契约实为必要；对古典性而言，自然乃神圣的"法"，为一切意义之根源。本质主义的正义论探究在古典性与现代性中都表现出了共同的理路，即预设宇宙有一种单一的基本秩序，这一基本秩序既决定了人之灵魂正义的结构，也决定了社会正义的结构，所谓灵魂正义和社会正义也就是按照这一基本秩序来指导个人的行动与城邦事务管理。简言之，正义就是遵循宇宙或自然秩序。柏拉图的灵魂正义与社会正义的同构性，现代性中的社会契约的真实性，都经由此而建立起来。

绝对主义对普遍正义的建构一方面拒绝正义诸要素之间显而易见的矛盾与差异，一方面拒绝正义实践的情境性和差异性。对于前者而言，只有尽可能简化正义要素，一个自洽、自证且高度闭合的理论框架才得以可能；对于后者而言，只有正义理论是高度抽象的，才能保证其在诸社会领域的普适性。绝对主义正义论拓宽了正义的认识论视野，同时也奠定了正义信仰的心理基础——绝对主义的正义论本身就是一个巨大的思想成就。但绝对主义的问题也显而易见。首先，它过于简化地处理了正义诸要素本身的矛盾，忽视了社会正义诸要素之间多种不可避免的相互竞争。其次，虽然绝对主义正义论彰显了无知之人对于神圣之物与宇宙秩序的敬畏之心，但同时也暴露出绝对主义全知视角和全面知识的"致命的自负"，正如哈耶克所批评的那样，"人对于文明运行所赖以为基础的诸多因素往往处于不可避免的无知状态，然而这一基本事实却始终未引起人们的关注。哲学家和研究社会的学者，一般而言，往往会敷衍此一事态，并视人的这种无知为一种可以忽略不计的小缺陷。但是值得我们注意的是，尽管以完全知识预设为基础而展开的关于道德问题或社会问题的讨论，作为一种初步的逻辑探究，偶尔也会起些作用，然而试图用它们来解释真实世界，那么我们就必须承认，它们的作用实在是微乎其微"①。最后，这种追求单一性的本质主义正义论放逐了社会群体环境和文化独特性，忽视了真实社会生活所必然存在的多元与差异，这也是绝对主义正义论饱受诟病之处。

总之，一种追求单一性和绝对性的本质主义正义论的问题并非在于其价

---

① 弗里德利希·冯·哈耶克.自由秩序原理［M］.北京：生活·读书·新知三联书店，1997：19.

值追求的理想性，事实上，这种价值理想性对于正义性来说必不可少，而在于
这种理想性是前设逻辑的理想性。人们当然需要正义理论来引导现实生活，因
此长篇累牍为正义辩护不外是一种常识性表达或情绪性宣泄——正常的理智都
承认正义对于生活的重要性，正义理论对于学术、思想的重要性，但当这种正
义论是以放逐人们的真实生活为代价，或者以某种逻辑在先的理论框架来要求
真实的社会生活，这种正义论难免是情感的而不是理性的，是信仰的而不是知
识的。一种诉诸理智的正义论必须直面真正的困难：即便人们能够就绝对正义
达成一致（当然这既不必要，也不可能），仍然需要在辨识现实状况与理想状
态的距离时考察多种不同的因素而不是仅仅着眼于单一因素和绝对因素。绝对
性的本质主义相信"正确的"就是"最好的"，然而对于所谓完美的正义制度
而言，它并没有能力对各种偏离的情况进行比较和排序，也就是说，即便确立
了先验的、绝对的正义目标，其对正义的比较性评价并没有多大帮助。这一点
也直接限制了绝对正义论的理论效力。

（二）现代分配正义的误区

公平地分配教育资源是现代教育正义论关注的核心问题，教育资源的分
配原则也常诉诸分配正义的现代性建构。也就是说，对于教育分配正义来讲，
分配正义总是一个优先论证。然而，这一所谓优先论证仍然需要加以考辨而
非将其视为不证自明的教育分配的正义原则。所谓正义，在现代意义上讲就是
分配正义，正如罗尔斯所认为的那样，"正义在此的首要主题是社会的基本结
构，或更准确地说，是社会主要制度分配基本权利和义务，决定由社会合作产
生的利益之划分的方式"[①]。对古典正义论特别是亚里士多德的正义论而言，
分配正义指的是按其美德得到回报的原则，而现代意义上的分配正义，则要求
国家保证财产在全社会的公平分配以使每个人都能得到平等的利益分配，而无
论其美德或功过。现代意义上的分配正义有两个基本特征：一是与古典正义论
关注个体德性的养成和灵魂的完善相比，现代分配正义更强调个体权益的获得
与满足；二是国家成为分配正义的主体。所谓教育机会均等、教育资源均衡配
置都是在这一境域下产生的。这也就是教育正义批判为什么通常总是与分配正
义的批判结合起来的根本原因。

从亚里士多德到亚当·斯密的分配正义发展史表明，分配正义乃私人美

---

① 约翰·罗尔斯.正义论［M］.北京：中国科学出版社，2009：6.

德，既无关国家工作，亦无关财富分配。只有当国家成为分配正义主体，以及财富必须公平分配时，国家统整教育资源在社会范围内均衡配置以及确保社会成员教育机会均等的现代教育分配正义理论范式才得以确立。也就是说，教育总是要经由现代分配正义的论证才建立起其自身的合理性，经由国家主体的均衡分配建立其自身的合法性。这当然不能不说是一个历史的进步。因为财富平等分配是现代生活的基本要求，将国家纳入教育正义的视野也有助于解决个体自由所带来的种种弊端。然而，这种教育对于分配正义的演绎仍然面临基本的理论困境，即教育能否/应否像财富一样分配？国家均衡配置教育资源是否属于教育正义的内在要求？

平等地分配财富与平等地分配教育资源一样，至少在现代性境域中具有正当性，比如罗尔斯的分配正义的两个基本原则（自由原则与平等原则）建构了分配正义的普适性。然而，教育对分配正义的演绎却以放弃教育自身的独特性为代价。显然，教育并不单单是一个财富分配的过程，因为成员资格、平等身份、文化认同、自尊、荣誉、权利等不属于分配的范畴，对于教育正义来说，这些都不可或缺甚至更为重要。分配正义的演绎式框架在教育中未必适用。

对于现代分配正义主体的国家来说，如何处理公平与效率的关系是另一个永远绕不过去的问题。公平与效率的纠结在于：如何才能找到公平与效率平衡的解决方案；效益加总如何回应个人权利的诉求。就前者而言，效率优先的教育改革追求效用之和的最大化，而不管分配的效用；公平优先的教育改革追求部分人利益的最大化，而不管对其他人利益的影响，公平与效率的"兼顾"话语似乎并非如想象般有效且自洽。就后者而言，一种公平的教育资源分配，是否不公平地把社会利益强加到个人利益之上，以社会利益的名义剥夺个人的利益诉求？以简单加总个人福利或者效用来评估教育资源均衡分配的结果，势必以剥夺个人权利为代价，鼓励效用主体将自己的行为建立在效用计算的基础上。更重要的是，教育机会均等和教育资源平等配置暗示将效用作为价值本身和价值大小的唯一要素——忽视了权利这一对社会主体来说更为重要的保障因素，同时它也坐实了思想者对"计算理性"和工具理性的有力批评——教育沦为"算计"，意味着将教育存在的根基连根拔起。

（三）先验制度主义的信仰

一种既能保障实现教育正义内在价值又能满足正义普遍原则的教育制度对于现代教育正义来说必不可少。然而，何谓正义的教育制度，如何确立正义的教育制度，却是需要解决的问题。何谓正义的教育制度是一个根本的问题，如何确立正义的教育制度却是一个更为重要的问题，特别是对于教育实践来说，尤其如此。正义的教育制度一般来说既可以诉诸历史与经验，即澄清那些影响正义的社会要素，特别是社会的诸多不正义，也可以诉诸制度的一般原则，即其先验论证。现代正义论通常为了保证制度的普遍合理价值而将先验正义制度作为一个优选策略。

在柏拉图那里，只有一种正义，即灵魂的正当秩序，既没有政治与伦理的区别，也没有普遍与特殊的区别。只是到了亚里士多德，决定政治安排和司法裁决的美德的"特殊正义"才被确定下来——分配正义和矫正正义的区分才成为一个延续的传统。自近代以降，制度设计被认为是社会正义的"原罪"，"正义是社会制度的首要德性"①，它既是造成社会正义问题的原因所在，也是解决社会正义的不二法门。描述绝对正义的社会制度已成为当代正义理论的核心内容。一种演绎的教育与正义的研究范式试图表明，绝对正义的社会安排必须来自对绝对正义的界定，否则教育正义就只是一种盲目的想象。

先验制度主义致力于探寻终极的社会正义以及正义的本质。它假定社会按照某种虚拟的契约运作，而且社会中所有个体的行为都必须遵循同一种理想模式，人的行为完全符合先验正义以及先验社会结构的基本要求，除此之外，没有别的选择，也不需要别的选择。先验制度主义所描绘的理想蓝图则在于，通过重新塑造社会基本结构的方式建立一个具有可操作性的良序社会。先验制度主义虽然也关心人们在这样一种制度下究竟能过一种怎样的生活，但又因果性地认为人们要想过一种良善的生活，就必须设计一种正义的制度。为了建构一种正义的制度，就必须忽视（或者整合）衡量正义的多种原则，忽略可能发生的社会无序状态，这就要求制度必须是先验的、中立的。

先验制度主义对契约论的倚助表面上看来坦荡无私，但在理性上不够诚实。一方面，先验制度主义在解决自然天赋差别和社会选择方面难以调和，其机会均等的理想并不可靠；另一方面，契约论证本身就是一个弱论证，它所依据的是一些不太可信的特定的假设（如罗尔斯的"无知之幕"）。因此，契约论与其说是一种对正义原则和正义起源的构建，一种元伦理的正义要求，不如说是一种策略。也就是说，它并不是不可置疑的正义原则。更重要的是，与关

---

① 约翰·罗尔斯. 正义论［M］. 北京：中国科学出版社，2009：3.

注现实存在的社会和人们的实际行为相比，先验制度主义更关注制度本身的正当性，这本身就已经弱化了制度存在的意义。按照先验制度主义的理论所构建的教育制度，不仅难以保证教育实质的正义，而且还将使得教育正义论的探究成为逻辑的，而非生活的。

教育正义论所探究的到底是正义理论的问题还是实践的正义问题，是个问题。正义理论当然用以实际正义问题之解决，但从正义论到教育正义论之演绎式范式与从实际正义问题到教育正义论之归纳式范式仍然有着本质性的区别。演绎式教育正义论所关切者是教育是否"合乎"某种正义理论，而归纳式教育正义论所关切者是解决实际的教育正义问题需要何种品质的教育正义理论。前者乞灵于一个完美的正义论，即追求绝对的正义，后者则诉诸一个有效的行动方案，即如何解决非正义的问题。事实上，将某种正义理论作为解决实际教育正义问题的原则，本身就潜藏着某种危险，因为这一正义理论本身就是一个需要优先处理的问题。也就是说，正义理论对实际教育正义来说，是问题而非原则。以正义理论强求正义问题可能是一个好的信仰，却是坏的理性。讨论教育正义理论的困境不是为了要穷尽其困境，而是为了突破其困境。要突破其困境，就必须改变教育正义研究的演绎的思维方式，转换研究范式，选择一种"着眼于现实"的正义的研究方法，着力于教育中显而易见的非正义问题的解决，从而使教育正义能够真正落在实处。

二、反对非正义：一种"着眼于现实"的正义的可能性

教育正义所关切者，不仅是教育正义的理想，更重要的是真切的教育生活。生活当然需要理想，提出一种生活的理想固然也是一种思想能力，但如果这种理想并不关切实际的生活，那么它也就只能是观念的操作。现实生活并不仅仅是一种经验生活或者一套现实的组织结构，现实生活本身已经包含了人们能够或者不能够过上哪种生活。着眼于现实的正义由此就必须关注人们实际生活的要求，关注如何推进教育正义，如何推进社会正义。值得注意的是，无论制度安排是如何的精妙，都无法取代人们的现实生活以及对现实生活的感受。一种从生活出发的正义论基于如下经验事实，即人们即便无法就何谓正义达成绝对的一致，但仍然对非正义有种强烈的感受。从先验制度设计到关注生活感受，正是教育正义范式转向的必有之义。

（一）感受并消除显而易见的非正义

在教育领域，真正让人们感到难以接受和触目惊心的，并不是意识到教育领域缺乏"绝对的公正"，而是那些显而易见的非正义。消除赤裸裸的不正义，避免出现极度恶劣的不正义，才是正义理论研究的核心内容，这比寻找完美的公正更重要，也更迫切。即便人们还不能认识到绝对的教育正义到底是什么，但人们仍然有感受非正义教育的能力。

建构绝对正义的教育制度与消除教育的非正义，二者既相互联系又相互区别。建构绝对正义的教育制度当然有利于消除教育的非正义，但消除教育的非正义却与建构绝对正义的教育制度有着完全不同的问题意识和理路。后者致力于一个完美的制度安排，而前者却认为建立一个绝对正义的社会制度既无可能，亦无必要。一个对现实的苦难无动于衷的制度，即便它可以极度完美，但对现实生活也是没有意义、不可信任的，更何况对于绝对正义的制度，从来没有达成过共识。以看得见的方式实现社会正义，就必须关注生活的实质内容。

一种理解正义的可能方式不是通过对什么是正义、什么是非正义即正义的本质来辨明，而是用心去感受那些显而易见的非正义。对显而易见的非正义的感受，不仅能真实地体验到人们正在经受着什么，而且还能进一步加深对人们为什么担心非正义这一问题的理解。这比追求绝对正义的理论更有价值。体验社会非正义总与公认的正义没有得到承认有关；要感受非正义就必须超越经院哲学的逻辑建构，走向真实的生活世界，仔细倾听非正义的实际受害者的诉说。从社会利益的简单再分配和个人的负担入手分析正义问题，并不能充分讨论和理解正义问题。比如杨（Iris Marion Young）就批判性地指出，应以压迫和支配作为考察非正义的起点以转换分配正义的话语，尤其是从对分配模式的关注转到商讨与决策的参与程序上。就正义的社会条件而言，它必须能满足所有人的需要，并使所有人实践他们的自由；这种正义要求所有人能表达他们的需要。①从压制和控制的角度去研究正义问题，通过对非正义受害者的痛苦的感受与了解，从而发现和解决现实生活中存在的非正义问题，未必不是一个可行的方案。

教育正义问题的研究与探讨由此便合理地转化为如何发现、感受教育中

① Young I M. Justice and the Politics of Difference［M］. New Jersey：Princeton University Press，1990：16.

存在的非正义，以便能够有的放矢地消除它；如何通过教育消除现实生活中存在的非正义。教育正义研究最重要的意义与其说是给定一个绝对正义的界说，不如说是提高消除教育中非正义的行动能力。

（二）追求实质正义

作为政治正义，教育正义必然关涉社会关系结构及社会基本资源分配的社会权利—义务，它需要有实质的内容，因而必须是实质性的；同时，教育正义需要通过一系列程序来实现，因而必须是程序性的。然而对于当下的教育正义来说，实质正义要比程序正义远为重要和迫切。程序正义对于实质正义来说，只能是次生性的、条件性的，实质正义之实现才是教育正义之根本目的。

实质正义与程序正义的论争由来已久。程序正义关注社会基本结构的合理设计、人的基本权利与义务的正当分配以及正义价值的合理期待等问题；实质正义则要求教育正义不仅要在法理上真实，而且还必须要客观真实。程序正义是通向教育正义的必然要求，而实质正义则是教育正义的最终目的。当教育的非正义成为常态时，程序正义便成为保障教育正义的重中之重，教育制度的正义要依赖其得以运转，但同时，实质正义更为重要，实质正义之诉求有助于克服程序正义的内在缺陷。

罗尔斯在《正义论》中曾反复强调，他所说的正义是一种纯粹的程序正义。他认为，作为纯粹的程序正义，其程序一旦被实际执行，它所达到的任何结果都是正确的。程序正义意味着从形式上保证正义的普遍有效性，而为了保证"作为公平的正义"的形式上的普遍性，罗尔斯设计了一个中立的"初始状态"——"无知之幕"，正是这一"初始状态"决定了在有序社会中成长起来的社会个体对公正原则的一致选择，形成所谓普遍法则，即唯一公正原则，包括自由优先原则（第一原则）和平等原则（第二原则）。但是罗尔斯的纯粹程序正义依然有其内在的缺陷。分饼是程序正义论者常取的例子。其中，程序正义就是通过设计正当程序保证分饼的公正性。但是教育资源分配的复杂性并不能仅用程序正义来保证其分配的公正。教育资源的分配完全不同于分饼。以所谓的分饼理论来指导教育资源分配是想当然的，而且是非常危险的。首先，无论对教育资源分配的受益者来说，还是对弱势群体和边缘群体来说，在进行教育资源分配的同时还必须考虑对那些不可侵犯的道德权利的尊重，也就是说，不能以平等分配损害自由；其次，每一种不同类型的社会利益都包括各自的"公正领域"和各自不同的根本标准，并不存在一种用以指导教育资源分配的普适性公正；再次，教育资源的分配不仅仅包括在社会中的各种个人之间单纯的物品再分配，还包括群体成员之间的再分配，因此，教育正义必须注意个人与个人之间、个人与群体之间的相互关系；最后，一种纯粹形式的程序正义过于简化地处理了公正原则的具体运作，特别是社会正义与个人行为之间的关系。

可见，仅仅依据程序正义进行教育资源的分配显然是不够的。因为程序正义本身不仅存在着上述缺陷，而且它也根本无法实现。根据罗尔斯的机会平等原则，公立学校和国家必须向那些在教育上受剥夺的人提供充分的教育资源，以补偿其父母教养活动与遗传基因的任何缺陷，但社会资本与知识资本的拥有者无疑在为后代提供教育方面拥有更大的优势，从而获取更好的竞争前景。为此，要保证教育正义，不仅需要分配程序正义，还必须考虑实质正义。程序正义是手段，实质正义才是目的所在。如果社会公民没有从教育正义中得到实在的受益，社会正义没有因为教育而得到实际的改善，那么教育正义就只能是口头上的、形式上的。在一般意义上，正义通常是那些切实可行的美德，也是能够实现并应该实现的美德。

（三）追寻多元正义

绝对正义社会的先验主义取向本质上是在认识论上坚持一种本质主义、基础主义的观点，它并不认为社会正义是由一元决定的，比如罗尔斯就指出在正义的认识论方面存在着"重叠共识"，但这一多元论只有在特定的条件下才是可能的，即将某些因素确定为特选因素而给予极端重要的权数赋值。如此一来，关于正义的多个存在潜在冲突的原则就被缩减至一个，而且是具有排他性的"一个"，由此社会正义的唯一蓝图才被确立下来。这种"奥卡姆剃刀"式的简化处理方式阻断了正义诸标准以及诸影响因素之间的实质性关联，也限制了进行民主决策的空间。所谓最优的社会制度在实践上不可行，在理论上亦较为自负、武断。

与罗尔斯不同，沃尔泽认为各个领域各有其自己的正义原则，不存在单一的正义标准以及单一的分配系统。寻求一致性是哲学不可避免的冲动，却误解了分配正义的主题。对分配正义的最好解释是对其各部分进行解释，即社会诸善和各分配领域。①对于教育领域的分配问题，沃尔泽指出，教育领域的分配模式不能简单地照搬经济和政治秩序的模式，教育分配必须同时关注教育这

---

① 迈克尔·沃尔泽.正义诸领域［M］.南京：译林出版社，2002：417.

一特殊物品的特殊性以及学校的特殊性质。①虽然沃尔泽的理论也遭到强烈批评，但沃尔泽提醒我们注意正义理论的边界，无疑是非常有启示价值的。

"正义社会"这一概念更像一个论域而非一个问题的答案，试图一劳永逸地提供正义社会的解释学框架是不可能的。哈耶克认为，正义社会根本就是一个空洞无物、毫无意义的术语，它只不过是一个幻象，人们永远无法对正义社会达成共识，为此必须彻底取消"正义社会"这一概念。②阿罗不可能性定理表明，不存在同时满足独立性、帕累托原则及非独裁的具有全定义域的社会福利函数，即不存在一个理想的规则，使社会或任何一个集体从个人的序数偏好得出社会的偏好与选择。③阿马蒂亚·森也认为，先验主义在答案可行性和方法冗余性上有着严重缺陷。④

多元正义理论主张正义问题之解决必须基于社会多元化因素（包括价值多元、文化多元和权利的多样化）以及社会情境的复杂性和多变性这一基础。正义原则本身在形式上应该是多元的，在内容上则必须直面现实社会的价值要求。以一种普世的正义原则评判和改造教育是一种形而上学的态度，它虽然有助于拓宽人们对于教育正义的认识，但不利于解决真正的教育现实问题。对于教育正义的追寻必须建立在教育领域的特殊性之上，即教育正义应当基于其自身的理由，依据不同的程序以及它对于社会诸善的不同理解来实现。这实际上也就是承认，教育正义是经验的而非先验的，是生活的而非逻辑的。

三、教育正义：关注实质自由与"可行能力"

教育正义研究的问题必须来自生活而不是逻辑。这就要求对教育正义的研究必须回到教育生活世界中来，直面教育生活世界的真实问题。教育正义研究需要可靠的道德论证，而这一道德论证必须是来自生活的道德论证；教育正义研究需要可靠的理智推理，而这一理智推理同样必须是生活所要求的并由生

---

① 迈克尔·沃尔泽.正义诸领域［M］.南京：译林出版社，2002：262.

② 弗里德利希·冯·哈耶克.法律、立法与自由：第二卷［M］.北京：中国大百科全书出版社，2000：2.

③ 肯尼思·约瑟夫·阿罗.社会选择：个性与多准则［M］.北京：首都经济贸易大学出版社，2000：46-49.

④ 阿马蒂亚·森.正义的理念［M］.北京：中国人民大学出版社，2012：8.

活所决定的理智推理。一种必不可少的理智必须从形式上以更全面的视野最大限度地克服立场的片面性，在内容上更包容地对待各种合理的理由。诉诸理智思考的教育公正理论必须有其面向生活的实质性内容，即它应当保证人们的实质自由得到扩展。一种恰当的教育正义论，不仅应当有程序公正的承诺，还要看它是否实质性地提升了人们过自己所珍视的生活的可行能力。

（一）生活指标：教育正义的本质维度

教育的人力资本价值一直是衡量现代教育进步的关键指标。一旦人力资本被理解为教育通过对人的培养创造经济价值，那么一种关注教育资源平均分配的教育正义论就必不可少，但其所造成的不良后果也显而易见：首先，教育的价值不限于经济增长。教育的确可以使一个人在商品生产中效率更高，亦能提高个人收入水平，但即使收入水平不变，个人仍能从教育中受益。教育的根本价值在于人之为人，因此教育正义必须关注教育的人性基础以及人性养成所必需的普遍条件。其次，教育的价值不限于教育资源的平等分配。自由的平等总是优先于物质满足上的平等。所有人都有追求并拥有美好生活的平等价值。教育正义的必有之义就在于帮助人们获得美好生活的能力，特别是理解美好生活的能力。教育由此必须出于义务而不是出于善意。所谓义务教育不应该仅仅是在法律意义上得到解释，也应该在正义的意义上得到界定。再次，教育正义必须明确个人责任与社会责任之间的界限。社会公共政策要给予民众充分的可能选择。个人应该为自己的目的和雄心、偏好以及选择承担责任。不能为一个孩子提供基本的教育机会则是社会的失败。教育正义必须考虑自由的机会和过程，而这恰恰是传统经济价值论的教育正义理论的疏失。

因此，有必要对教育人力资本的指标进行价值重估，即教育的人力资本价值应该是，教育如何提升了人类生活的能力以及对人类生活究竟产生了哪些实质性的影响，而不是在于它为国家、团体和个人提供了哪些竞争优势。衡量教育正义的关键指标必须是直接的而非间接的，它必须聚焦于人类实际享有的生活本身，即是否能够促进人类过一种更有意义的生活。教育正义论必须要得到生活的证明，而一种能够被生活所证明的教育正义论则意味着：首先，个人在追求他所珍视的价值时能否得到某些权利和保护；其次，每个人理所应得的权利和保护是否得到尊重；再次，有一个切实可行的制度能够保证这一权利；最后，这一可行的制度在理性上是正当的并在纯粹世俗的生活中行之有效。

（二）实质自由：教育正义的内容维度

基于效用与资源（功利主义）、自由权优先（自由至上主义）以及公平（政治自由主义）的教育正义理论都想当然地认为某些价值要素绝对地优于其他要素，比如效用、自由和平等的优先性。这些理论对于深化教育正义问题的研究有参考价值但并不充分，也就是说，它本身并不能作为教育正义的原则。这是因为一种逻辑优先的教育正义论错置了教育理论与教育实践的基本关系，也因为是生活决定了理论的品质而不是相反。理论品质的优先决定因素是生活。对好的教育正义论的评价只能有一个价值标准，即当且仅当它促进了人类福祉与个体幸福。人必须通过教育过一种有价值的生活，这是教育的全部意义之所在，而过一种有价值的生活则意味着一个人必须拥有发展的机会与自由选择的过程，这也就是所谓的实质自由。

教育向来被认为是一种能够促进个体和社会发展的积极影响，然而发展并非GDP（国内生产总值）的增长和个人收入的提高，发展应被看作扩展人们享有真实自由的过程。[①]在阿马蒂亚·森看来，所谓实质自由，"包括免受困苦——诸如饥饿、营养不良、可避免的疾病、过早死亡之类——基本的可行能力，以及能够识字算数、享受政治参与等等的自由"[②]。自由既是发展的目的，即为了自由而发展，也是发展的手段，即通过提升自由和消除那些限制自由的因素而得到发展。这两方面共同解释了自由何以在发展过程中居于中心地位：前者基于自由的评价性价值，即对进步的评判必须以人们拥有的自由是否得到增进为首要标准；后者基于自由的实效性价值，即发展的实现全面地取决于人们的自由的主体地位。[③]自由也因此在发展过程中具有建构性和工具性作用。就建构性作用而言，发展旨在扩展实质自由；就工具性作用而言，实质自由亦足以对经济发展做出富有实效的贡献。

教育对于促进个人实质自由有着重要的工具性价值。通过对个人实质自由的扩充，教育在经济发展过程中成为一个重要的战略变量。教育的价值不仅仅体现为增进经济效益和社会福利，更重要的是，教育能够使一个人获得和享受他的社会文化以及参与社会事务的自由，从而使其产生一种牢固的自我价值

---

① 阿马蒂亚·森. 以自由看待发展［M］. 北京：中国人民大学出版社，2012：1.

② 阿马蒂亚·森. 以自由看待发展［M］. 北京：中国人民大学出版社，2012：30.

③ 阿马蒂亚·森. 以自由看待发展［M］. 北京：中国人民大学出版社，2012：2.

意识。教育机会均等因此就是实现社会正义不可或缺且越来越重要的因素，而所谓机会的公正平等意味着由一系列机构来保证具有类似动机的人都有受教育和培养的类似机会；保证在与相关的义务和任务相联系的品质和努力的基础上各种职务和地位对所有人都开放。①

一种旨在消除社会非正义而非追求绝对正义的教育正义观，着眼于那些并非有意造成但由于体制性安排而引起的后果，即从消除使社会成员痛苦的各种不自由的角度，来判断公众对有关发展的要求。

（三）可行能力：教育正义的目的维度

推进教育正义的目的是提升一个人选择有理由珍视的生活的实质自由，也就是人的可行能力。阿马蒂亚·森认为，一个人的可行能力是此人有可能实现的、各种可能的功能性活动组合。可行能力因此是一种自由，是实现各种可能的功能性活动组合的实质自由。②可行能力之所以作为教育正义之根本目的，正是在于可行能力不仅是判断一个人生存处境的依据，也是其生活质量的根本标志。在阿马蒂亚·森看来，可行能力也是评价一个人总体优势的尺度。③

可行能力是一种实现的能力，而不是功能。它所关注的不是罗尔斯所谓的基本善，而是这些基本善对人类生活究竟产生了哪些实质性的影响，特别是教育是否真正提升了个人对其自身需要的认识，而这也正是发展的决定性特征之所在。人们行使自由的能力在很大程度上取决于所受的教育。生活贫困的实质并非收入贫困，而是可行能力的贫困。教育的普及则有助于使穷人得到更好的机会去克服贫困。教育对提升人类的政治自由、拓展社会机会以及改善经济条件具有重要的价值，而且这些不同类型的自由之间亦可以相互增强。更重要的是，一旦人们认识到可行能力对生活的极端重要性，就应该创设一种人人都平等地受到尊重的教育，一种旨在提升人类自由、开发自身潜能的教育。

教育的全部伦理性只能在于它是否真正推进了人类的生活能力，教育促进人类福祉是指教育在构成人的有价值生活的功能性活动方面，即在人类有理由珍视的那种生活方面提升人类的可行能力，而这也就意味着必须突破分配

---

① 约翰·罗尔斯.正义论［M］.北京：中国科学出版社，2009：219.

② 阿马蒂亚·森.以自由看待发展［M］.北京：中国人民大学出版社，2012：63.

③ 阿马蒂亚·森.正义的理念［M］.北京：中国人民大学出版社，2012：214.

正义的历史局限。现代意义的分配正义要求国家（市场）让每个人都得到一定程度的物质分配，以确保每个人基本的物质生活需要。但更重要的是，分配并不仅仅限于物质产品，还包括教育机会。主要受益于罗尔斯，所有关心分配正义的政治哲学家都开始聚焦于分配正义的两个至关重要的问题，即应该分配什么，每个人应该得到多少。同样得益于罗尔斯，分配主义者关注的焦点从快乐、福祉转向关系一个理性的人所渴望的所有东西，比如教育。罗尔斯认为教育是一种基本善物，而最重要的基本善物是"自我尊重的社会基础"。在某种意义上，教育资源和教育机会分配的重要性要远远大于物质分配，因为教育从根本上决定了人的生活能力的提升。

可行能力是一种生活能力，也是一种自由选择的能力。无可选择或根本不做出选择也就无所谓自由。人的优秀品质只能通过选择行为表现出来。虽然选择能力本身无所谓好坏——它只不过使好坏成为可能，但即便选择不像康德所认为的那样是一种美德，自由选择仍然是社会正义的根本价值。一个好的社会，一种美好生活的起码标志是，人们可以自由地选择、开发和实践他自己的人生计划，可以自由地发挥他的全部价值的潜力。

教育正义论的建构是一个过程，试图提供一个一劳永逸的解决方案是不理智的，解决那些并非显而易见的分歧更不容易；教育正义的实现更是一个漫长的过程，它是各种诉求相互争论的过程，也是一个各种利益不断博弈的过程。但教育正义之实现，无疑必须寄希望于关注那些社会评价标准更容易忽视的生活指标，必须转向以人为中心、以人的发展为中心。

[选自《教育研究》2016年第8期]

温故而知新：孔子的师道观义疏

周卫勇[①]

[摘要] 自古以来对《论语》"温故而知新，可以为师矣"一章的阐释，由于对其内在逻辑关系以及"故""新"二字内涵的理解不同，所以产生了众多不同的主张，但皆未深度阐发其中所蕴含的孔子的师道观问题。由于《中庸》亦有"温故而知新"一语，而且与之相关的文本资源极为丰富，因此据《中庸》的精神以及有关内容以重新理解《论语》此章，不仅可以形成"故""新"皆为"礼"的基本结论，而且使对于"温"字的理解可以摆脱以往过分侧重于以训诂探求文字本义的局限，从而赋予"温"字及全章内涵以生活化的理解和生命意义的解读，进而揭示出《论语》此章的宗旨在于突出学者的文化生命力和生命意义，其所蕴含的孔子师道观的基本内涵为：以文化身，以身为教，承前启后，继往开来。

[关键词] 温故而知新；孔子；师道观；《论语》

孔子被尊为万世师表，那么孔子有没有关于"师"的根本性主张，或者说孔子的师道观到底是什么？在先秦儒家典籍中，有关孔子本人直接论及"为师"的言论，只有《论语·为政篇》中的一句话，即"子曰：'温故而知新，可以为师矣。'"自古以来的各种阐释，多是一般性地阐发"温故而知新"与

---

① 周卫勇，山东师范大学教育学部教授，博士，主要从事中国教育史、先秦儒家教化哲学研究。

"为师"之间的基本关系，没有深刻触及孔子的师道观问题，并且对"温故而知新"基本内涵的理解，也是众说纷纭。本文拟在前人研究的基础上，结合先秦儒家教化哲学的基本精神，通过贯通《论语》此章与《中庸》有关章节的逻辑关系，重新揭示"温故而知新"的基本内涵，并在此基础上进一步通过"义疏"①的解经方式，感通其中所蕴含的孔子的师道观。

一、"因果"与"本末"：古今诠释的共同基础与不同路径

所谓"共同基础"，指自古至今对《论语》此章的阐释存在一个共同的立足点，即认为孔子"温故而知新，可以为师矣"一语是从"为学"的意义上而论"为师"。应该说这样一种理解符合先秦儒家教化哲学的基本精神，同时也可以从《中庸》当中得到有力的佐证。在先秦儒家典籍中，除《论语》以外，同样提及"温故而知新"的是《中庸》第二十七章。《中庸》此章的主旨是强调君子应以至德凝成大道，而实现"至德凝道"的根本在于"尊德性而道问学"，其后"致广大而尽精微，极高明而道中庸，温故而知新，敦厚以崇礼"四句，皆是言"道问学"，也就是说《中庸》"温故而知新"一语，同样是从"为学"的意义上立论的，由此它在一定程度上可以同《论语》此章互通、互证。但是，由于不同的诠释者对"温故而知新"与"可以为师矣"两者之间具体逻辑关系的理解不同，于是产生了两种不同的诠释路径。

第一种是按照因果关系的逻辑，认为"温故而知新"是"可以为师"的根据与条件，实现了"温故而知新"的为学境界，就可以为人之师。例如，何晏注曰："寻绎故者，又知新者，可以为人师矣。"对此，邢昺疏曰："言旧所学得者，温寻使不忘，是温故也。素所未知，学使知之，是知新也。既温寻故者，又知新者，则可以为人师矣。"②何注、邢疏的基本意思相同，其意是学者如果能够做到常常温寻以往所学而不忘，同时又能不断学习新东西，这样的人就可以为人师了。再如，皇侃《论语义疏》释曰："'故'谓所学已得之事也。所学已得者，则温寻之，不使忘失，此是'月勿忘其所能也'；'新'为即时所学新得者也，知新谓'日知其所亡也'。孙绰曰：'滞故则不能明新，

---

① "义疏"是一种传统的解经方法，起源于南北朝，由于对后世影响很大，也被称为义疏之学。它不同于汉代偏重于章句、训诂的解经之法，而是侧重于疏通、补正旧注文意，发挥义理。

② 李学勤.十三经注疏·论语注疏［M］.北京：北京大学出版社，2000：20.

希心则存故不笃，常人情也。惟心平秉一者，守故弥温，造新必通，斯可以为师者也。"①其大意是学者既能守故如新，又能做到及时学有新得，这样的人就可以为人师。在古代众家注释中，对后世影响最大的是朱熹，其曰：

> 言学能时习旧闻，而每有新得，则所学在我，而其应不穷，故可以为人师。若夫记问之学，则无得于心，而所知有限，故《学记》讥其"不足以为人师"，正与此意互相发也。②

朱熹注解的关键一是强调学者能从旧闻中开出新得，二是突出"所学在我"。"所学在我"是强调学者能从"旧闻"中开悟出的新东西，此谓"新得"。"新得"就是"心得"。"旧闻"是闻之在外，而"新得"是得之在心，得之在心就为本身所有，学者以本身之所有而应物无穷，如此则可以为人之师。朱熹认为，与此"心得"之学相对的是记问之学，记问之学仅仅是记忆和把握外在的东西，并没有由此开出自己的心得，这样的人是不可以为人师的。朱熹此解不仅在逻辑上能够自我圆通，同时揭示了"温故而知新"之学与"记问之学"的根本区别，故后世多宗其说。朱熹对此章内在逻辑关系的把握，同样属于典型的因果关系论。王夫之注解此章与朱熹有许多共同之处，但他特别关注到了"可以为师矣"中的"可以"二字，他认为"可以"所表达的是一种基本的为师准则，但必须注意到"温故而知新"本身是一个动态的、为学境界不断升华的过程，所以他说：

> 修一业、通一艺者，皆可以教，则其为见闻，固可有程限，但于故中得新焉，即可以为师矣。为师非修德凝道之了境，故《说命》曰"教学半"。夫子进德，七十未已，而四十时弟子已日进矣。为师非了境，则守故得新，随分可以诲人，特不容以记问之学当之而已。③

---

① 皇侃.论语义疏［M］.桂林：广西师范大学出版社，2018：67.
② 朱熹.四书章句集注［M］.北京：中华书局，2011：58.
③ 王夫之.读四书大全说［M］.北京：中华书局，1975：212.

王夫之强调"能教即能为师"这一基本的为师观念，同时认为同样是"温故而知新"，其为学境界是不一样的，正像孔子四十岁为师而"弟子已日进"，但孔子七十岁为师依然是进德不已。这一主张深化了人们对此章内涵的理解，但在整体逻辑把握上与朱熹是一致的。

根据因果关系的逻辑对《论语》此章经义的阐发，在诠释史上是一种主流的诠释路径。但仔细研读上述诠释，可以发现他们之所以遵循这样的逻辑思路，有一个很重要的原因在于他们都是将"可以为师矣"之中的"为师"，理解成了"为人之师"，即可以成为教诲他人之师。与此相反，就产生了第二种诠释路径。

第二种诠释路径是将"温故而知新"与"可以为师矣"两者之间看作一种本末关系，"温故而知新"是"本"，"可以为师矣"是"末"，本、末之间是一种本立而末从的关系。"本立而末从"之义，指为学者确立了"温故而知新"这个根本，则"可以为师"这个"末"既可能从之而来，也可能从之而不来，但无论来与不来，都不能决定或动摇为学主体本身内在的生命价值。按照这种理解，"可以为师矣"之"可以"二字，就不是王夫之所说的是为人之师最基本的为学境界，而是可以为人之师、也可以不为人之师，为与不为既不影响学者自身的生命价值，也不是学者刻意的一种人生追求。如程树德著《论语集释》引清代学者宦懋庸《论语稽》曰："'师'即谓此温故知新之学，非为人之师也。凡人与故者时时寻绎之，则于故者之中每得新意，天下之理无穷，人心之浚发亦无穷，所谓归而求之有余师者是也。"①对此，程树德按曰："温故知新本为己之学，非以为人。孟子言人之患在好为人师，夫子岂沾沾焉为是计？盖师也者，我所请业请益者也。温故而知新，则所业日益，不待外求师而即可以为我师者矣。"②程树德此言强调以"为学"而论"温故而知新"，不能偏离儒家"为己之学"这一根本，为己则不是为人，若学者以为人之师而计，则正是孟子所说的"好为人师"之患。而程树德"不待外求师而即可以为我师者矣"一语，是认为学者达到了"温故而知新"的为学境界，即进入了一种自我导引、自我兴发、自我成就的境地，所以"不待外求师"，自己就可以做自己的老师。若进一步推演，为己之学强调的是学者为学当以为己为本、为

---

① 程树德.论语集释［M］.北京：中华书局，1990：94.
② 程树德.论语集释［M］.北京：中华书局，1990：94.

人为末，本立则末从，所以学者达到了"温故而知新"这样根本挺立的境界，不必刻意要为人之师，倘若他人仰慕其学、自来求之，则是另一回事，这与儒家"礼闻来学，不闻往教"（《礼记·曲礼上》）的主张是一致的。

明儒张岱也有类似的观点，在其所著《四书遇》中阐释此章曰："为人师，非教人也，即子归而求之有余师字一例。""子归而求之有余师"一语出自《孟子·告子下》，其曰："夫道若大路然，岂难知哉？人病不求耳。子归而求之，有余师。"赵岐注："有余师，师不少也，不必留馆学也。"宋黄庭坚《送伯氏入都》诗曰："陈书北窗下，此自有余师。"清陈廷焯《白雨斋词话》卷五："求诸《大雅》，固有余师。"可见以上皆将孟子"有余师"之义理解为"师不少"，若求之于书，书中会有很多老师；若求之于《大雅》，《大雅》之中一定也有很多老师。这种理解强调的是学者为学应重在自我兴发、自求自得之义，倘能自我兴发、自求自得，就真正明白了"师"的根本所在，则身边的一书、一册、一人、一事，皆可以兴发人内心的自得，皆可以为己之师，所以说"师"多得是，故张岱认为"温故而知新"只不过是自我感觉"有余师"之"师"中的一例或一种情况而已。《论语·子张篇》中有一段话也表达了同样的意思，《论语》载："卫公孙朝问于子贡曰：'仲尼焉学？'子贡曰：'文武之道，未坠于地也，在人。贤者识其大者，不贤者识其小也，莫不有文武之道焉。夫子焉不学？而亦何常师之有！'""常师"就是固定的老师。当有人问孔子的学问是从哪里学来的时，子贡说文、武之道即在人间，随处可见、随处可学，不一定需要固定的老师。

以上两种诠释的路径不同、观点有异，但两者所阐发的道理并不截然矛盾。言师必言学，天下为人之师者必在其学；而言学不一定言师，学至于其境，则"师"自在其中，不必刻意去求师，也不必刻意为人之师。两种诠释路径相比较，古今取第一种路径与观点者为多数、为主导。程树德作《论语集释》，虽对第二种诠释路径与观点引述颇多，但也没有表现出倾倒之意，只是说："其论似创而颇有意致，可备一说。"①

二、"故"与"新"的内涵：古今诠释的不同观点

不管诠释者遵循何种诠释路径，其诠释的重点都要落在对"温故而知

---

① 程树德.论语集释［M］.北京：中华书局，1990：94.

新"基本含义的把握上，而要把握其基本含义，又必须首先明确"故""新"二字的具体内涵。由于《论语》中孔子本人并没有具体阐明"故"与"新"的确定内涵，这为后世诠释留出了巨大空间，但概括起来主要有以下四种观点。

第一种是"知识论"的观点。如杨伯峻在《论语译注》中将此章翻译为："在温习旧知识时，能有新体会、新发现，就可以做老师了。"[①]这种知识论的观点在今天影响很大，但在古代阐释中一般很少有这种观点。为学必然要学习知识，但问题是先秦儒家之学，是求道、问道之学，是生命意义之学，其核心并不是知识。以孔子为代表的先秦儒家之学，主要是指在日用常行的现实生活中习行以"礼"为核心的礼乐文化，是以礼修身，修身行道。这些礼乐文化固然包含众多的知识要素，但其核心不是掌握这些知识，而是以礼乐文明的精神兴发人性中本有的"道"。

第二种是"心得论"的观点。这一观点以朱熹为代表，他强调学者为学重在"得于心"，如果"无得于心"，就是记问之学，记问之学则不足以为人师。按朱熹之意，"故"是旧之"心得"，而"新"是在"旧心得"基础上形成新的"心得"，如此"故""新"为一，都是指人内在的"心得"。但朱熹同时强调有"心得"未必就能为人师，其要在于"学能时习旧闻而每有新得"，"每有新得"才是朱熹所强调的为学境界，达于此境才能"其应无穷"，这样的人才可以为人之师。按照朱熹的主张，"知新"即在"温故"之中，是从"故"中得"新"，后儒对此多有歧义。如清儒简朝亮曰："盖知新有在温故中焉，知新有在温故外焉，知新有在温故外如在温故中焉，故不曰'温故知新'必曰'温故而知新'，明乎二者以分而合也。"[②]

第三种是"古今论"的观点。"古今论"的观点是释"故"为"古"，释"新"为"今"，"温故"即"知古"，"知新"即"知今"，知古与知今并非截然两分，是在知古、通古中知今，"今"当中即蕴含着"古"。清儒刘宝楠在《论语正义》中就引述并评论了一些"古今论"的典型观点。

---

① 杨伯峻.论语译注［M］.北京：中华书局，2006：17.
② 简朝亮.论语集注补正述疏：上册［M］.上海：华东师范大学出版社，2013：163.

刘氏逢禄《论语述何篇》："故，古也。六经皆述古昔、称先王者也。知新，谓通其大义，以斟酌后世之制作，汉初经师皆是也。"案：刘说亦是。黄氏式三《论语后案》引《汉书·成帝纪》曰："儒林之官，宜皆明于古今，温故知新，通达国体。"《百官表》以"通古今"备"温故知新"之义。《论衡·谢短》："知古不知今，谓之陆沉"；"知今不知古，谓之盲瞽"；"温故知新，可以为师。古今不知，称师如何？"孔颖达《礼记叙》："博物通人，知今温古，考前代之宪章，参当时之得失。"是汉、唐人解"知新"多如刘说。[1]

程树德在《论语集释》中则直接引用了黄式三《论语后案》中关于《论语》此章的具体解释，意义更加明确，其曰："故，古也，已然之迹也。新，今也，当时之事也。趣时者厌古，而必燀温之。泥古者薄今，而必审知之。知古知今，乃不愧为师。"[2]

"古今论"之说，一是蕴含着古今一体、新中有故的思想，二是强调为师者应该通古明今、以古察今，如此"故"与"新"虽皆在外，但因学者之"知"而融于一身，如此方不愧为人之师。

第四种是"德性论"的观点。这种观点多受《中庸》"尊德性而道问学"的影响，强调德性是人生而本有之"故"，故为学必以德性为本、为尊，以彰显本性之固有，并以此为主宰通理万事万物。如清儒李二曲认为，人所禀受的天命之性，乃是人一身之主，耳目口鼻、四肢百骸都是被此"主"所役使，所以此"主"为"尊"，"若问学不以德性为事，纵向博雅人问尽古今疑义，学尽古今典籍，制作可侔姬公，删述不让孔子，总是为耳目所役，不惟于德性毫无关涉，适以累其德性"。在此基础上，李二曲进一步解"温故而知新"之义为："德性本吾故物，一意涵养德性而浚其灵源，悟门既开，见地自新。"[3]即"德性"是人的天命本具之"故物"，通过温故涵养此固有之"德性"就可以打开人的"灵源"，而此"灵源"之谓，说到底就是指源自人

① 刘宝楠.论语正义［M］.北京：中华书局，1990：54.
② 程树德.论语集释［M］.北京：中华书局，1990：94.
③ 李颙.二曲集（下）［M］.北京：中华书局，1996：423.

本性的智慧，而所谓"见地自新"，就是以智慧的兴发，体察与通达当下及未来无穷之变，此谓"知新"。与李二曲的观点相类似，明儒郝敬认为："天命之性，道之原也，人所同得，是曰德性；超形气之表，为众体之宗，至尊也。……德性中本有皆故也，由问学温习之，日著日察则本然之内自有新知焉。"①刘沅释《论语》此章，与此"德性论"既相互贯通，又在此基础上有所发明，其曰："天命之性，得之生初，故也；即闻见所得之善，亦是故。穷理尽性，愤乐相寻，内复其性，外而实践，久久表里贯通，以一理揆度万事，得失是非，晓然不移，所见闻者可直决之，即所不见闻，亦以义断之。虽所疑问，无不有以折中，故曰可以为师也。"②刘沅此说是在肯定天命之性为"故"的基础上，强调为学之道是"内复其性，外而实践"，以求内外贯通而得其一贯之理，并以此一贯之理揆度、决断万事，就是"知新"，如此才可以为人之师。

三、"故""新"皆为"礼"：《中庸》与《论语》的贯通之解

由于上述观点各不相同，那么如何确定地把握"故""新"二字的基本内涵呢？本文以为，《论语》"温故而知新"一语，也同样出现在《中庸》第二十七章之中，所以在《中庸》与《论语》的贯通之中把握此"故""新"之内涵，是一条重要的研究思路。《中庸》曰：

> 大哉圣人之道，洋洋乎！发育万物，峻极于天，优优大哉！礼仪三百，威仪三千，待其人而后行。故曰苟不至德，至道不凝焉。故君子尊德性而道问学，致广大而尽精微，极高明而道中庸，温故而知新，敦厚以崇礼。是故居上不骄，为下不倍。国有道其言足以兴，国无道其默足以容。《诗》曰："既明且哲，以保其身。"其此之谓欤！

《中庸》此章开篇即阐明圣人之道与天道为一，此道大生、广生天下万物，故曰"发育万物，峻极于天，优优大哉"。紧接着言礼，认为先王之礼世

---

① 郝敬.九部经解·礼记通解：卷十九.
② 刘沅.槐轩全书·论语恒解［M］.成都：巴蜀书社，2006：158.

代相传，至周时已桀然美备，故曰"礼仪三百，威仪三千"。《中庸》明确地将圣人之道与礼关联起来，目的在于阐明与天为一的圣人之道即蕴含在这世代传承的"礼"当中，但若人不能以德凝道，则圣人之道、先王之礼不可能行于天下，故曰"待其人而后行"。那么，人如何才能做到"至德凝道"呢？《中庸》为此所阐发的基本宗旨就是"尊德性而道问学"，其中"尊德性"就是以德性为尊、为主，以人内在固有的"德性"支配和主导人的一切生命生活，而实现和达致这一境界的必由之路就是"问学"，此即"道问学"。"道问学"就是指君子之学，君子之学就是学礼、习礼。此"礼"是孔子时代对礼乐文明的总称，君子之学就是在日用常行中学习和践行"礼"，做到"克己复礼"，一切视、听、言、动皆合于礼，使礼的规范与精神与自我日用常行的真实生命、生活融为一体。但《中庸》此章的重点显然不在于阐述"道问学"的具体途径与方法，而是着重阐述了君子为学的基本原则，此即："致广大而尽精微，极高明而道中庸，温故而知新，敦厚以崇礼。"这四条基本原则，皆是对应着"礼"而言的。首先，先王制礼作乐，代代传承，此礼广大悉备、无所不包，其义至精至微，故君子问学必"致广大而尽精微"。其次，先王之礼上通天道之高明，下达人日用常行之平凡的生命生活，故君子问学必"极高明而道中庸"。第三，先王之礼千古传承，礼的精神是永恒的，但礼的内容与形式随着时代的变化而代有损益，故君子问学必"温故而知新"。第四，先王之礼内本于本性之仁，外在地构成人一切生命生活的准则，故君子问学必达致内敦厚其仁、外崇礼而行，故曰"敦厚以崇礼"。由此，进一步推敲"温故而知新"之"故""新"二字的内涵，则"故"主要是指"故礼"，是兼由"故礼"及于"故事"之义；而"新"是指当下和未来因应时变而沿革损益的礼的变化，或曰"新礼"，是兼由"新礼"及于当下和未来千变万化的"新事"之义。孔子曰："殷因于夏礼，所损益可知也。周因于殷礼，所损益可知也。其或继周者，虽百世可知也。"（《论语·为政》）孔子此言中所谓"知"，就既包含"温故"又包含"知新"之义，其中"故""新"同样是言"礼"，此正与《中庸》相发明。由此，《论语》与《中庸》对于"温故而知新"一语，两者文辞无异、语义贯通、义理相洽，所以"故""新"二字的内涵皆为"礼"，当属无疑。另外，这也与孔门"六艺"之教是贯通无碍的。孔门"六艺"之中，除《礼》固然是礼书之外，其他五种经典（即《诗》《书》《乐》《易》《春秋》），从一定意义上讲也都是礼书。《汉书·礼乐志》云："《六经》

之道同归，而礼乐之用为急。"邹昌林认为："所谓'《六经》之道同归'，'同归'于哪里？即同归于礼。"①

　　将"故"与"新"的内涵确定为礼，可以使我们对上述关于"故""新"内涵的四种基本观点及其内在缺陷有更清楚的认识。首先，礼包括礼制、礼义和礼俗，它不仅以知识的形态记录在典籍之中，更是人们的一种生活方式。《论语》开篇即曰："学而时习之，不亦说乎？""学"是感通，"习"是体验，知识的把握和道理的感通只有与真实的生活体验相结合，才能真正带给人一种身心愉悦的满足感，才能使人获得生命、生活的意义感，这正是儒门之学的精神所在。所以，仅仅把"温故而知新"之学局限在学习知识的范围内，与现在学校教育以读书为主的学习方式固然有许多可通之处，但并不是真正意义上的先秦儒家之学。其次，"心得论"之说虽然深刻，但似乎忽略了很重要的一点，即所谓"心得"，得的是理，礼的内容与形式可以分故、新，但理本身并无故、新之论。程树德《论语集释》引张履祥《张世备忘录》曰："天地间只一道理，更无新故。工夫只在温故，温故能自得，自得则日新。"②所以直接以"心得"为"故""新"是讲不通的，但以"故""新"皆为"礼"，其义则更加圆融。再次，"古今论"的观点显得过于宽泛，以"故"为"古"，以"新"为"今"，以"温故而知新"为通古知今，而"通古至今"从教化的意义上说，主要是就文化而言的，在孔子时代文化的总称非礼莫属，故只言"古今"而不言"礼"，不仅内涵上过于宽泛，与为师、为学的礼乐教化意义也相对疏远了。最后，"德性论"的主张虽然顺应了《中庸》"尊德性"的宗旨，却偏离了"道问学"的意义。"尊德性"是通过"道问学"来实现的，德性难分故、新，只有礼才有故、有新。"问学"之道正是通过礼的感通与习行，以兴发和彰显本性之德，才能实现德性之尊。所以将"故"与"新"皆落实为礼，将"温故而知新"落实为问学之道，在学理上更加畅通无滞。

四、"温"字的生命意义解读与孔子的师道观发微

　　"故""新"皆为"礼"，"温故"之义是指学者通过对"故礼"的习行与感通，融会其精神，自得其一以贯之道；而"知新"之义是学者由此一贯之道通

---

①　邹昌林.中国礼文化［M］.北京：社会科学文献出版社，2000：24.
②　程树德.论语集释［M］.北京：中华书局，1990：94.

达当下与未来礼的损益变化及由此决定的无穷之事理，以察往知今、继往开来。但这里有一个至关重要的问题，即通过"故"感通礼的精神或蕴含其中的一贯之道，孔子为何要用一个"温"字？这个"温"字本身又有什么特定的意义？本文以为只有对"温"字做生命意义的解读，才能真正把握孔子师道观的精髓。

以"故"为"故礼"，其所表征的是世代沿革损益的礼乐文化及其精神，这些东西并没有消失，它们就记录在典籍之中，就像《中庸》所谓"文武之政，布在方策"一样，文王、武王的为政之道就记录在"方策"之中，但只有通过"学"将其转化为学者内在的生命力，以鲜活的生命挺立文武之政的本质内涵与精神，文武之政才能行于天下。儒家教化也被称为礼乐教化，是学者在日用常行的真实生活中，通过礼乐文明的涵养以兴发生命内在的本性之德，彰显人内在的生命力。孔子正是把学者在真实的生活中，在问礼、学礼、体验礼的过程中，有情、有感、有生命力的生命活动状态，落实为一个"温"字。在古今纷纭的各种阐释中，明儒顾宪成可谓深明此义，其曰："'必有事焉而勿正，心勿忘，勿助长'，极尽此'温'字形容。忘则冷，助则热，惟'温'字一团生气，千红万紫都向此中酝酿而出。"[1] "必有事焉而勿正，心勿忘，勿助长"，这是孟子言养浩然之气的话，意思是说浩然之气要在日用伦常的行事之中不间断地滋养，要将它时刻挂在心上不能忘却，要从容、淡定、顺其自然，不要主观地采用揠苗助长的方法。实际上就是强调要在真实的生活中涵养和生发自己的浩然之气，而孟子所谓"浩然之气"，所彰显的正是人内在的道德生命力。正是基于这样的理解，在顾宪成眼里的"温"字，是一种不冷不热的正常生命状态所展现出的"一团生气"，它充满着温情和旺盛的生命气象，而其所谓"千红万紫"则是指真实生活的千姿百态，生活的千姿百态皆是由此"温"酝酿而出。顾宪成对"温"字的形容恰切、灵动、充满诗意，更重要的是其赋予了"温"字以道德生命意义的解读。但是历来释者多依循文字训诂的路子，释"温"如燖温之温、燂温之温、温寻之温，其义正如程树德所言"凡物将寒而重热之曰温"[2]，并进一步将"温"字之义引申为温习而不使忘失。如皇侃曰："温，温寻也。'故'谓所学已得之事也，所学已得者，则温寻

① 程树德.论语集释［M］.北京：中华书局，1990：94.
② 程树德.论语集释［M］.北京：中华书局，1990：94.

之下不使忘失，此是'月勿忘其所能也'。"①上述阐释实际上是过分局限于文字本身的含义并将"为学"之义偏重于以读书为主的生活，从而与学者日用常行的真实生命生活相脱离。自古释者之失多在于此。"温"的直接意义当如今人所言的"温度"，不冷、不热谓之温，因而"温"的意义可以理解为与生命体的体温有密切关联，即正常的生命状态，人的身体是温的，既不冷也不热。若进一步引申其义，则生命体的不冷不热之"温"即是"中"，达于此"中"意味着生命体充满着内在的生命力，而这种生命力与人的本性之"中"是相贯通的。本性之"中"就是本性之德，就是"仁"，由此，也就赋予了这种生命之"温"以道德生命力的意义。《论语》"温故而知新"之"温"用作动词，是指学者在日用常行的生活中以自身之生命温存、涵养此"故"，并在对"故"的温存、涵养中兴发起自我内在本性的力量，使外在之"故礼"与内在本性之"中"（仁）一体贯通，如此才能以自我生命之身承载起光辉灿烂的礼乐文明及其精神。如果脱离开人的本性之"中"、内在之仁，就割裂了"温"与人的道德生命力和生命意义的关联，也就丧失了先秦儒学的真精神。"温"作为生命意义表达的另外一层含义是指温情，是一种发自本性、不冷不热、温和适中、精纯不二的情感投入。那么人对"礼"何以有此生命的温度与温情？这是因为礼不仅仅是记录在典籍中的文字，也是人的生活方式，它使人能"自别于禽兽"②，使"父子有亲、君臣有义、夫妇有别、长幼有序、朋友有信"（《孟子·滕文公上》），使人的生活"有礼则安，无礼则危"（《礼记·曲礼上》），所以孔子说："不学礼，无以立。"（《论语·季氏》）对于"温"字的生命意义解读，也意味着"温故而知新"之"知"同样具有鲜活的生命意义，它不同于现代认识论意义上的认识、了解、理解之义，而是具有以身体之、以身验之的深刻内涵，彰显着源发于本性之德的动力与智慧。所以，以"礼"观《论语》"温故而知新"一语，学者以"温故"得其不变之理自能"知新"，"知新"通其一贯之理自能"温故"。温故而知新，学者不仅能以自身内在的道德生命力立于当下，而且能以一己之身承载着过去、贯通着未来，如此而为人之师，才能不误人子弟，才能在教化与文化传承的意义上真

---

① 李学勤.十三经注疏·论语注疏［M］.北京：北京大学出版社，2000：67.
②《礼记·曲礼上》："是故圣人作，为礼以教人，使人以有礼，知自别于禽兽。"

正实现承前启后、继往开来。孔子曰："文王既没，文不在兹乎！天之将丧斯文也，后死者不得与于斯文也；天之未丧斯文也，匡人其如予何？"（《论语·子罕》）又曰："德之不修，学之不讲，闻义不能徙，不善不能改，是吾忧也。"（《论语·述而》）"文不在兹乎"之"文"，是指先王之道和礼乐文明，"斯文在兹"正是以文化身、以自身内在的道德生命力承载着先王之道和礼乐文明。所以孔子以天命为自命，以"斯文在兹"为自任，以德之不修、学之不讲、礼乐教化不兴为忧患，从而身体力行、以身为师，自觉地承担起礼乐文明和道统传承的使命。孔子曰："默而识之，学而不厌，诲人不倦，何有于我哉？"（《论语·子罕》）"何有于我哉"就是"于我何有哉"，是孔子自谓其一生之所为，唯此"学而不厌，诲人不倦"而已。"学而不厌"是言学，"诲人不倦"是言为人之师，可见为学、为师在孔子自我的生命意义体验中是何其重要！结合孔子的一生进一步体会《论语》"温故而知新，可以为师矣"一语，我们可以将其中蕴含的孔子师道观进一步义疏为：以文化身，以身为师，承前启后，继往开来。"以文化身"就是通过对自古传承的礼乐文明的感通与践行，使礼乐文明的精神与自我的生命融为一体，从而挺立起自我丰满的道德人格，彰显出旺盛的道德生命力。"以身为师"就是以身为范、以身为教，是师者以自我的生命感通学者生命、以自我的生命意义兴发学者的生命意义，此正如刘咸炘所言："夫教莫大乎躬率之。"[1]"承前启后，继往开来"是师者以文化之身、以内在的道德生命力和丰满的人格与智慧，自觉承担起礼乐文明和道统传承的使命，并在使命的承担中彰显和实现自我的生命意义。师道立，则本立，本立而道生。今人言为师，轻言师道而重在追求教育教学的方法、技术与手段，实际上是重末而轻本。孔子的师道观，对于兴发当今为师者的内在生命力和教育智慧，依然具有重大意义。

[选自《教育学报》2020年第8期]

[1] 刘咸炘.推十书·左书·大学孝经贯义：甲辑壹[M].上海：上海科学技术文献出版社，2009：86.

康德的实践性教育：强制与自由的悖论

李长伟①

[摘要] 在一般的意义上，自由与强制是难以共存于教育艺术之中的，因为二者是矛盾的。不过，在康德那里，他在界定教育是艺术时，又把"强制"与"自由"同时纳入了教育艺术之中。于是，教育是自由的艺术，同时又是强制的艺术。康德看到了这一难题，但并不认为这是一种悖论。如若进入康德的哲学文本和教育学本文中，会发现康德的自由与强制在他的"实践性教育"概念中存在着不可化解的悖论。也就是说，一方面，实践性教育是自由的艺术，但同时实践性教育又是强制的艺术，这实际是一种悖论。这一悖论的产生，与康德对亚里士多德的教育哲学的反动有直接的关系。

[关键词] 实践性教育；强制；自由；德性

在最一般的意义上，教育是教师对学生所施加的良好影响，所以当人们把教育视为自由的艺术时，意味着教师对学生所施加的良好影响不是强制的、令其痛苦的，而是让其体验到了生命的自由和愉悦。当然，就教师而言，他作为自由的教育艺术活动的构成部分，亦应体验到生命的自由和愉悦。也就是说，在对教育性质的规定中，若教育是自由的，那就不可能是强制的，反之亦然。

不过，值得注意的是，在教育哲学史上，强制与自由这一对矛盾的概念，竟然被康德同时纳入了教育艺术当中。一方面，在康德那里，自由作为理

---

① 李长伟，山东师范大学教育学部教授、博士生导师，主要从事教育哲学研究。

性大厦的拱顶石，规定了作为一门艺术的教育的本性（对于"教育是什么"，康德的回答是清楚的，那就是"教育是一门艺术"，他在《论教育》中七次提及这一观点），即教育艺术是自由的；另一方面，康德又认为教育艺术具有强制性，它贯穿在学童教育的两个阶段。于是，"教育中最重大的问题之一是，人们怎样才能把服从于法则的强制和运用自由的能力结合起来"①。不过，对于康德而言，教育艺术中的自由与强制的关系这一最重大的问题，并不是一个不可解决的难题，因为他并不认为自由与强制在教育艺术中的共存是一种悖论。不过，仔细分析，就会发现，康德其实并没有解决这一难题，因为自由与强制是一种悖论性关系。

教育中自由与强制的悖论，集中体现在康德对实践性教育，也就是道德教育的阐述之中。本文拟通过对实践性教育的阐释，揭示自由与强制的悖论，指出这一悖论的存在与康德对亚里士多德教育哲学的反动有直接的关系。

一、什么是"实践性教育"

在康德的实践哲学中，自然与自由的划分与关系是根本性的。以这种划分与关系为基础，康德在教育学中将教育划分为"自然性的教育"与"实践性的教育"，前者指向人的服从自然因果律的自然性生存，后者指向人的超越自然因果律的自由性生存，且前者附属于后者，后者高于前者。对于二者的内涵与关系，康德有明确的界说：

> 自然性的教育是关于人和动物共同方面的教育，即养育。实践性的教育或道德性的教育则是指那种把人塑造成生活中的自由行动者的教育。（"实践性的"指教育中所有关于自由的东西。）这是一种导向人格性的教育，是自由行动者的教育，这样的行动者能够自立，并构成社会的一个有机构成部分，而又意识到其自身的内在价值。②
>
> 一个人可能得到了很好的自然性的培养，可能在精神上受到了很好的教化，但在道德上却没有培养好，这样他就仍然是一个恶劣

---

① 康德.论教育学［M］.赵鹏，何兆武，译.上海：上海人民出版社，2005：13.
② 康德.论教育学［M］.赵鹏，何兆武，译.上海：上海人民出版社，2005：27.

的被造物。①

　　由康德的言论，可以清晰地知道，实践性教育不同于且超越于自然性教育，它以"自由""人格性"为根本，因此是自由的教育、人格性的教育。又因为无论是自由——超越了自然因果律、不受他者规定，还是人格性——人心中的道德法则以及与它不可分割的敬重动机，都以纯粹的实践理性也就是立法理性为根源，所以实践性教育亦是理性教育。在某种意义上，纯粹的实践理性、意志的自由、道德法则、对法则的敬重、出于义务的行动、实践性教育，构成了康德整个实践哲学的一个完整的链条和序列。这里，虽然实践性教育以前面的五项存在为前提，但它们的现实又离不开实践性教育，诚如康德所言，"人只有通过教育才能成为人。除了教育从他身上所造就出的东西外，他什么也不是"②。

　　需要指出的是，康德又在随后对实践教育之内容构成的分析中，将实践性教育视为广义的，也就是说，它既包括"道德性"，也包括"技能"与"明智"。可以看出，广义的实践性教育，源于《道德形而上学的奠基》中"三种命令"所隐含的广义的实践——技术性实践、实用性实践、道德性实践。如果严格按照只有"自由的"才是"实践的"这一标准，去衡量三种实践性教育，那就只有道德性教育才配得上"实践性教育"的名号，技能教育与明智教育只能算作自然性教育。当康德把实践性教育视为广义的时，实际就使得教育艺术概念充满了矛盾和悖论。对此问题，暂且搁置，我们先谈狭义的实践性教育，也就是道德性教育中的悖论。

二、实践性教育是自由的

　　既然实践性教育是塑造自由行动者的活动，那这一艺术活动就必然是自由的，即这一艺术活动自身就是目的，除此之外，别无目的。进而言之，教育艺术活动的对象，也就是孩童，应该在活动中体验到自由与愉悦，而不是体验到自己被作为"物品"强制性加工而产生的人格上的羞辱和痛苦。之所以会给出这样的判断，根本在于康德在《道德形而上学的奠基》中提出的实践命令式

---

　　① 康德.论教育学［M］.赵鹏，何兆武，译.上海：上海人民出版社，2005：5.
　　② 李秋零.康德著作全集：第4卷［M］.北京：中国人民大学出版社，2005：437.

或者说定言命令式的"目的公式"："你要如此行动，即无论是你的人格中的人性，还是其他任何一个人的人格中的人性，你在任何时候都同时当作目的，绝不仅仅当作手段来使用。"①这里，康德明确要求把任何一个人的"人格中的人性"，也就是"理性存在者的理性"，都同时当作"目的"。而且，目的不仅仅是"客观目的"，"亦即其存在自身就是目的的东西，而且是一种无法用任何其他目的来取代的目的，别的东西都应当仅仅作为手段来为它服务，因为若不然，就根本不能发现任何具有绝对价值的东西"②。如果"人格中的人性"被单纯视作"手段"，那就意味着"人格中的人性"被当作只有相对价值的"无理性的存在"，也就是"事物"了。这无疑贬低了本是无可替代的作为目的的高贵的人性理念。由目的公式，可以推导出将人导向"人格中的人性"的"教育艺术"之性质是"自由的"，亦即教育必须把作为"人格中的人性"的孩童自身看作"目的"。这意味着教育不能采用强制性的、惩罚性的手段去对待孩子，因为这样做，只会让孩子成为为了避免痛苦而行动的不自由的存在，而不会让孩子成为遵循内在的"人格中的人性"的自由的存在。

对教育艺术是自由的实践的判断，是基于"人格中的人性是目的"推论出的，具有间接性。其实，康德的诸多言论直接彰显着他对教育之自由性的本质规定。一是出现在1776年3月28日写给沃尔克的一封信中。这封信谈及的是沃尔克的还不到6岁的小儿子报名入学的事情："迄今为止对他的教育都是负面的，而我认为，在他这个年龄之前只应给他以最好的教育。人们应该按他的年龄毫不强制地发展他的天性和健全的理智，（教育者要做的）只是根除一切可能扭曲他的天性、良知和性情的东西。他应该受到自由的教育，而且一定不能使他感到厌烦。他应永不知何为严厉粗暴，并且对于不太困难的概念总是易于理解。为了保护他的心灵的自由，防止说谎，宁可容忍他身上的一些孩子气的缺点。"③二是出现在《论教育学》中。他认为，实践性的教育艺术"不再基于规训，而是基于准则。如果人们要把它建立在警示、威胁、惩罚等等东西的基础上，就会完全败坏它，那样的话它就只是一种规训而已。人们必须让学童

---

① 李秋零. 康德著作全集：第4卷［M］. 北京：中国人民大学出版社，2005：437.

② 李秋零. 康德著作全集：第4卷［M］. 北京：中国人民大学出版社，2005：437.

③ 卡尔·福尔伦德. 康德传：康德的生平与事业［M］. 曹俊峰，译. 天津：天津教育出版社，2005：210-211.

从自己的准则而非习惯出发来做好事，即他不是仅仅做好事，而是因为那样做是好的才去做它。因为行动的道德价值在于善的准则"①。三是出现在康德去世后整理出版的《人类学反思录》中。康德在书中突出强调了儿童的自由，认为"儿童必须受到自由的教育"，不能对儿童施加必然的纪律的强制，必须"尊重人权"。②总之，"如果要确立道德，就一定不能靠惩罚"。若儿童做坏事就要惩罚，做好事就要奖励，就会使他为了得到好处而做好事。当他长大后，面临一个无奖赏的世界时，"就会变得只关心自己在世上过得怎样，他之行善或作恶，取决于怎样做对他来说最有好处"③。若细究康德对道德性教育之性质的规定，能够看出规定的根据仍然是"人格中的人性是目的"，只是康德没有明说而已。

实践性教育艺术之所以是"自由的"而不是"强制的"，除了"人格中的人性是目的"这一重要的根由，另一个极其重要的根由是，客观的法则、对法则的敬重动机（人格性本身）以及作为人格性之根源的立法理性，始终存在于人的心灵之中且对心灵产生巨大的影响，即使心灵是一颗普通的、幼稚的心灵，即使心灵是败坏的、有向恶的倾向。这意味着实践性教育艺术没有必要采用强制性的手段，就可以激发和唤醒人的人格中的人性，激发出人对道德法则的遵循的意识。这一点，能够在《实践理性批判》《道德形而上学》以及《单纯理性限度内的宗教》等文本中洞察到，我们不妨进入文本，做一分析。

在《实践理性批判》中，康德指出，即使我们努力使行为合乎法则而不是出于法则，即使我们想竭尽全力摆脱纯粹实践理性对我们的命令而遵从感性偏好对我们的命令，我们仍会意识到，理性的法则始终在人的心灵中且在拷问着我们，从而不可避免地使人自己成为自己眼中的毫无价值的堕落邪恶之人。即使我们试图让自己沉醉于这样一种想象之中的愉快，也就是想象存在着一架警察机器，它只关心外在的行为，而不关心内在的动机，我们也无法去除内心的道德法庭对我们的审判所带来的侮辱。更为有趣的是，如果人们留意包括博学者、玄想家、商人、妇女等各色人参与的社会聚会中的交谈，人们会发现，

① 康德.论教育学［M］.赵鹏，何兆武，译.上海：上海人民出版社，2005：31-32.

② 卡尔·福尔伦德.康德传：康德的生平与事业［M］.曹俊峰，译.天津：天津教育出版社，2015：218.

③ 康德.论教育学［M］.赵鹏，何兆武，译.上海：上海人民出版社，2005：36.

除了讲故事和戏谑，说闲话也有一席之地。其中有一种"闲话"，就是对行为的德性价值的闲谈。在康德看来，这种闲暇的吸引力极其强大，没有任何一种闲谈能与之媲美，能更多地激起那些在其他所有的玄想那里马上感到无聊的人的参与，并把某种生气带入社交聚会中来。"那些平时对理论问题中的一切玄妙和冥想的东西都觉得枯燥和伤神的人，当事情取决于对一个被讲到的好的或坏的行动的道德内涵作判定时，马上就会参加进来，并且可以如人们在任何思辨客体那里通常都不可能期待于他们的那样精细、那样冥思苦想、那样玄妙地，把一切有可能使意图的纯洁性、因而使意图中的德性程度遭到贬低或哪怕只是变得可疑的东西想出来。"①他们之所以如此热情地投入对德性价值的细致论辩之中，目的只是捍卫意图中德性的真实性和纯洁性。即使有些人在闲谈中否认和指责道德榜样，人们也不要以为他们要完全否认德性，使德性成为一个空洞的名称。他们之所以这样做，无非"只是在按照某种不可通融的法则对纯正道德内涵作规定时本意良好的严格而已"②。也正是因为他们用严格的道德法则而不是道德的榜样去衡量道德事务，人才会保持谦恭而不是自大。更为有趣的是，那些为道德榜样的意图的纯洁性做辩护的人，会为榜样拭去哪怕是最微小的道德污点，目的只是"为了当一切榜样都被怀疑其真实性、一切人类德性都被否认其纯洁性时，德性不会最终被完全视为一种纯然的幻影，从而趋向德性的一切努力都被当作虚荣的做作和骗人的自大而遭到蔑视"③。

既然愉悦的感性经验亦无法回避内心的道德法庭对我们行动的严肃审问，既然每个人的实践理性都在竭力地为人类德性的纯洁性做细致又热情的辩护，那么实践性教育的艺术就一定是自由的、游戏式的、愉悦的，而不是强制的、劳作式的、痛苦的。这是因为学生的心灵自身已经隐藏着对纯粹德性的极大兴趣与精细思虑，实践性教育只需对此加以科学"引导"，就能将学生导向对道德事务的热情关切中。在这个教育过程中，身处其中的孩子们并没有被外力强迫着去做自己所不乐意的思考。就此而言，实践性教育的确是一门"自由的艺术"。这非常类似于对德性的闲谈，闲谈中的人尽管是有差异的，但他们的灵

① 康德.实践理性批判［M］.邓晓芒，译.北京：人民出版社，2003：208.
② 康德.实践理性批判［M］.邓晓芒，译.北京：人民出版社，2003：208.
③ 康德.康德教育哲学文集［M］.李秋零，译.北京：中国人民大学出版社，2016：105.

魂都充满着理性的热情和愉悦，所以只要其中的一人将某个道德话题导入闲谈中，就会激发出对道德事务的敏感和热情，他们不会因为闲谈纯粹的德性而感到强迫和痛苦，相反，他们会因正在捍卫高贵的纯粹德性而动力十足。

与《实践理性批判》（出版于1788年）相关，康德在此后的《道德形而上学》（出版于1797年）中，提出了与闲谈中的道德辩难类似的两种实践性教育艺术："对话的教学方式"与"问答的教学方式"。前者又被称为苏格拉底式的方法，它表现为教师向学生的"理性"提问，学生凭其理性给出回答，师生就在这样的互相交替的"提问"和"问答"中，实现了对"实践理性"的培育和完善。具体言之，教师"通过提问，通过提出事例来仅仅开发学生心中对某些概念的禀赋，而引导着学生的思想进程（他是学生思想的助产士）；此时认识到自己有能力思考的学生，通过其反问（关于晦暗不明的东西或者与已被认可的原理对立的怀疑）促使教师按照docendo discimus（在教中学）来自己学习他必须如何恰当地提问"①。毫无疑问，这种苏格拉底式的对话法是典型的自由艺术，因为这种教育活动的关键，是将已经蕴藏在理性之中的向善的禀赋引生出来，而不是将某种不属于学生理性的陌异之物强加给学生。正因如此，对话的过程是自由的过程，教师以理性的方式激发学生的理性，学生的理性被激发后又以向教师反问的方式实现着自己。经由不断地自由对话，师生双方的实践理性同时得到生长和完善。同样地，就"问答的教学方式"而言，它也是一种自由的艺术。这种教学方式不同于对话的教学方式。后者所面对的学生的理性已经有所发育，所以可以向学生理性提问且师生交替提问与回答；前者所面对的学生的理性比较稚嫩，学生不能理性地回答教师所提的问题，还需要教师"提示他"、"引导他的理性"去对问题作出回答，而且"教师有条理地从学生的理性中诱导出的回答必须以确定的、不易改变的表述来措辞和保存，因此必须相信他的记忆"。②这里必须强调的是，在问答法中，尽管只有教师是"提问者"，但教师绝对不是"独断者"，他必须引导学生的理性对问题作出回答并保存在记忆中，

---

① 康德. 康德教育哲学文集［M］. 李秋零，译. 北京：中国人民大学出版社，2016：119.

② 康德. 康德教育哲学文集［M］. 李秋零，译. 北京：中国人民大学出版社，2016：210.

学生因此不是教师独白中的沉默无声者。更为关键的是，在教师问、学生答的过程中，教师要注意到学生对道德事务的天生的敏感以及运用自己稚嫩理性的动力，不能认为学生尚处于稚嫩期就因此是无知的、不敏感的从而需要灌输和服从。这就要求教师在运用问答法的过程中，设计出能激发孩子们的敏感性和理性的道德问题，让他们在对问题的思考中实现自由的生长。亦是说，"在这种问答的道德课程中，对道德教化来说具有很大用处的会是：在每次剖析义务时拟出一些决疑论问题，并且让孩子们聚集起来尝试自己的理智，看他们中的每一个人打算如何解决摆在他面前的棘手课题。——不只是因为这是对理性的一种与未受教育者的能力最相适宜的培养（因为这种培养在涉及什么是义务的问题上能够比就思辨问题而言远为容易得多地作出决定），并且是一般而言使青年的理智更加敏锐的最适当的方式，而主要是因为人的本性就爱这么做，在这件事中和在对它的处理中，人一直形成了一门科学（借此他如今就明白了），而这样，学生就通过这类练习不知不觉地被引入到对道德事务的关切之中。"① 如此这般，"问答的教学"就一定是一门"自由的艺术"，因为这门艺术珍视学生乐于思考的本性，引导学生在不知不觉中进入对道德的兴趣之中，这显然是"自由的"而不是"强制的"，是"愉悦的"而不是"痛苦的"。当然，任何的思考都蕴含着痛苦，但这种痛苦因为来自独立的、自由的、属己的思考而必然伴随着一种特殊的愉悦。

不过，对康德而言，让他遗憾的是，当他返视现实的培育人格性的实践教育时，情形却不是这样，人们竟然没有运用自由的教育艺术，没有运用它去开启学生本有的道德判断力以及容易激发的道德兴趣，进而为良好的品格（"实践中依照不变的准则前后一贯的思想方式"②）的形成奠定坚实的基础。对于这样的缺乏艺术性的实践教育，康德发出了毫不客气的质问：

> 理性这种乐意对所提出的实践问题进行极其精细考察的倾向，我不知道为什么教育青年的导师长久以来未曾予以应用；为什么他们给单纯的道德问答手册建立了基础之后，不搜索古今的人物传

---

① 康德. 康德教育哲学文集［M］. 李秋零, 译. 北京: 中国人民大学出版社, 2016: 125.

② 康德. 实践理性批判［M］. 韩水法, 译. 北京: 商务印书馆, 1999: 166.

记，以便现成地证明他们所宣明的那些职责；他们原可以借此首先通过比较不同环境中的类似行为，促使他们的学生启用他们的判断，以注意这些行为或小或大的道德含义；在这里他们会发现，甚至那些原本尚不足以胜任所有思辨的青少年立即变得非常敏锐起来，并且就此发生了不小的兴趣，因为他们感觉到了自己判断力的进步；但是，最为重要的是，他们确实能够希望，经常练习认识和赞扬有其完全纯粹性的良好举止，又同样练习怀着遗憾或蔑视之情注意甚至对这种纯粹性极其些微的偏离，就会对高度尊重某一方面而厌恶另一方面留下持久的印象，即使在那时这个练习只是一个孩子们可以借以相互竞赛的判断力游戏；这些判断力通过把这些行为看作值得赞扬的或值得谴责的单纯习惯，会为将来生活作风中的端正品行构成一个良好的基础。①

康德对现实教育的质问，绽露出了他所珍视的实践教育艺术。在这种实践教育艺术中，我们看不到强制、痛苦、劳作，看到的只是自由、愉悦、游戏。也许有人会说，我们还无法通过上述论说去说明康德的教育艺术的自由性，因为实践教育中的"受教育者"，一方面与社交闲谈中的已经成年的"闲人"不同，另一方面他们也不仅仅局限于上文中所言的"青年"，还包括年幼的孩童。如果说闲人与青年的实践理性已有了一定程度的发育，且受到了一定程度的教养，那么孩童的实践理性和所受的教养就是有欠缺的，且孩童身上还有一种需要及早规训的野性。如此这般，针对孩童的实践教育艺术岂不是要强调机械性的强制力量的运用吗？

不过，在《实践理性批判》中，康德却对孩童的道德判断力充满了信心，认为他即使不经老师指点也能对行为的纯粹德性做出正确的判断，并由此生发出敬重之情，以致想成为如"道德榜样"那样的坚守纯粹德性的好人。为了更好地理解这一点，我们不妨对康德的论说做简要的描述。康德说，设想有人向一个"十岁的男孩"讲述一个正派人士的故事，然后让我们看看这个小听众在不经老师指点，单凭自己的判断力的情形下，是否会对纯粹德性做出正确的判断。故事是这样的，有一个品格端正的正派人士，某些人想鼓动他参与诬

---

① 康德.实践理性批判［M］.韩水法，译.北京：商务印书馆，1999：169.

告一个无辜又无权势的人。这些人许以重礼和高位的好处，但这个人拒绝了。这在小听众的心里所引起的"只不过是称许和赞同，因为那都是好处"。现在这些人开始以损失相威胁，其中，既有来自朋友的中断友情的威胁，也有来自近亲的剥夺其继承权的威胁，还有来自权贵的随时随地对其迫害和侮辱的威胁，亦有来自君王的让其失去自由乃至生命的威胁，甚至"他的受到极度困苦和贫穷所威胁的家庭恳求他让步"。面对这诸种威胁和家庭的恳求，这个正派的人虽然痛苦，但他仍然毫不动摇、毫不怀疑地忠于自己正直的决心。听到这儿，"我这位年轻的听者就会一步步从单纯的赞同上升到钦佩，从钦佩上升到惊奇，最后一直上升到极大的崇敬，直到一种自己能够成为这样一个人（当然并不是在他那种情况下）的强烈的愿望；但在这里，德行之所以具有这么多的价值，仍然只是由于它付出了这么多，而不是由于它带来了什么。整个钦佩、甚至要与这种品格相似的努力，在这里都完全是基于道德原理的纯粹性，这种纯粹性只有通过我们把一切只要是人类能够归入幸福之中的东西都从行动的动机中去掉，才能够相当引人注目地表现出来"①。由此可以看出，这个只有十岁的小男孩即使没有教师的指导，也仍然能够运用自己的实践理性把握到真正的纯粹德性的标准，且能够在具有纯洁德性的"道德榜样"的激励和感召下，使道德的情感不断升级，直到想成为如道德榜样那样的始终忠于自己的正直之心的好人。不过，我们需要注意的是，尽管康德说小男孩不经教师的指导就能做出正确的道德判断，但我们绝不要以为这里没有任何的教育影响施加给他，如果是这样，那就完全违背了康德自己对人必受教育的论断——"人只有通过教育才能成为人"且"人只有通过人，通过同样是受过教育的人，才能被教育"②。其实，康德的意思是说，教师所施加的教育影响应该是自由的、非强制的，也就是说，应该将他置于一个自由的教育环境中，自然地激发出他本有的判断力、道德情感和实践能力来。就这个例子而言，教育者的实践教育艺术的高明，在于没有采用容易招致孩童反感的、机械枯燥的"说教法"，而是采用了适合孩童年龄发展阶段的、能促其独立思考的、生动活泼的"叙事法"。

就实践教育艺术而言，我们还需要把握一个重点，那就是自由的实践教育艺术的运用根本上离不开教育者自身的"自由品格"。亦是说，只有教育者

---

① 康德.实践理性批判［M］.韩水法，译.北京：商务印书馆，1999：211-212.
② 康德.论教育学［M］.赵鹏，何兆武，译.上海：上海人民出版社，2005：36.

自身首先是自由的——他首先要深刻把握自由的概念且努力将"自由"展现出来，实践教育艺术的自由性才能实现出来，孩童的自由品质才能在真正的自由的过程中得以培育。就康德所举的那个例子而言，教育者的教育要成功，就要求作为故事讲述者的教育者自己首先要明晰纯粹德性的检验标准且自己努力趋向纯粹的德性，只有如此，他的话语才能对孩童充满感召力和激发力。这一点对于康德的实践哲学而言至关重要。我们知道，康德特别强调立法理性以及所颁布的义务法则对人心的巨大的影响力，认为它远超经验领域中的感性原则，如果是这样，德行的说教就因为对理性具有说服力，而很容易地将人导向为善之途。问题是，人们发现，关于德行的说教尽管对理性具有很大的说服力，但收效甚微。苏尔策（Sulzer）曾就此问题质问过康德。康德在《道德形而上学奠基》（出版于1785年）中的回答是，问题不在于德性的纯粹，而在于教师本人就没有将德性的概念弄纯粹，进而无法将道德行动表象为纯粹基于义务而做的行动，这自然会直接影响他的教育对象，使他们无法领会德性的纯粹并进而趋向纯粹的德性。反过来说，如果教师本人将德性概念弄得纯粹，教育的效果就会大大的不同。[①]

康德对实践性教育艺术之自由性质的论说，不仅仅体现在《实践理性批判》以及《道德形而上学》中，还体现在《单纯理性限度内的宗教》（出版于1793年）中。后者之所以值得阐述，是因为前者所谈的是"个体的德性"如何通过实践性教育艺术得以成就，后者所谈的是"人类的德性"如何通过实践性教育艺术得以成就。在《单纯理性限度内的宗教》中，康德认为，虽然人类具有向善的原初禀赋，但这一禀赋还不是人的善良本性的现实性，它只是人的善良本性的可能性。就人的本性的现实而言，人天生就有趋恶的倾向。趋恶的倾向，就是心灵秩序的颠倒，即人格性禀赋不再统摄人性禀赋和动物性禀赋，而是相反。那如何重建向善的原初禀赋，让人类的善良本性成为现实本性呢？康德认为这一重建是可能的，因为人的立法理性也就是纯粹实践理性并没有被败坏，"'我们应当成为更善的人'这一命令，仍毫不减弱地回荡在我们的灵魂

---

① 李秋零. 康德著作全集：第4卷［M］. 北京：中国人民大学出版社，2005：418.

中"①。换言之，重建的可能，在于以立法理性为根源的人格性禀赋仍然存在于堕落的人性中，而且"我们如果恰如其分地将它收入眼底，就禁不住要以极大的惊赞看待它。此时，惊赞是正当的，同时亦是振奋人心的"②。正因为即使在人类普遍堕落的时代，立法理性的命令仍然在灵魂中回响，人格性的禀赋仍然会让人发出极大的惊赞，那么使人成为人的教育艺术，就自然地成为一种"激励的艺术""唤醒的艺术""自由的艺术"，而不是一种"强制的艺术""机械的艺术""奴役的艺术"："这种宣示着一种圣洁起源的禀赋，即便是其不可理解性，也必然对心灵起着振奋的作用，鼓舞它做出只有对自己义务的敬重才能要求它做出的牺牲。经常激励自己的道德使命的崇高感，这作为唤醒道德意念的手段，是特别值得称颂的。因为它正好抑制着把我们的任性的准则中的动机颠倒过来的那种生而具有的倾向。"③

三、实践性教育是强制的

康德在区分自由的艺术与不自由的手艺时，给出了一个标准，就是"机械性的东西""强制性东西"在活动中所占的比例，比例越大的，是手工艺，比例小的则是艺术。但他同时又说，艺术离不开机械性、强制性。"这里就显示出康德的一贯特色，强调某一方面时，总不忘记另一方面。这样一来，全面固然是全面了，但同时也就随处埋下了矛盾的种子，使一种表面上极有条理的学说变得纠缠不清。"④康德处理何谓艺术时埋下的矛盾的种子，在他处理实践性教育艺术时就展露了出来。一方面，康德大谈实践性教育艺术的自由性，如此这般，学生在教育活动中就被当作目的对待，且能够在自由的氛围中激发他本有的对道德的敏感和判断力，从而在类似于游戏的活动中实现对他的作为行动根据的实践理性和自由法则的培育。甚至，这种实践性教育艺术的自由性超越了年龄的限制，即使一个10岁的小男孩也可以在自由的氛围中独立地做出

① 康德.单纯理性限度内的宗教［M］.李秋零，译.北京：中国人民大学出版社，2003：33.

② 康德.单纯理性限度内的宗教［M］.李秋零，译.北京：中国人民大学出版社，2003：38.

③ 康德.单纯理性限度内的宗教［M］.李秋零，译.北京：中国人民大学出版社，2003：39.

④ 曹俊峰.康德美学引论［M］.天津：天津人民出版社，2011：312.

真正的道德判断并努力趋向道德榜样所遵从的纯粹的道德动机。但另一方面，康德又大谈实践性教育艺术的强制性，认为学童所经历的"正式的教育"的两个阶段都是"强制性的"："学童在其学习的第一个阶段，必须首先习得谦恭和一种被动的服从。在另一个阶段，人们则让其学会在法则之下运用思考能力和他的自由。在第一个阶段是一种机械性的强制，在另一阶段则是一种道德性的强制。"①如果没有对学生的机械性的以及道德性的强制，学生就难以将向善的原初禀赋实现出来。甚至，康德认为，即使正式的教育在人16岁时结束了，但此后人仍然需要使用培养的辅助手段，进行"隐含的训诫"。②毫无疑问，康德对实践性教育艺术之本质的既是自由的，又是强制的规定，蕴含着一种非常明显的矛盾和悖论。为了更好地展示这一点，我们将在接下来的文字中，揭示康德实践性教育艺术的"强制性"。这种强制性包括两个方面：一个是教师所施加给学生的"外在的强制"，主要是"惩罚"；另一个是学生的"自我的强制"。对于学生而言，无论是外在的强制，还是内在的强制，他们所感受到的都不是愉悦，而是痛苦。这显然与实践性教育艺术之愉悦性是相反的。

（一）实践性教育具有外在的强制性

实践性教育艺术之所以具有外在的强制性，与儿童生而有之的野性有直接的关系。在康德看来，儿童生来具有一种不受理性法则约束的野性，这种野性是如此的强烈和自然，以至于他们会为此牺牲一切。不过，野性的存在背离了人之为人的本性。人之为人，就在于人有人格中的人性，也就是理性。也就是说，人只有服从理性所颁布的客观法则，或者服从被客观法则所规定的主观的准则，才是一个超越了动物性存在的"人格性存在"或者说"道德性存在"。所以，面对这种不服从理性法则约束的野性，教育者必须给予强有力的外在的强制，且这种外在的强制必须及早进行，因为晚了就难以去除野性了。这意味着对学校教育而言，最首要的任务不是传授技能，也不是教人世故，"而是让他们能由此习惯静坐，严格遵守事先的规定，以便他们在将来不会随便想到什么就真的马上做什么"③。在这个意义上，道德教育首先就表现为规训野性的"训育"。

---

① 康德.论教育学［M］.赵鹏，何兆武，译.上海：上海人民出版社，2005：5.
② 康德.论教育学［M］.赵鹏，何兆武，译.上海：上海人民出版社，2005：12.
③ 康德.论教育学［M］.赵鹏，何兆武，译.上海：上海人民出版社，2005：13.

以去除野性为目的规训，严格地说，还不是实践性教育，而只是道德教育的必要前提和准备，因为它只涉及对粗野的去除和防止，还不能够触及学生的实践理性，使学生按照被客观的法则规定了的主观的准则去行动。而且，即使通过对野性的规训，将人置于理性的法则之下，这个理性的法则对于被规训者来说也没有什么真正的意识，它始终被视为外在之物，所以"通过规训所造成的只是一种习惯，而且会随着年龄的增长而消失"①。既然规训的作用是表面的、有限的，并不能真正去除心灵中的野性，那么若要使学生依照善的准则去行动，形成一种品格，就需要以训练学生服从内在的善的准则为目的的道德教育。在道德教育的过程中，教育者必须认识到：善的准则必须从自身出发而不从他者出发，或者说，行动的主观根据在于意图的纯粹性；人们也应该尽早地使儿童接触"好"与"坏"的概念以及"义务"概念，即使年幼的儿童在对这些概念的认识上还存在困难，教育者也要通过给他们规定义务而让其对义务有所体验；还有，为了塑造儿童的良好品格，"在任何事情上都有某些必须严格遵循的计划和法则"，且计划和法则一旦确定，就必须始终遵守，那些不给自己设定计划和法则的人是不可靠的人，即使那些严格遵守规则的人看起来显得迂腐。

如果道德教育比规训根本，如果道德教育的目的就是让学生遵循内在的善的准则也就是法则，那么究竟应该采用何种方式去实现这一目的，是以自由教育的方式，还是强制教育的方式？恰恰在对这个问题的回答上，康德给出了矛盾的回答，并最终强调和选择了外在的强制，也就是"惩罚"。说康德是矛盾的，是因为一方面他认识到既然道德出于内在的善的准则，善的准则又来自人的纯粹意志的自律——意志的自我立法，而不是他律——感性偏好为意志立法，所以道德无论如何也不可能建立在外在的惩罚上。如果道德建立在外在的惩罚上，那么就意味着道德一定是他律的，而不是自律的。也就是说，人们之所以行善避恶，并不是出于对客观法则的敬重而只是出于对行恶所招致的惩罚的恐惧。所以，"如果要确立道德，就一定不能靠惩罚。道德是极其神圣和崇高的东西，人们不能这样把它降格到规训的层次上"②。从善的准则的性质而言，也不允许运用惩罚，因为它是"主体性的"，是从人自己的知性中产生出

---

① 康德.论教育学［M］.赵鹏，何兆武，译.上海：上海人民出版社，2005：4.
② 康德.论教育学［M］.赵鹏，何兆武，译.上海：上海人民出版社，2005：35.

来的。但另一方面，康德又认为，让学生学会依照善的准则去行动，并认识到行动本身的正当性，是一件很不容易的事情，因为学生会出于偏好而不愿意服从法则和命令。面对学生对实践理性所发出的命令的违背，该怎么办呢？康德的回答是"惩罚"："儿童对禁令的任何违反都是缺乏服从的表现，并招致惩罚。即使是不小心违反禁令，惩罚也并非没有必要。"①如果说这样的语气还是缓和的，那么他在谈论违反校规校纪时，就非常不客气了："对校规校纪的触犯必须加以处罚。"②特别值得一提的是，康德不仅确认了惩罚的必要性和正当性，而且还花了相当的精力和文字对惩罚进行细致的分类。可以这么说，在整个教育思想史上，能如康德这般对惩罚做如此细致的划分的学者，并不多见。这足以说明，康德对惩罚在道德品格的塑造上给予了充分的肯定。康德对惩罚的分类体现在道德教育所要塑造的两种品格——服从与诚实——之中。我们不妨对此作一分析。

在品格的养成中，对儿童尤其是学童而言，首要的品格是"服从"。这种服从分为两种：服从领导者的绝对意志和服从领导者的那种被承认为理性与善良的意志。前一种服从又可称为"强制的服从"，后一种服从又可称为"自愿的服从"。对于康德来说，后一种服从极其必要，因为"它使得儿童为将来遵守公民的法则做好准备——即便这些法则会让他感到不舒服"③。强制性的服从之强制性就表现为学生违反禁令后所施加的"惩罚"上。这一惩罚可分为"道德性的惩罚"和"自然性的惩罚"。道德性的惩罚指的是"打击儿童那种希望被尊敬和喜爱的禀好，这些禀好是服务于道德的辅助手段"。"比如冷淡漠然地面对儿童，以此来羞辱他"；"比如在儿童撒谎时，蔑视般的一瞥就足够了，这已经是最合适的惩罚了"。自然性的惩罚指的是"拒绝儿童所渴求的东西，或对他直接施以体罚"，也就是说，它又可以分为欲望的禁止和体罚两类。"前者与道德性惩罚相近，是否定性的；后者的施行则必须谨慎，以免产生奴性。"④对于康德来说，自然性惩罚是道德性惩罚的补充，只有当后者无效时，才能使用。紧跟着道德性的与自然性的两种惩罚的分类，康德又针

---

① 康德.论教育学［M］.赵鹏，何兆武，译.上海：上海人民出版社，2005：36.
② 康德.论教育学［M］.赵鹏，何兆武，译.上海：上海人民出版社，2005：37.
③ 康德.论教育学［M］.赵鹏，何兆武，译.上海：上海人民出版社，2005：36.
④ 康德.论教育学［M］.赵鹏，何兆武，译.上海：上海人民出版社，2005：36.

对不同于"成长中的少年的服从"的"儿童的服从",谈到当儿童不服从时所招致的两类惩罚:"自然的惩罚"和"人为的惩罚"。自然的惩罚,就是卢梭所言的自然后果法,即"人通过自己的作为所招致的——比如吃得太多的话就会生病——这是最好的惩罚"①。人为的惩罚,不是因行为的自然不良后果对人进行惩罚,而是人为地刻意地施加惩罚。无论对学生施加上述两种不同分类中的何种惩罚,教师都要注意以下几点:一是不要带着愤怒的情绪惩罚,避免儿童将自己所受的惩罚看作是情绪的产物,而不是不服从的结果;二是处罚要审慎,要让儿童意识到惩罚本身不是目的,将他们导向对理性的服从与实践自由,让他们成为独立的自由行动者。三是不要重复自然性的惩罚,否则会导致儿童的愚钝;也不要因为孩子的固执而惩罚他,这会适得其反。②

这里,需要指出的是,康德对"成长中的少年的服从"的分类,并没有提及惩罚。他只是说,这一服从是"服从于义务的规则",而没有说如果不服从义务会带来何种惩罚。不过,从康德随后的阐述中,我们发现,康德其实很隐蔽地谈论了惩罚。康德认为,在少年阶段,"荣誉"的概念已经在他们的心中扎根了,紧随其后的就是"羞耻"的概念的进入。③这里的"荣誉",指的是以对客观法则的敬重和遵循为基础,去谋求他人对自己的内在道德价值的尊重,而不是傲慢地强求表面的名望(康德称这样的人是"荣誉癖"):"诚然,当人的行为如果带来牺牲,并且只是为了尽其职责,那么我们诚然也可以称誉那些行为是高尚崇宏的功业,不过这只是在我们已经发现一些迹象可据以设想这些行为完全出于敬重法则,而不是由于心血来潮时,我们才能这样称誉。"④羞耻,就是自己玷污了这份荣誉,或者说,是违背了客观法则后所带来的消极的受损的情绪体验。就此而言,这里体现着"自然性惩罚",也体现着"道德性惩罚":做了不荣誉之事,"我们内心的法则"也就是"良心",会自然地谴责我们的行动;同样地,他人也可以以蔑视的态度对待做了不荣誉之事的人,让其感到羞耻。当然,严格地说,有了荣誉感和羞耻感的少年,对他的惩罚其实更多的是内在的审判和强制,而不是儿童时期的外在的强制。

① 康德.论教育学 [M].赵鹏,何兆武,译.上海:上海人民出版社,2005:37.
② 康德.论教育学 [M].赵鹏,何兆武,译.上海:上海人民出版社,2005:37.
③ 康德.论教育学 [M].赵鹏,何兆武,译.上海:上海人民出版社,2005:38.
④ 康德.实践理性批判 [M].关文运,译.北京:商务印书馆,1960:87.

在品格的养成中，第二种品格是"诚实"，也就是"不说谎"。对于说谎者，康德认为自然性惩罚与道德性惩罚都重要，也就是说，让他感受到自己的谎言所带来的不良后果，以及人们打击他要求获得尊重的欲求。紧接着，康德又把惩罚分为"否定的惩罚"和"肯定的惩罚"。"前者针对懒惰或不合理的行为，譬如撒谎、不听话和难相处，后者则适用于恶意的不良行为。但人们首先要注意，不能对孩子所做的错事耿耿于怀。"①客观分析，康德虽然是在论诚实时谈论这两种惩罚的，但这两种惩罚显然又不是仅仅针对不诚实者的，而是从违背更为广泛的道德命令而言的。出现这一问题，其实并不奇怪，因为《论教育学》并不是康德本人写就的著作，而是他的学生林克根据其上课的笔记整理的，所以不严谨是正常的。但这并不影响我们做出康德是一个对惩罚进行细致分类的教育学者的论断，尽管康德并没有对分类进行充分阐述。

通过上文对康德的"惩罚论"的阐述，我们应该能洞察到康德对惩罚的高度重视以及由此带来的道德教育论的内在的矛盾。譬如，就康德的定言命令中的任何时候都"不可撒谎"而言，康德极为重视这一"义务"，认为撒谎是一件很严重的事情（"就人对于纯然作为道德存在者来看（其人格中的人性）的自己的义务来说，最严重的侵犯就是诚实的对立面：说谎"②），所以他必须严肃对待。他认为，如果学生违背了这一定言命令，就必须给予惩罚，而惩罚的形式就是他多次提到的"蔑视"和"轻蔑"。可若是"蔑视"撒谎的学生，那就违背了康德所说的定言命令式的目的论：每个人的人格中的人性都要同时被看作目的！也就是说，每个人都有人格性，都有尊严，都要求得到他人的尊重，而不是他人的蔑视。无论儿童还是成人，无论善人还是恶人，人们都要承认他有人格性，都要尊重他的人格性，这是发自立法理性的一项绝对命令，是人们一项必须践履的义务。用康德在《道德形而上学》中的话说：

　　　蔑视他人，也就是说，拒绝给他人一般人应得的敬重，在任何情况下都是违背义务的；因为他们是人。与他人相对而言在内心轻视他们，虽然有时是不可避免的，但把这种轻视外在地表现出来却毕竟是一种伤害。……他暴露出了自己的堕落。但我自己仍然不能

---

① 康德.论教育学［M］.赵鹏，何兆武，译.上海：上海人民出版社，2005：38.
② 李秋零.康德著作全集：第6卷［M］.北京：中国人民大学出版社，2007：438.

拒绝给予这位作为人的有恶习者以任何敬重，起码在一个人的品质上，人们本来不能剥夺他这种敬重；即便他因为自己的行为而使自己不配敬重。①

若按照康德的说法，即使对于一个堕落的有恶习者，我们也不能拒绝给予他任何的敬重，那么，就对待从天性而言更为幼稚和无辜的儿童来说，我们就更不能因为他的撒谎而给予任何程度的蔑视了，因为他的撒谎很多时候并不是出于恶意的欺骗，而只是出于一种想象力之类的动因。所以，当康德说要给予撒谎的儿童以蔑视这样的惩罚时，他其实把自己置于矛盾之中了。理性的康德显然注意到了这个矛盾，所以他在谈论对撒谎儿童的惩罚时，又给出了一个模糊的、含混的表述："当儿童说谎时，一定不要惩罚他，而要让他面对轻蔑，并且告诉他，人们将来不会信任他。"②这里，按照康德在对惩罚的分类中所言，"轻蔑"属于"道德性惩罚"，且他明确说道，"蔑视般的一瞥就足够了，这已经是最合适的惩罚了"，又说，"对于撒谎来说，丧失别人的尊重是最适当的惩罚"。既然"轻蔑"被他视为"惩罚"，那为何这里又说"一定不要惩罚他，而要让他面对轻蔑"？按理说，轻蔑属于惩罚，但他又说不是惩罚，这不是自相矛盾吗？唯一的解释是，康德看到了撒谎的儿童亦有人格中的人性，亦必须被当作目的来看待，亦要敬重他。惩罚之所以被禁止，是因为惩罚意味着把孩子当作手段，妨碍了孩子的自由。但问题是，孩子毕竟撒谎了，撒谎又被他视为对自己的义务的最严重的侵犯，所以必须矫正！矫正的最适当的方式，就是蔑视！但蔑视，又的确是一种惩罚。由此，康德陷入了一种自由与强制的矛盾之中，于是，他不得不通过一种矛盾的、含糊的表述来表达这种教育困境！

（二）实践性教育具有内在的强制性

实践性教育不仅仅具有外在的强制性，还具有内在的强制性。对内在的强制性，也就是"自我强制"，康德在《论教育学》的"论实践教育"一节中有明确的说明：

① 李秋零.康德著作全集：第6卷［M］.北京：中国人民大学出版社，2007：474.
② 康德.论教育学［M］.赵鹏，何兆武，译.上海：上海人民出版社，2005：39.

就本性来说，人在道德上是善的还是恶呢？都不是，因为就本性来说，他根本不是一个道德的生物。他只有在把自己的理性提高到具有义务概念和法则的概念时，才成为一个道德的生物。在这里，人们可以说，他自身原初就具有向着一切恶习的诱惑，因为他有刺激着他的偏好和本能，尽管理性驱使他走向反面。因此，他只有通过德行，即通过自我克制，成为道德上善的，尽管他在没有诱惑的情况下是纯洁无瑕的。恶习的产生往往是由于文明状态对天性的强制，而我们作为人的使命却是要从我们作为动物的生蛮的自然状态中走出来，直到完美的艺术重新成为天性。①

对这一段话，需要做一番分析。我们知道，狭义的实践性教育艺术的目的，是培育出于义务而行动的人。显然，作为教育目的的"义务概念"，还没有真正被人获得和习得，否则"义务"就不是教育的目的。那尚未实现出来的义务概念意味着什么呢？意味着未受教育的人，他的以立法理性为根源的本性的善良，或者说对义务的切实履行，只是一种可能性，他的本性之现实，反倒是趋恶的倾向，因为"他自身原初就具有向着一切恶习的诱惑，因为他有刺激着他的偏好和本能"。人如果要成为本性善良的人，就需要强制和征服趋恶的倾向。可问题在于，用什么去强制？显然，从根本上说，不能用外在的强制性力量，因为这种力量并不能够真正内在地强制恶。对趋恶倾向的强制，只能通过"自我强制"，也就是说，通过立法理性。不过问题仍然存在，虽然立法理性既能够发布法则，也同时能够执行法则，也就是说能够产生"义务"所蕴含的对自由任性和感性冲动的"自我强制"，但是这种自我强制还只是一种作为"可能性"的"能力"，而不是作为"现实性"的"力量"。那如何使可能的自我强制变为现实的自我强制呢？康德说："理性发布命令，并且以一种道德的（按照内在自由原则可能的）强制来伴随其命令；但由于强制应当是不可抗拒的，为此就需要力量。"②这种使理性的自我强制的"能力"变为"力量"的"力量"，就是立法理性自己建构出来的"执行法则的威力"。进而言之，这种力量就是"德性"："德性是一个人在遵从其义务时候意志的道德力量，

① 康德.康德论教育［M］.李其龙，彭正梅，译.北京：人民教育出版社，2017：54.
② 李秋零.康德著作全集：第6卷［M］.北京：中国人民大学出版社，2007：418.

义务是由其自己的立法理性而来的一种道德强制，如果这理性把自己构建成一种执行法则的力量本身的话。"①德性，也被康德称为"道德勇气"，且被认为"它构成了人最大的、唯一的、真实的战斗荣誉"②。一旦心灵获得了德性这样一种强大的意志（立法理性）的"道德力量"，立法理性的"自我强制能力"或者说义务概念所包含的"自我强制能力"，就不再是可能的应该，而是现实的应该，亦即对恶习的强制和征服成为现实。显然，这里的德性，作为意志的道德力量，必然是被获得的，而不是生而具有的；被获得的，自然就是经由实践性教育艺术而获得的，因为离开了教育艺术对人的造就，人什么都不是；又因为德性是立法理性也就是纯粹实践理性的产品，所以实践性教育艺术的关键，就是锻炼人所拥有的源于纯粹实践理性的"道德能力"，将其转化为与强大的感性冲动立马战斗的"道德勇气"和"决心"。

　　既然德性作为道德勇气、道德决心，作为意志的道德力量，必须通过教育被获得，那么它究竟通过怎样的教育方式被获得呢？康德认为要通过"练习"，但主要不是通过"知识上的练习"，而是通过"实践上的练习"（与强大偏好的持续斗争）将德性生产出来！即使可以通过对纯粹理性法则之尊严的沉思去获得，这种沉思也不再是形而上学意义上的静思，而是展现在纯粹实践理性与强大偏好的战斗之中。这意味着，德性就产生于德性的使用中，决心就产生于决心的使用中，这与亚里士多德的通过做好人成为好人的教育观有相通之处。

　　也许有人说，为什么不可以通过伦理教学法，通过知识问答和传授的方式，激发出道德勇气呢？首先要说明的是，教学法，显然不能被忽视，因为德性是纯粹实践理性将自己建构为执行法则的力量本身的结果，所以对纯粹实践理性及其颁布客观法则的认知，显然是非常必要的。《实践理性批判》中的"纯粹实践理性的方法论"以及《道德形而上学》中的"伦理教学法"，就是从对道德法则概念、义务概念、内在自由概念的认知角度展开对德性的培育的。不过，德性，终究还是一种现实的"力量"，而不是一个抽象的"概念"！既然是一种现实的"力量"，那就只能在与强大的对立的偏好的战斗中被激发和被实现出来，如果没有在实际战斗中的使用，德性就只

① 李秋零.康德著作全集：第6卷［M］.北京：中国人民大学出版社，2007：418.

② 李秋零.康德著作全集：第6卷［M］.北京：中国人民大学出版社，2007：417.

能是潜在的"道德能力"，而不是现实的"道德力量"。基于这个理由，康德赞扬了斯多亚学派的德性教育观："于是斯多亚学派仅认为：德行无法单单借由义务的表象、借由劝诫（以劝告的方式）来教导，而是它必须借由试图与人心中的内在敌人斗争（以修行的方式）来陶冶、练习。因为如果人未曾先尝试与练习其力量，他就不能立即做到他想要的一切。"①也正是在这个意义上，康德将德性的获得活动，称为"德性中的练习"，又名"伦理修行法"，它不同于同属"伦理方法论"的"伦理教学法"！职是之故，我们完全有充分的理由说，康德的实践性教育艺术具有内在的强制性！这种强制性就体现于激发学生的道德勇气，使其在对强大的感性偏好的真实强制和斗争中变得强大，使蕴含着自我强制的德性义务得到切实的履行！

　　就实践性教育艺术的内在强制性自身而言，康德认为，作为教育者，在学生品格的奠定中，要培养他们做事的坚定决心，并要求他们必须将其付诸实施。这里，"决心"根本上不是"意念"，而是实实在在的"行动"，所以，下定了决心，就必须要行动，一个没有行动的决心是没有什么意义的。一个下定了决心并付诸行动的人，才是一个有品格的人；一个下了决心但迟迟不能付诸行动的人，是一个没有多少指望的人——不指望他将来能浪子回头，不指望他奇迹般地从堕落之人上升为正派之人。"贺拉斯说：一个决心坚定的人，其坚定就是一种良好的品格！比如，倘若我向某人做了一些许诺，我就必须信守它，即使这会给我带来损害。因为一个下决心做某事但不做的人，可能自己对自己失去信心。比如，一个人一直下决心早起学习，或者做这样或那样的事，或者去散步，结果在春天以早晨太冷，可能对自己有伤害，来原谅自己的不付诸行动；在夏天又想，这天如此适宜睡觉，而睡觉使他感到惬意，以此借口来原谅自己的不付诸行动，就这样日复一日地推迟自己的决定，最终导致失去信心。"②教育者由此必须教导受教育者通过决心的力量，在"自我强制"中实现对有悖于道德的偏好和恶习的强制和排除。这里，需要强调的是，在《道德形而上学》中，康德特别突出了下决心去行动的重要性。如果说《论

---

① 康德.道德底形而上学［M］.李明辉，译.台北：联经出版事业股份有限公司，2015：375.

② 康德.康德论教育［M］.李其龙，彭正梅，译.北京：人民教育出版社，2017：49.

教育学》中，康德说的是先下定决心，然后再付诸行动，那么在《道德形而上学》的"德性论导论"的开篇，康德则强调了二者是"同时的"，而不是"先后的"："本性的冲动包含了人的心灵中实施义务的障碍和（有时强有力地）反抗的力量，因此人必须判断自己有能力与它们战斗，并且不是将来才用理性战胜它们，而是现在（与思想同时）马上用理性战胜它们，也就是说，能够做法则无条件地命令他应当做的事情。"同样地，在《道德形而上学》的"伦理方法论"的开篇亦再次重申"必须一下子完全下决断"，绝不可拖延，否则恶习无法消除："如果人们未曾先尝试与练习其力量，他就不能立即做到他想要的一切——但是当然，他必须一下子完全下决断这么做，因为不然的话，当意念（gesinnung/animus）为了逐渐地脱离罪恶而向它屈服时，其本身就可能是不纯洁的、甚且罪恶的，因而也无法产生任何德行（它以一项唯一的原则为依据）。"①总之，通过持续地不迟疑地运用道德勇气和决心的力量，也就是通过不断的伦理修行，人的本性中的趋恶的倾向不断地在自我强制中被去除，人因此得以逐步走向道德上的完善。

　　不过，虽然实践性教育艺术的内在强制对学生品格的养成是重要的和必要的，但就实践性教育艺术的本质而言，这一强制性又与教育艺术所固有的"自由性"和"愉悦性"形成了一定的对立。进而言之，实践性教育艺术在培育道德勇气时，强调的是学生心灵内部的自我强制活动，教育艺术的力量无非体现在促进其内部的自我强制。心灵内部的自我强制活动，也就是理性与感性的斗争，是痛苦的，而不是愉悦的，这自然就与教育艺术活动的内在愉悦性形成了对比。不过，这需要做进一步的分析，因为康德在谈及"伦理修行法"时，所给出的观点似乎与我们的判断相反。也就是说，康德认为"德性中的练习"包含着"愉悦"，且认为伦理修行法的规则以"顽强"和"愉悦"这两种心情为目标；如果德性中的练习是一种劳役，那么人们就会逃避。他说：

　　　　德性中的练习的规则旨在两种心灵情调，即在遵循义务时顽强的和愉快的心情。因为德性必须与障碍进行斗争，为了克服这些障碍，它必须集中自己的力量，同时牺牲一些生活乐趣，失去这些乐

①　康德.道德底形而上学［M］.李明辉，译.台北：联经出版事业股份有限公司，2015：375.

趣有时可能使心情变得沮丧和闷闷不乐；但是，人们并非愉快地，而只是当作劳役做的事情，对于在此服从其义务的人来说，就没有任何内在的价值，并且不受欢迎，而是尽可能地逃避实施它的机会。①

随后，为了表达自己的这种兼顾痛苦与愉悦的"教育艺术"，康德对斯多亚、伊壁鸠鲁、僧侣的伦理修行法进行了批判性分析。斯多亚派重视在对感性偏好的斗争中所展现出来的刚健、顽强和勇敢的德性练习原则，如其格言所言："你要习惯于忍受偶然的生活灾难和缺少同样多余的闲情逸致。"②通过这样的练习原则，人获得和保持"道德健康"。在这个意义上，斯多亚派的德性练习原则，就是作为哲学的养生学的原则。这一原则的目的绝对不是生命的舒适，而是运用理性的力量——"即那种通过一种自身给予的原理成为其感性感觉的主人——来规定生活方式"。③这意味着，斯多亚派的实践教育艺术活动是痛苦的，只是活动中的人能勇敢地忍受感性欲望被拒斥后的痛苦。与斯多亚派不同，伊壁鸠鲁认为健康是一种消极的惬意，并不能够被人感受到，生命的至善是感性幸福，是生命的舒适。不过，生命的舒适不是不遵循任何的准则就可以被获得，生命舒适的获得所依赖的准则，就是德性。只是这德性不是义务的构成，德性"仅仅是谋求幸福的准则形式，亦即合理地应用谋求幸福的手段的准则形式"④。如此来看，伊壁鸠鲁的实践教育艺术活动尽管充满合乎德性的快乐，但实际上抛弃了德性本身，德性只是工具性的存在。伊壁鸠鲁之后，西方出现了基督教和基督教哲学。基督教的理念与伊壁鸠鲁的理念是对立的，前者认为亚当和夏娃滥用了自己的自由意志，悖逆了上帝的话语而有了原罪，也就是说人的本性堕落了，堕落的人拥有愉悦且不认为是罪。由此，在基督教教义中，伊壁鸠鲁式的对愉悦的有理由的拥有，被视为原罪而被批判："谁应该比那些没有意识到任何故意的违

① 康德.康德教育哲学文集［M］.李秋零，译.北京：中国人民大学出版社，2016：127.

② 康德.康德教育哲学文集［M］.李秋零，译.北京：中国人民大学出版社，2016：127.

③ 康德.论教育学［M］.赵鹏，何兆武，译.上海：上海人民出版社，2005：35.

④ 康德.实践理性批判［M］.韩水法，译.北京：商务印书馆，1999：123.

背并且由于堕落而被固定于违背之中的人，更有理由拥有愉快的心情，并且甚至不把置身于一种愉快的情调使之成为习惯，视为一种义务呢?"对于基督徒而言，人既然是有罪的，那就要赎罪，赎罪的方式就是自我折磨，所以是"不愉快的、阴沉的和闷闷不乐的"，他们甚至会对德性命令有一种隐秘的仇恨，因为正是源出于自由意志的德性命令让人堕落，所以人应该放弃判断的主权，将之交给上帝。在这里，基督徒没有"悔恨"，没有从人的纯粹实践理性出发，意识到过往的行动违背了纯粹实践理性及其发布的命令从而改过迁善。也就是说，因为原罪和堕落将人固定在违背之中，所以基督徒不相信自己能够凭借自己的理性去获得新生的能力，他仰赖于上帝的恩典，尤其是耶稣在十字架上所白白给予的最大恩典，为此他需要敬拜、忏悔、祷告以及自我的惩罚。

让我们对上面所言做一总结：斯多亚派强调顽强，忽视愉悦；伊壁鸠鲁强调愉悦，忽视德性本身；基督徒则把愉悦视为人有意的选择所导致的原罪，进而强调自我惩罚，所以人是痛苦的、不快乐的。对康德来说，思想史上的三种实践性教育艺术都是有问题的，因为它们是内在分裂的，即都没有把"顽强"和"愉悦"同时纳入实践性教育艺术的宗旨之中，而是非此即彼，选择一方而排斥另一方。

对康德来说，良好的实践性教育艺术必须同时关涉顽强和愉悦："伦理的训练只在于与自然冲动作斗争，这种斗争要达到的程度就是在出现威胁着道德性的情况时能够制服自然冲动；因此它使人顽强，并在意识到重获自由时快乐。"[①]如果是这样，那么康德的实践性教育艺术就出现了两个相互对立的情感同时共居的情形，这就解决了从斯多亚一直到基督教所坚持的二元对立的困境。但同时，康德的这番处理又似乎把自己带入了困境之中，因为两个相互对立的存在是不可能共居于同一存在之中的，这不符合形式逻辑。不过，稍加分析，就可发现，康德并没有将二者做同等的对待，二者的共居实际是一种特殊形式的共存：康德所言的"愉悦"，严格来讲，并不体现在理性强制感性的艺术活动自身，而是显现在自我强制活动结束后的对其结果的拥有之中。也就是说，艺术活动自身因充满自我强制而不愉悦，但自我强制后的内在自由能令人

---

① 康德.康德教育哲学文集［M］.李秋零，译.北京：中国人民大学出版社，2016：128.

愉悦。康德用"伴随着管束的愉悦感"和"伴随着德性的愉悦感"来表达这种特殊的愉悦。如果我们认为愉悦存在于自我强制的活动自身，那么就违背了康德所坚持的德性活动是不愉悦的教导。进而言之，在康德那里，德性是一个人在遵从其义务时意志的道德力量，德性在这个意义上是义务所蕴含的自我强制的一个构成，而义务自身以及导致义务产生的对道德法则的敬重这一特殊的"道德情感"，并不是"愉快的"："敬重很难说是一种愉快的情感，以致我们在看重一个人时陷入敬重只是不情愿的。"①而且，一贯坚持道德形而上学的康德，也不会因为不愉快而将愉快纳入动机，污染纯粹的动机："如果谈到义务的话，这只是为了与恶习一定会在反面幻化出来的种种诱惑保持一个平衡，而不是为了在这里面把真正的动力放入进来，哪怕一丝一毫也不行。因为这将意味着想要使道德意向在其源头上遭到污染。义务的尊严与生活的享受没有任何相干。"②所以，既然康德重视自我强制中的愉悦情感，但同时又否认义务和敬重是愉悦的情感，他对愉悦的理解就只能在另一个层面上，即愉悦在自我强制的过程外，而痛苦则在顽强的自我强制的过程之中。简言之，过程痛苦，但过程后快乐。

如果我们的分析不错，那么就可以得出这样的一个判断：就本质而言，实践性教育艺术不是自由的"艺术"，而是不自由的"手艺"，因为后者的加工活动自身是痛苦的、不情愿的，但他之所以能忍受痛苦，主要在于思虑到了活动的结果带给他的快乐。如此这般，就背离了康德对实践性教育艺术之本质是"自由的"陈说，陷入了自由与强制的悖论。

四、实践性教育中的悖论解析

对于教育艺术中的自由与强制的关系问题，康德并不是没有认识到，在林克编辑的《论教育》的"导论"倒数第三节中，康德指出了这个问题，且把这个问题视为"教育中最重大的问题之一"。不过，康德并不认为这是一个教育中的悖论，而认为可以通过强制培育出自由来：

　　教育中的最重大的问题之一是，人们怎样才能把服从法则的强

---

① 康德.实践理性批判［M］.邓晓芒，译.北京：人民出版社，2003：106.
② 康德.实践理性批判［M］.邓晓芒，译.北京：人民出版社，2003：121.

制和运用自由的能力结合起来。因为强制是必需的。我怎么才能用强制培养出自由来呢？我应该让儿童习惯于忍受对其自由所施加的强制，并应同时指导他去良好地运用其自由。不这样的话则一切都是机械性的，离开了教育的人就不知道如何运用其自由。他必须尽早感受到来自社会的不可避免的阻力，以便能认识到为了独立而谋生和奋斗是多么艰辛。①

康德随后又提到了应当注意的三点：从童年开始，只要孩子没有妨碍到他人的自由，就给他自由（除了会伤害自己的自由）；只有在他让别人也实现自己的目的时，他才能达到自己的目的；让孩子意识到，对其施加一定的强制，目的是指导他去运用自己的自由。②可以看出，所谓的服从法则与运用自由的"教育难题"，在康德那儿似乎又算不上难题，因为康德用了不多的文字就把这个问题打发掉了。或者说，所谓的教育难题，并不是理论上的难题，而只是一个教育实践当中教育技巧的正确运用问题，所以没有必要对此进行深入的全面的理论论证。不过，于笔者而言，针对自由与强制如何结合的教育难题，康德所提出的解决思路并非解决之道。也就是说，作为理性大厦或心灵体系的"拱顶石"，人的自由的实现离不开教育，因为人必须通过教育才能成为人，但人的自由不能通过教育的强制去实现，而只能通过自由的方式去实现，这是康德承认和强调的；但康德又意识到，虽然教育的目的指向人的自由，但教育的力量又必然具有强制性，因为人的野性以及感性偏好是人出于法则而行动的障碍。这两点使得康德的教育和教育学无法从根本上处理好强制与自由的关系问题，强制与自由的悖论始终存在于康德的教育学中。前面从三个方面所提出的康德教育艺术中存在的悖论就是一个显明的证据。至于为什么会存在这个悖论，笔者尝试从亚里士多德的实践哲学的角度给予分析。

（一）康德教育学的世界主义VS亚里士多德教育学的城邦主义

康德的实践教育学所立足的是世界主义的理想。在这一理想中，人根本上是人类的一员，而不是家国的一员；人的本性是作为类存在的人普遍的自然禀赋，而不是服务于家国利益的工具。教育的真正目的是促进真正人性的实

---

① 康德.论教育学［M］.赵鹏，何兆武，译.上海：上海人民出版社，2005：129.
② 康德.论教育学［M］.赵鹏，何兆武，译.上海：上海人民出版社，2005：13.

现，而不是把人塑造成服从他者的好用的工具。显然，这一世界主义理想的背后，是"理性主义的个人主义"。如此这般，为了实现作为类存在的人的所有自然禀赋，理想的教育规划就必然是超越具体的家国制度的、适用于所有时代和族群的、普遍且科学的规划，这自然就对人的多样性的自由发展形成了必然的强制。康德用唯有正确的栽培方式才能使报春花开出只有一样颜色的花的例子来告诉我们，教育者只有制定出普遍的理性的教育规划，才能培育出其"齐一性"的人来。

与康德的世界主义相反，亚里士多德的实践教育学立足于"城邦主义"。在这一主义看来，人固然是理性的存在，但同时又是城邦的存在，离开城邦，非神即兽；人的本性是德性，但人的德性的实现又离不开城邦，所以人的德性是具体的而不是抽象的。对人的这一规定，意味着人并没有被看作人类世界中的"个体"，而是被看作城邦中的"公民"。显然，"城邦"不是"世界"，所以它是复数的、变化的、有差异的，这就导致了生存于不同城邦的"公民"，其性格是有差异的。如此这般，在古典教育那里，因为不同的城邦有不同的生活方式，立法者就无法为城邦设计出普遍的、统一的、适合于所有城邦的教育规划，而只能设计出适合本城邦的教育规划，培育适合本城邦的好公民。

当康德抛弃了古典的亚里士多德，亦即抛弃了基于具体的城邦生活方式的教育规划，从普遍的理性主义和世界主义出发，去设计普遍的、适合于整个世界的教育规划时，他自然就将普遍性所蕴含的强制性，施加给了就其本性而言是多样性的每个个体身上。由此，强制与自由不可避免地陷入冲突之中。

（二）康德教育实践概念的技术化VS亚里士多德教育实践概念的自由化

康德在《判断力批判》中，基于自然与自由的区分，将实践分为"遵循自然概念的实践"和"遵循自由概念的实践"，它们又被分别称为"技术性实践"和"道德实践"。与对实践的划分相一致，康德亦基于自然与自由的区分，将作为艺术的"教育实践"划分为"自然性教育"和"实践性教育"。毫无疑问，技术性的实践活动是强制性的活动，因为它的目的并不在活动之中，而在与活动相分离的产品或结果上，活动只是达到目的的手段。如果对教育实践艺术活动做分析，就会发现，广义的"实践性教育"包括了技术性实践，也就是"技能教育"与"明智教育"（由家庭教师进行的"实用性的教育"）。当康德把不自由的"技术性活动"看作本应是自由的"实践"，把不自由的"技术性教育"看作本应是自由的"教育实践"时，教育实践或教育艺术中的强制性与自由性的冲突就是自然的事情。

在亚里士多德那里，实践不是创制/劳动，创制/劳动也不是实践，实践是自由的，创制/劳动是不自由的。又因为创制/劳动无非是技术应用和操作活动，所以创制/劳动可被称为非实践的技术性活动。就教育活动而言，亚里士多德明确地把教育活动视为将人导向自由实践的"实践活动"。"教育实践"的目的，不在教育实践之外，而在教育实践自身，即受教育者德性的实现。进而言之，作为目的的德性始终是一个功能活动性的概念，而不是一个静止的封闭的概念，这意味着德性的实现只能在教育活动之中且始终在教育活动之中，这种教育活动除了学校教育，也包括城邦教育与自我教育。就广义的教育而言，古希腊的确存在劳动技能教育，这一教育的目的是劳动技能的塑造，但亚里士多德并不把劳动技能教育视为"实践"，因为真正的实践是自身就是目的的"自由活动"，真正的教育实践是培育"自由人的活动"，而劳动技能教育的目的却是不自由的劳动力的形成，所以它无论如何不是实践，也不是教育。亚里士多德对教育实践的严格界说，使得教育实践成为真正自由的、不存在强制的活动。

总之，当康德将教育实践的概念泛化，将教育技术活动也视为教育实践时，教育活动必定是强制的，且这种强制只能培育出为生计操劳的劳作者，而无法培育出拥有自由心灵的人。除非依照亚里士多德的做法，将强制性的技能培训从本是自由的教育实践中排除出去，使教育实践变为纯粹的自由的实践活动。否则，强制与自由的矛盾就始终存在。

（三）康德的实践教育对情感与习惯的排斥VS亚里士多德实践教育对情感与习惯的重视

康德的实践教育艺术中的悖论之根源，根本在于康德的实践性教育是建立在立法理性与感性偏好的二元对立的基础上：唯有自由任意将纯粹的立法理性所颁布的道德法则纳为主观准则，使准则成为法则，且推动人去行动，行动才具有道德性；如果自由任意为了满足人的感性偏好而采纳了不纯粹的立法理性所提供的实践原则，那么行动就不具有道德性。这里需要特别强调的是，立法理性不仅具有立法能力，还具有执法能力，且这两种能力是始终存在的，不可能完全被人对行动对象的病理性兴趣所淹没。这就使得在实践性教育中，由于强调立法理性自身的纯粹性、动力性以及不可压制性，所以教育就必然是自由的，也就是以引导的、激发的方式去培育自由人格，而不会是以强制的、机械的方式去培育自由人格。由此，康德对亚里士多德所推崇的"习惯教育"提出了批判，因为"养成习惯或者戒除习惯就是通过频繁地满足一个偏好来确立这个没有任何准则的固执偏好；而且它是感官方式的一种机械作用，而不是思维方式的一个原则（在这方面，后来的荒废要比学会困难）"①。所以，"人们必须让学童从自己的准则而非习惯出发来做好事，即他不是仅仅做好事，而是因为那样做是好的才去做它。因为行动的总的道德价值在于善的准则。自然性的教育在此与道德教育有别，因为对于学童来说，它是一种被动的教育，而后者则是能动的。他必须能时刻意识到行动的根据，以及它是如何从义务概念导出的"②。不过，在康德看来，人又不是神圣的理性存在者，而是有限的理性存在者，也就是说，人有感性冲动且感性冲动是人践履义务的障碍和怪物。不过，面对感性冲动，单纯依赖义务自身所蕴含的由法则而来的自我强制是不够的，义务若要被顺利地践履，就还需要外在的强制力与内在的强制力。这意味着，自由的教育此时已经不适用了，因为人们要么不履行义务，要么不情愿地履行义务。教育因此必须具有强制性。这里，康德特别在意的不是转向外在的惩戒教育，而是转向对能够控制自我的、以"不动情"为前提的"德性"的培育。这种培育只能在德性的运用中完成，所以德性教育亦是具有强制性的教育。经由这种强制性的德性教育，德性就能够在"不动情"的坚定的斗争中战胜情欲，使人对义务的遵循成为现实。不过，即使康德强调德性的不断训练，德性也不是什么习惯："但是，德性也不能仅仅被解释和评价为技能和（就像宫廷布道人科修斯的获奖论文所说的那样）长期的、通过练习获得的道德上良好的行动的习惯。因为如果这种习惯不是那种深思熟虑的、牢固的、一再提纯的原理的一种结果，那么，它就像出自技术实践理性的任何其他机械作用一样，既不曾对任何情况都作好准备，在新的诱惑额可能引起的变化面前也没有保障。"③

与康德的实践教育学不同，在古典的实践教育学中，自由与强制的悖论并不存在，因为亚里士多德并没有将理性与情感对立起来以追求道德的纯粹，

---

① 康德. 康德教育哲学文集［M］. 李秋零，译. 北京：中国人民大学出版社，2016：121.

② 康德. 论教育学［M］. 赵鹏，何兆武，译. 上海：上海人民出版社，2005：14.

③ 李秋零. 康德著作全集：第6卷［M］. 北京：中国人民大学出版社，2007：396-397.

而是重视情感且把情感与理性结合在了一起，由此，情感不再被看作理性的障碍，而是被看作德行的不可或缺的真正动力。进而言之，在强调"不动情"的康德那里，"德性"或"品格"被看作抵制和去除情感，按照与法则一致的准则来行动的能力，而在亚里士多德对"品格"的界说中，他将康德所排除的痛苦和快乐的情感纳入其中："我们必须把伴随着活动的快乐与痛苦看作是品质的表征。因为，仅当一个人节制快乐并且以这样做为快乐，他才是节制的。相反，如果他以这样做为痛苦，他就是放纵的。同样，仅当一个人快乐地，至少是没有痛苦地面对可怕的事物，他才是勇敢的。相反，如果他这样做带着痛苦，他就是怯懦的。这是因为，道德德性与快乐和痛苦相关……德性成于活动，要是做得相反，也毁于活动；同时，成就着德性也就是德性的实现活动"。①问题是，以何种方式呈现的情感才算是德性呢？亚里士多德给出的答案是情感方面的"中道"。当然，一次或几次偶然遵从中道，还不是德性，只有当一个人在生活中持续不断地使自己的情感和行动合乎中道，也就是形成稳固的习惯，才算是德性。这意味着，"德性"是一种良好的"习惯"。这里需要注意的是，这种中道因为是情感以及情感推动的行为上的"中道"，所以不可能是数学中的可普遍化的"中点"，而只能是"适我之中道"，会因时因地因人而变化。那如何在变化的生活中把握住适我之中道呢？要依赖于"实践理性"，去选择出中道并由此行出中道来。表面看，亚里士多德的实践理性与康德所陈说的实践理性是一样的，都关涉道德，但其实差别相当大。亚里士多德的实践理性尽管也确定行动的道德原则，但它不是康德的不涉及情感的纯粹的立法理性，它不但不排斥情感，而且努力使情感成为合乎中道的情感。在这个意义上，实践理性与德性的关系是一种手段与目的的关系，当然，这种关系是内在的，而不是纯然外在的。

正因为德性是习惯，习惯是稳固的情感体验模式，所以亚里士多德所言的习惯教育，其实就是情感教育。而情感教育也就是音乐教育，因为亚里士多德认识到，音乐最能打动人，且以让人愉悦的方式打动人，所以我们可以运用良好的音乐去正确地调理学生的性情，使之合乎中道。

康德的教育学之所以存在自由与强制的悖论，根本在于他抛弃了亚里士

---

① 亚里士多德.尼各马可伦理学［M］.廖申白，译注.北京：商务印书馆，2003：39-41.

多德的德性论中理性与情感的和谐，抛弃了基于这种和谐的德性教育所具有的自由愉悦性、非强制性。虽然康德本人很认真地研究过音乐问题，但翻遍他在各处对教育的诸多论说，根本找不到对音乐教育的论说，找到的只是"他经常警告年轻人要像提防诗歌、过早的嬉戏与'与女人交往'一样提防音乐，而且在《人类学》中他还只是把音乐看成诗歌艺术的工具，并把音乐摆在比诗歌艺术低得多的地位上"①。而且，单就对音乐本身的分析而言，他认为音乐并不影响人的理性，只能打动人的情绪，所以他强调音乐的节奏和曲调，而不是文辞："一段完全按音乐规则谱写的乐曲，如果不是通过曲调的魅力影响我们的情感，就不可能打动我们。因为'在音乐中我们从声音中所获得的不是任何一种概念，而只是情感'。音乐甚至被直接称为'感觉的游戏'。"②由此可以理解，既然音乐只与人的情感的激发有直接的关系，那自然就不能用来培养对作为义务之根据的理性法则的认识，也不能用来培养与感性冲动做斗争的德性。当然，他不仅仅对音乐怀有警惕，对小说、道德榜样等容易激发孩子情感的东西都保持着高度的警惕。我们完全可以想象，亚里士多德的德性教育中的孩子们是在一种自由的愉悦性的氛围中实现了心灵的陶冶，而不是在康德所言的由内外强制所带来的痛苦体验中实现德性。或者说，愉悦就在过程之中，而不在过程之外。

总之，当康德的教育艺术竭力去除人性中的情感（特殊的道德情感除外），进而排斥习惯养成时，他必然会面临教育上的自由与强制的紧张和冲突。由此来看，能同时容纳理性与情感的亚里士多德的教育实践，才是真正的自由的教育艺术。

［选自《教育学报》2019年第8期］

---

① 康德. 论教育学［M］. 赵鹏，何兆武，译. 上海：上海人民出版社，2005：31-32.

② 卡尔·福尔伦德. 康德传：康德的生平与事业［M］. 曹俊峰，译. 天津：天津教育出版社，2015：379-380.

02

德育原理

学生综合素质评价定位研究

柳夕浪[①]

[摘要] 定位是评价主体赋予评价活动一定功能的过程。从评价主体和评价功能两个维度，可以将综合素质评价定位划分为统一的发展性评价、统一的选拔性评价、校本的发展性评价和校本的选拔性评价四种不同模式，每一个评价模式的功能定位各不相同。高考综合改革中的学生综合素质评价，应平衡校内与校外两类主体的不同需求，兼顾促进发展与科学选才两方面的功能，使各方面的评价更加协调，破解当前学生综合素质评价诸多实践难题。

[关键词] 高考综合改革；综合素质评价；定位比较分析

学生综合素质评价制度既是人才培养模式改革的重要内容，也是人才选拔制度改革的重要方面，是新一轮深化考试招生制度改革的重要举措和主要亮点，成为破除"唯分数"论、健全立德树人落实机制的关键环节。有学者指出，当前学生综合素质评价存在着覆盖全面与发现个性的矛盾、精确量化与模糊评价的对立、招生录取软参考与硬挂钩的困境[②]等问题，这些问题都与对它的定位不清有直接关系。教育改革进入了深水区，找准定位才能有效破解综合

---

① 柳夕浪，山东师范大学教育学部特聘教授，主要从事课程教学理论、基础教育改革研究。

② 刘丽群. 我国普通高中学生综合素质评价的两难困境 [J]. 课程·教材·教法，2016（10）：95-100.

素质评价实践难题，将改革引向深入，健全提升学生综合素质的长效机制。

一、学生综合素质评价的分析框架

本文侧重从教育治理角度，将综合素质评价作为人才培养和选拔的重要制度，进行上位的顶层设计。所谓定位即明确它的性能和方向，把握评价活动在教育治理体系中的站位。相对于评价标准、程序、方式、技术等评价的某一环节，以及方案研制、工具开发、人员培训等评价工作的某个方面来说，定位问题是全局性的，同时也是根本性的，是综合素质评价改革的关键。

任何评价活动都具有一定的功能，具有一定的特性和能力，会引起各种变化，带来各种影响。对于特定人群来说，这些影响可以是有利的、积极的，也可能是不利的、消极的。在教育实践中，评价的负面作用时有发生。评价定位的核心是评价主体对评价活动功能所作出的主动选择和安排，即选择并赋予评价活动对自己有利的功能，规避那些不利甚至有害的效应。在这一意义上的定位常被称为"功能定位"或者"价值定位"。也就是说，评价定位是评价主体赋予评价活动一定功能价值的过程。这一关于评价定位的界定，揭示了分析讨论评价定位问题的两个基本维度：评价主体和评价功能。评价定位作为一种评价活动的战略抉择，总是由评价主体进行的，是一定的评价主体基于自身的立场、方法作出的选择，直接反映出处在特定历史时期的特定人群自身所特有的视角、站位和利益诉求；而评价功能则反映出评价活动的价值取向，是评价主体对评价活动主动赋能的结果。两者相互联系、相互支撑，共同决定了评价活动的定位基本格局。我们需要注意评价功能与评价目的之间的联系。评价功能是与评价目的（需求）相适应的行为模式，通过这种行为模式，评价目的得以实现，故两者可合称"目的功能"。定位分析的重点便是把握评价目的的实现机制和方式。此外，将评价主体和评价功能作为定位分析的两个基本维度，并不排除其他维度，只是从制度安排角度看，这两个维度是最为重要的。

（一）评价主体

评价主体即从事评价的人，通常不是单一的，而是复合性的。在进行评价活动要素分析时，人们比较多地关注到评价标准、手段等。其实，评价由谁主导是一个比评价标准、手段更为重要的问题。因为有什么样的评价主体，就会有什么样的评价标准，就会有什么样的对象和方式手段的选择。相对于其他实践活动来讲，评价与人的内在需求更加紧密，与人的价值选择、利益诉求更为直接。由谁主导通常意味着谁的利益能够充分得到体现，谁的需求能够优先得到满足。在很多情况下，评价是这样一个过程：评价主体从自身的立场出发，对评价对象的有关情况进行分析判断，给以定性、定格、定量。极端的考评很少有被考评者主动说话的余地，不容许有什么例外、有什么需要特别解释的，行为与意义的界限基本上是由评价主体决定的，所谓"立场决定观点"。在评价过程中，权力的影响无所不在，权力借助于评价得以集中便利地施展，评价促使权力欲望最大限度地释放。评价定位有一个极为重要的授权问题，即我们到底赋予谁评价权力，赋予其什么样的评价权力，这是评价定位作为一种制度建设、一种重要的教育治理方式必须优先考虑的。

有学者认为，教育评价的主体主要包括下列教育活动的利益相关者：学生——根据评价结果反馈改进学习，同时本身也参与评价；教师——根据评价结果反馈改进教育实践，同时也参与评价；家长和当地居民——根据学校的说明获取评价相关信息，同时也基于不同的立场参与评价；教育行政部门——根据学校、家长提供的信息，为学校和学区提供支持；第三方机构——由学校和教育部门以外的人员构成的进行外部评价的机构。①这一分析反映出评价主体的复杂多样性。在这里，我们着眼于学生评价视角的不同，把评价主体分为两类：一是学校内部的，主要指学校教育过程中的学生和教师，特别是学生自己，评价者隶属于需要评价的机构或对象。有时评价主体和评价对象合二为一，如学生的自我评价。二是学校外部的，评价者独立于需要评价的机构或对象之外。其中，外部主要的利益相关者是各级教育行政部门、各级人民政府教育督导部门，以及为学生学习、教师教学买单的纳税人。

两类评价主体的主要差别在于站位、视角的不同。前者是实践者、参与者、当事人，置身于学校教育情境之中。关于教育的过程和结果，他们拥有先在的发言权。在当事人的视野中，评价的对象不是与己无关的客体，不是已成的定局，而总是与己荣辱与共、休戚相关的，是行动中有待亲近的另一个"我"，表现出生成中的态势、前行中的可能性。评价者与被评者之间是积极互动的共生关系。当事人既是演员，又观看自己、反思自己，但这不同于观众

---

① 田中耕治. 教育评价 [M]. 高峡，田辉，项纯，译. 北京：北京师范大学出版社，2011：80.

的"在我看来",难以"抽身"出来客观审视,而主要是一种反思和内省,为此当事人的自我评价信度经常被质疑。后者是旁观者,置身于学校教育情境之外,考察正在发生的教育教学行动。有研究者认为,作为旁观者,你能从演出和完成演出的那些人背后的角度来观察某些东西,"你能理解演出所包含的真理,不过,你必须付出的代价是不参与演出"[①]。旁观者有可能排除个人情感因素的影响,尊重客观事实,公开评价过程,接受同行的审查,他们的考察、监督和评价十分必要,是当事人的内部评价、自我评价的必要参照。两类评价主体在评价活动中站位不同,所持的立场、反映出的价值需求也有明显的差异。前者立足特定的学校情境,更多地反映特定情境中的个人需求、特定的办学目的需要,即更多地持有校本立场;后者比较多地从公共需要出发,关注社会责任的落实情况,即更多地持有公共立场。在国际教育评价改革实践中,一个重要背景便是一方面国际社会普遍倾向于将预算管理、人员配备、教学管理、学业评价等下放至学校,满足学校自治需要;另一方面通过外部评价"加强对地方教育管理部门和学校的问责,使这种扩大了的自主权得到平衡"[②]。

(二)评价功能

定位的另一个基本问题是到底赋予评价活动什么样的功能,明确该做什么,不该做什么。学生评价活动丰富多样,具体目标也各不相同,但其基本目的功能不外乎两个方面:一是为了培养人才(育才),强调从评价中获得反馈信息,改进教育教学活动;二是为了选拔人才(选才),注重挑选合适的新生。

促进学生的发展,离不开课程、教学、评价三个基本要素。课程所关注的基本问题是:什么是值得学生学习的?或者说,学生到底该学些什么?教学所关注的基本问题是:如何引起、维持和促进学生的学习?或者说,怎样帮助学生学会?评价所关注的基本问题是:学生到底学会了没有?或者说,怎样知道学生是否学会学习?三个基本要素环环紧扣、相互配合,共同为学生的成长服务。课程是学校育人的蓝图,教学与评价是课程实施的两个必要环节。其中,评价即收集学生学得如何的信息,并进行诠释,判断学生的表现,向学生、教师、家长等不同服务对象提供其所需要的回馈,借以改进教学活动,也

① 汉娜·阿伦特.精神生活·思维[M].南京:江苏教育出版社,2006:102
② 经济合作与发展组织.为了更好的学习:教育评价的国际新视野[M].上海:上海教育出版社,2019:29.

改进课程设计。这样的评价是以课程为依据的，它服从并服务于课程建设的需要，并为教学提供有效支持。它原本是一个育人过程，育人是它的内在目的，是其存在的理由。这种以育人为唯一目的的纯粹评价可以在古老的个别化教学中找到它的原型。个别化教学往往与日常生活融合为一体，因为它无统一的起点要求，无统一的学年限制，也不一定有系统化的目标内容，评价除提供反馈信息，帮助学习者改进学习之外，没有其他的目的（如升级、升学等）。

但是，课程发展到今天，已经不只是简单规定学生学什么（科目、内容要点等），还规定学多少、学到什么程度，对学生的学业水平进行了划分。如《义务教育英语课程标准》（2011年版）提出了一至五级分级目标，《普通高中英语课程标准》（2017年版）设置了三个层级的学业质量标准。与科目设置、课程标准相呼应，现代学校系统有学期、学年、学段的设计，有的学段还有重点与一般、普通学校与职业学校之类别。嵌于课程实施过程中的考试评价也就有了新的功能，不只是初步了解学生学了没有，而且确认其学了多少，学到什么程度，为学生升级或升学、获取一定的成就回报（如奖学金、荣誉称号等）、社会流动等提供直接依据。其中，最为突出的是满足学校招生选拔的需要。与此相适应，现代考试招生也逐步从学校教育过程中分化出来，有了自己专门化的机构和专职人员，从实际教学过程中分离出去。如果单纯从降低成本、争夺生源的角度考虑，招生就可能演变为功利性的过度选拔活动，在一定程度上破坏了教育生态，与人才培养的初衷相背离。当评价被招生选拔所绑架，它与课程、教学的关系也就发生了颠倒：评价不再是服从并服务于课程实施、教学活动的需要；相反，课程实施、教学活动服从并服务于考试评价的需要，即评价反客为主了。

有研究者将上述学生评价的两个基本功能称为"本体性功能和附加性功能"。"本体性功能是与生俱来的、原初的功能；附加性功能是后来由于其他种种需要而附加上去的额外功能。"[①]选拔性功能是在升学考试、各类竞赛中体现的，是评价的附加功能。当前教育改革要恢复评价原初的本体性功能，促进学生的发展。[②]这一分析从一个侧面印证了上述两个方面评价的分化过程。

将评价主体、评价功能两个方面综合在一起，可形成如下评价定位的两

① 俎媛媛.真实性学生评价［D］.上海：华东师范大学，2007：5.
② 俎媛媛.真实性学生评价［D］.上海：华东师范大学，2007：5.

维分析框架。（见下图）

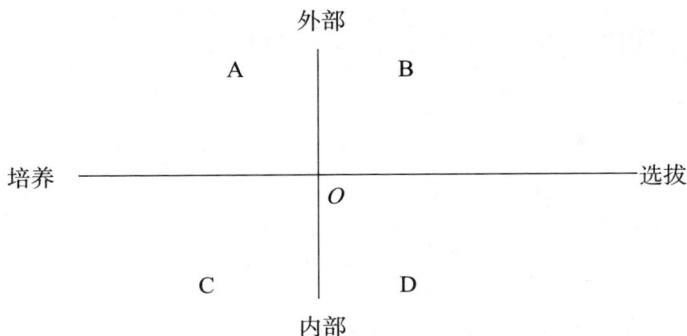

评价定位的两维分析框架图

二、不同类型的评价定位比较

上述评价定位的两维分析框架构成了A、B、C、D四个象限。不同象限内的评价性质、功能、特点有所不同，下文逐一分述之。

（一）A象限：统一的发展性评价

位于该区域的评价有几个基本特征。一是主要由学校以外的部门或专业机构组织进行。在我国，实施这样的评价，主要由教育督导部门，或者有关专业机构接受教育行政部门的委托进行评估检查。这种在管、评、办分离框架中的评价具有一定的相对独立性。二是标准化。评价标准、程序、实施步骤、工具及报告发布等，在一定的区域范围内均是统一规定的，进行了标准化的处理。规格较高的评价处理过程由专业人士进行，十分注重评价标准的设计论证及评价工具的开发，借以提高评价的效度、信度，提高评价服务的专业水平。三是诊断改进性质。评价结果主要用于指导学校改进教育教学过程，也可以用于指导学校管理。从改进教学过程的实际需要出发，评价者不只是检查主要学习目标的达成情况，对学生已有的学业水平进行分析，还要了解学生兴趣、习惯、课业负担及教师教学情况、学校设施设备情况等，对学业质量的影响因素进行比较全面的分析，为学业质量的改进提供比较准确的诊断分析报告。

这类评价如上海市教学研究室、上海市教科院和上海师范大学自2004年开始共同组织实施的中小学学业质量综合评价（也称绿色评价）。针对以往过多关注学科成绩、忽视学生的全面发展情况，过多强调功利取向、忽视评价的诊断和改进功能等问题，该评价方式借鉴国内外大规模测评项目经验，对学业质量内涵作了重新界定。这一评价方式认为，学业质量是一个构成性概念，是由学业表现、品德行为、身心健康等诸多领域的发展水平构成的；学业质量是一个关联性概念，要考虑影响学业表现、身心发展的相关因素，涉及教育的效益；学业质量是一个发展性概念，要体现学生群体发展的均衡性、连续性，体现教育公平。基于核心概念的界定，评价者研制了学业质量指标（学业水平、学习动力、学业负担等），按照国际规则，建立科学规范的学业质量评价技术方案，系统开发学科测试工具和反映学生学习背景等方面的问卷，强调"检测依靠数据、结论源自证据、分析产生转变"的实践行动，注重数据挖潜，指导区校解读和应用结果，促进教学方式、教研方式及教育决策的改进，大面积提升学业质量水平。[①]该评价项目对以往部分地方教学研究部门组织的"学测"（统考）做了较大的改进，在我国中小学产生了广泛的影响。

统一的发展性评价模式注重社会各界、教育管理部门有关人才培养目标在学校落实情况的检查，有利于推动反映共同基础的课程建设和教学活动，为区域内教育均衡发展、教育公平的检视提供了合适的视角，但它不足以反映学校特定的办学需求，更不足以反映学生个体的发展需求，不能描述每一个学生的个性风貌，不能为招生选拔提供服务。事实上，大多数有影响的统一的发展性评价项目，如国际学生评价项目（The Programme for International Student Assessment，PISA）、中国义务教育质量监测等，都是采取学校抽样和学生抽样的方式进行的，以特定的群体为单位进行分析，我们无法从中把握学生个体发展情况。

（二）B象限：统一的选拔性评价

位于这一区域的评价有如下几个特点。一是权威性。通常由教育行政部门、考试招生机构等校外权威部门设计，按照统一的标准、指标体系、程序、方式等组织开展。学校主要是评价方案的执行者。二是客观性。注重竞赛获奖、荣誉称号、考级证书等可见指标的考核，遵循公开、公平、公正原则进行，强化评价过程的监督，努力克服个人偏见对评价结果的影响。三是简便性。聚焦某些关键性、标志性事件进行，将评价结果简化为某个等级或分数，

① 详见尹后庆."绿色评价"引领教育转向内涵发展：上海绿色指标的背景和内涵［J］.中小学管理，2013（7）：4-6.

可操作性比较强，方便使用。四是高利害性。与A象限的评价不同，它的评价结果可以直接与升学挂钩，作为招生录取的直接依据或重要参考，社会各界对此高度关注。

这类评价如某市自21世纪新一轮课改之初就开展的初中学生综合素质评价。该评价从试点走到今天，形成比较完备的评价工作体系。该市教育行政部门根据教育部有关文件，制订了包括道德素养、学习能力、交流与合作等维度以及若干个关键要素的指标体系，注重三好学生或优秀学生干部、社区服务组织者、学生社团负责人等标志性成果的考评，建立了一定的考核约束机制。班主任、任课教师、同学、家长等参与其中，必须按照统一规定的程序操作，并对评价结果的真实性负责。评价活动包括日常评价、学期评价、毕业评价，贯穿初中三年教育的全过程。毕业综合评定等级分为A、B、C、D四个等级，由初中六学期的学期评价等级折合而成。等级分布实行一定的比例控制。学生综合素质评价等级与语文等学科等值对待，直接纳入高中招生录取。[①]

长期以来，招生录取中的"唯分数"论影响着学生的全面发展。统一的选拔性评价在打破"唯分数"论方面迈出了关键性步伐，特别是将体质健康测试、实验操作、研究性学习、志愿服务等情况纳入评价内容，这对于整个教育生态的优化、强化素质教育中的薄弱环节、促进课程方案的全面落实，产生了积极的推动作用。由于多方面的原因，我国高中阶段和高等学校的招生主要由教育行政部门统一组织，学校按计划招生，自主招生空间有限。与此相适应，在如何破除高中招生中的"唯分数"论方面，各高中招生学校按照教育行政部门的统一要求进行招生，既避免各行其是、暗箱操作，也使评价过程简便易行，选拔过程公开透明。不过，这类评价也有自身的不足。第一，对外部统一标准、共性要求的过分强调，可能造成对学校和学生差异的不够重视。尺有所短，寸有所长，对不同的个体进行综合评价时，我们很难找到适用于每一个人的大而全的标准。第二，评价方案的科学性有待进一步完善。如等级间可比性问题。不同等级间既无相等单位，又无绝对零点，只能表示等级的高低，并不能代表某种属性的绝对量或等级间的真实差距。评价等级可用来进行学生发展的纵向比较，引导学生发展的方向，但不宜用来进行不同学生间的横向比较。

---

① 本段根据教育部基础教育课程教材发展中心编的《引领百万学生健康成长——新中考改革解读》一书中的有关材料整理，该书由教育科学出版社2015年出版。

因为不同班级、不同学校各自比较的对象不同，所评定的等级之间缺乏可比性。第三，若干标志性事件不足以准确反映学生的内在素质状况。把评价内容转化为一套可以看得见、摸得着的标志和标尺，进行量化比较，本意是让评价变得客观、可行，但是对于如何找到能够准确反映内在素质状况的外在标志，需要做深入持久的实践探索和论证。我们需要分清在哪些方面能够做到客观如实，哪些方面暂时还做不到或者压根就不可能客观。

（三）C象限：校本的发展性评价

位于该区域的评价是由学校根据教育教学的实际需要组织开展的，其评价内容、指标体系、程序、方法等主要由学校来制定。评价与学校日常教育教学过程融为一体，主要发挥着反馈改进功能，不与升学挂钩。目前，这类校本评价改革比较普遍，有的经过较长时间的实践探索，已经形成了显著的校本特色。如某中学经过多年的探索，建立了学生综合素质发展积分系统。该系统最初由承担社会工作记录、个人成长记录、学业综合评价记录、集体奖励记录、个人奖励记录、失信扣分记录六个模块组成（后来有所调整），全面记录学生校内外的成长轨迹。其中，个人成长记录包括社会公益及志愿服务、学术志趣及偏好发展、艺术素养及特长培养、体质健康与体育锻炼、感动感悟与交流沟通、读书分享与人文思索、社会调查与勤工助学、阶段小结与个人反思八个维度。每个模块或维度有内容说明、记录要素（如社会公益及志愿服务记录要素有时间、同伴姓名、照片记录、活动经过及总结）、自评积分标准（如社会公益及志愿服务活动中，参与者1分、组织者2分、有总结加1分、有深刻总结加2分等）。学生平时可随时使用手机发布内容，其他同学可以阅读、分享甚至评价。教师在该系统中为管理员，可以对学生提出修改建议或者删去不合适的内容、评论，可以在核实后对学生进行不诚信处理。该系统可以随时生成总分报告，学生个人可以看到自己个人总积分与排名百分比，还可以看到各维度积分与排名百分比以及填写的具体内容，便于学生及时分析了解自己的发展情况。在上述学生综合素质发展积分系统中，记录内容和记录方式、积分标准等均充分反映了学校对自身人才培养目标、方式的理解；同时，学生可以根据自己的实际有选择地记录，能够比较充分地反映自己的潜能和倾向；利用互联网、云计算和大数据分析手段，建立综合评价系统，进行全息画像，注重发展趋势的诊断而非作出结论等，这些都体现出鲜明的个性发展导向。

该中学后来根据高等学校招生录取的需要对上述积分系统做了适当调

整，增加了为招生选拔服务的功能。如录取学校可以根据招生需要，动态调整模块或维度权重，由系统自动生成计算综合素质评价的积分，出发点是为了方便高等学校招生使用，但其面临着如下问题。第一，不同模块或维度的积分标准不一，甚至测量单位也不相同，能否直接进行加减计算？第二，来自不同学校的学生在各自群体中的表现（与不同学生群体的比较）是否具有可比性？第三，积分制本来是学业系统的管理方式，把它推广至包括道德等领域在内的综合素质考核，是否恰当？用自然科学之化约思维模式对待个体的综合素质，这本身就是一个悬而未决的问题。

（四）D象限：校本的选拔性评价

位于这一区域的评价主要是招生学校从招生录取的需要出发所进行的人才选拔评价。它有这样几个特征。一是学校本位。学校从自己的培养目标出发，制定相应的评价标准和办法。校本化的过程并非排除或者照搬教育行政部门、社会各界的统一要求，而是结合自身资源条件、办学传统等进行了特色化和具体化，反映了学校自身的培养目标定位和个性特色。二是自主选拔。为保证一定的生源质量，学校不是来者不拒，而是按照自己的标准、程序、方式方法，挑选部分学生。有的学校宁可完不成招生计划，也不会选拔不符合标准的学生入学。学校拥有招生自主权，同时对自身的招生行为负责。学校本位评价是以自主招生为前提条件的。三是多元评价。在如何选拔合适的新生上，不是少数人说了算，而是尽可能让更多的人从不同的角度进行评价，集思广益，综合各方面的意见做出选择。

以近年来上海纽约大学自主招生为例。该校根据创新人才培养目标，跳出传统评价模式，打破以考分为唯一依据的评价模式，选拔最适合的优秀学生。该校认为，学生高中期间的学业成绩和表现是重要的，但对于精英群体而言，志趣、抱负、兴趣、品性、素养等个性化因素更重要，有积极的人生态度和精神追求，才会拥有精彩的人生。为了考察学生的这些个性倾向，学校细化了"优秀且合适"的学生选拔标准，组成中美招生团队，首先进行初审。根据申请材料，对申请者的学业做出初步评价，在学业优秀的基础上重点考察申请书中所体现的人生态度、思维方式、价值取向、创新精神和英语应用能力，以及对上海纽约大学的教育理念、培养模式和校园文化的认同度。其次，安排初审通过的学生进行历时24小时、全英语环境的"校园活动日"。根据现场表现，考察学生的求知欲、亲和力、学习能力、适应能力、表达能力、团队精神、行为道德、价值取向等，从中录取有比较明确的人生目标、愿意接受挑战、有学习热情、善于思考、勇于求新、有着鲜明个性特征的学生。该校2015年采取上述方法招生，从来自29个省份的1875名学生中选拔录取了151名中国学生。

校本选拔评价如果对学校自身的招生需求过分强调，有可能演变为无序地争抢优质生源。21世纪以来，我国大学自主招生从2003年开始试点，至2014年发展至90所高等学校参与，选拔录取了2.3万新生。经过自主选拔的学生进入高等学校后在学业、科研、创新、组织管理等方面潜力普遍突出，但部分学校招生定位不明确，热衷于掐尖，影响了中学的正常教学秩序，干扰了学校的人才培养。个别高等学校招生程序不够完善，过程不够公开透明，引发了社会不满。为此，教育部印发了《关于进一步完善和规范高校自主招生试点工作的意见》（教学〔2014〕18号）予以必要的规范，特别强调自主招生主要选拔具有学科特长和创新潜质的优秀学生，申请学生要参加全国统一高考，达到相应要求，接受高等学校的考核。高等学校要合理确定考核内容，规范并公开自主招生办法、考核程序和录取结果，严格控制自主招生规模。在时间上安排在全国统一高考后进行。

从上述分析中可以看出，四种不同类型的评价有着各不相同的性能，各有其优缺点，我们不难找到相应的例证。这说明每种评价类型都有着存在的理由和实践的土壤。每件事情都是在动态中发生的，各地和学校可在一定的教育情境和改革态势中权衡利弊，选择契合自己的评价服务方向、范围，明确特定的评价功能，扬长避短。但是从整个教育治理角度来看，学生综合素质评价制度不只是为多样性留出空间，还要协调好来自不同方面的不同评价，特别是促进基础教育与高等教育、校内教育与校外教育的协同一致。对此，下文结合高考综合改革中的学生综合素质评价定位做进一步的阐释。

三、高考综合改革中综合评价的定位

高等学校招生中的学生综合素质评价通常简称为"综合评价"或"综合考核"。《国务院关于深化考试招生制度改革的实施意见》（国发〔2014〕35号）明确提出，"建立中国特色现代教育考试招生制度，形成分类考试、综合评价、多元录取的考试招生模式，健全促进公平、科学选才、监督有力的体制机制"。高考综合改革中的综合评价定位分析既要以此为主要政策依据，也

要结合当前的实际情况进行。

（一）在评价功能上，平衡好用于学生教育和用于招生录取两方面功能

高考综合改革中的学生综合素质评价包括用于学生教育评价和用于招生录取评价两个方面，这两个方面的评价性质和功能不同。前者主要是形成性评价，指高中学校为每个学生的发展把脉问诊，开方抓药，同时激发学生发展的活力；后者主要是甄别性评价，是高等院校对入学申请者进行甄别、比较、选择的过程，所关注的核心问题是确认学生的个性品质、学科潜能与院校特定的资源和人才培养目标是否匹配。由于性质功能不同，两类评价思路和方法也有差别。前者主要以高中学校培养目标为依据，对学生的达成情况进行分析，帮助师生把注意力集中在进一步发展提升所必需的教育教学活动上，注重创造宽松环境，让学生暴露问题，并不断鼓励学生进步；后者以人才选拔要求为依据，招生院校组织对学生的申请材料进行审核、分析，必要时组织面试。因为两类评价性能不同，应该区别对待，特别是不能简单地用高中学校形成性评价的思路、结果去替代高等学校的甄别性评价，不宜将C象限"校本的发展性评价"思路直接推广至其他象限。在一些高考综合改革试点省份，高中学校因袭过去多维评价、等级合成的思路，很多高等学校普遍反映"没有参考价值"。

但是，两类评价性质、功能不同，并不意味着它们彼此割裂、各搞一套。因为从根本上讲，高中学校培养目标与高等学校人才选拔目标是贯通一致的；同时，在具体评价活动中要有分工合作。一方面，高中学校要配合高等学校做好相关工作，如建立学生综合素质档案，确保材料真实可靠等；另一方面，高等学校要强化综合素质评价的选拔功能，引导高中学校有效落实立德树人根本任务。早在新一轮基础教育课程改革之初，教育部便提出全面建立学生综合素质评价制度。2003年教育部印发的《普通高中课程方案（实验）》要求高中学校"实行学生学业成绩与成长记录相结合的综合评价方式"。各省份也出台了有关综合素质评价的具体实施方案。但这些年来，大多数高中学校学生综合素质评价流于形式，那些目前部分进入高考综合改革试点的省份，对学生综合素质评价前景也不看好，师生觉得作用也很有限。有研究者通过对浙江省普通高中学生综合素质评价状况进行调查发现，60%的考生和家长认为综合素质评价很重要，要积极参与，但"学生对实施综合素质评价的整体认可度较低"，"不少学生认为评价内容过于宽泛，不能反映个性化特征"，"学生参与较为被动"。其中，"作用维度"是六个维度中实际

均值最低的，这说明"学生认为评价结果在学生升学过程中所能发挥的作用是极为有限的"；同时，"教师认为综合素质评价工作并没有真正发挥其应有的作用，对学生引导作用有限"。①造成这种状况的一个重要原因就是，学生综合素质评价在高等学校招生中实际发挥的作用有限，说是"重要参考"，实际上在面广量大的普通高等学校本科招生中几乎不参考。

为此，高考综合改革中的综合评价定位应适当强化选拔功能，推进评价结果在高等学校招生录取中的使用。这既有利于大学根据自己的使命和培养目标招生，创办世界一流大学，也有利于引导高中学校建立和完善学生综合素质评价制度，真正关注学生的全面发展、健康成长，改变形式主义做法。在综合素质评价结果使用上要有明确的时间表和路线图。在使用范围方面，可以从体育、艺术等特殊专业招生开始试点，然后向其他专业招生推广。近年来一些大学自主招生已有相关实践探索。如北京中医药大学自主招生报名，要求考生"对中医药和中国传统文化有浓厚兴趣"，"高中阶段在中医药和传统文化领域取得研究成果或有学习实践经验，且通过申请材料能够证明其具有一定的中医药领悟力及培养潜质"。"若考生为中医药学世家、名家子弟（直系、三代以内旁系血亲），提供相关亲属的高级职称证书或具有省、市级专业资格认定的名老中医证书的复印件及公安部门出具的亲属关系与户籍证明"等。这些专业招生中的综合评价已经积累了一些经验，值得总结推广。在使用方式方面，可以先从可操作、可把握的底线要求考核入手，如普通高中课程方案规定的志愿服务、社会实践经历、研究性学习情况等，作为招生录取的门槛；进而在考核基本要求达成情况的基础上，有重点地考察学生的志向、潜能与招生院校培养目标、资源的匹配度，将其作为招生录取的重要参考甚至依据。

（二）在评价主体上，权衡好学校内部自治和外部需要两方面诉求

当综合评价作为招生录取的重要参考甚至依据时，它便具有了高利害性质，会引起社会各方面的广泛关注。外部需要集中表现为由学生、家长等组成的择校市场力量对综合评价公平、公正的诉求。当前，这种公正诉求前所未有的强烈，有时甚至缺乏理性，如把个别违规事件夸大为普遍行为，对所有相关试点探索持怀疑态度。由此引发政府行政部门对综合评价的严格管

---

① 凌浩，孙玉丽．新高考后普通高中综合素质评价师生认可度分析［J］．上海教育科研，2017（6）：14-17.

控。这种管控除了推动建立和完善综合评价的标准、程序、方式，加强对评价工作的监督检查，还严格控制综合评价录取试点学校、专业及招生规模，甚至暂时叫停改革试点。多年来，综合评价录取举步维艰，与择校市场力量对公平招生的强烈诉求有直接的关系。

但是，加强诚信机制建设，有效回应社会对公平竞争的诉求，不等于由政府行政部门统一规定评价标准、程序、方式。以克郎巴赫（Cronbach, L. J.）为首的美国斯坦福（大学）联合会将评价界定为"对当前某个方案进行之中或者之后的各种事件的一种系统考察，以便促进该方案或者具有同样目的的其他方案之改善"，即认为对评价对象价值的评判是评价对象或事件当事人的权力，评价人员的职责在于系统考察，更多地为方案的改进提供有效的信息。[1]克郎巴赫强调把评判的权力交给内部评价者、当事人，外部评价者应该更多地收集有关评价对象的事实、证据，为当事人的判断提供可靠依据。这对综合素质评价定位有一定启发。当综合素质评价成为高利害性的评价之后，政府行政部门要从直接介入评价过程中抽身出来，把综合评价的权力适当下放给学校，让学校成为综合评价的主体，充分反映自身选才的需求，规范评价操作过程，并真正对自己的评价行为负责。从根本上讲，综合评价的规范实施最终由学校自己去完成、去实现。在行政包揽的情况下，学校师生不可能成为责任主体，难以真正对自己的行为负责；同时，也不可能主动积极地、有创造性地组织实施，无法从根本上解决综合评价的公平、公正问题。

强调综合素质评价的校本实施，并不只是为了厘清权责，还源自综合素质评价本身的内在要求。综合素质评价本质上要求全面收集学生课堂学习、课外实践、闲暇生活各方面的情况，以及智力、品德各方面的表现，以准确揭示和描述学生个体的复杂多样性，从中发现学生的潜能，进行必要的甄别、比较、确认，促进学生志趣、潜能与学校培养目标、资源的匹配，而不是把原本复杂多样的成长过程及经历简化为几个标志性成果，或者简化为某个分数、等级，进行简单的比较排名。有了对个体复杂多样性的揭示，学校才能够选拔到合适的新生。每个高等学校有自己的办学定位和培养目标，对"优秀"新生的看法是不同的。创办世界一流大学要求高等学校按照自己的使命选拔与其人才培养目标和资源相匹配的新生，特别是选拔具有学科特长和创新潜质的特殊人

① 杨向东.教育测量在教育评价中的角色［J］.全球教育展望，2007（11）：15-25.

才。在高考综合改革中，完全照搬B象限的思路，按统一标准对所有学生进行打分排序，对特定高等学校招生来讲，是不适合也不可取的。

基于上述分析，我们将高考综合改革中的学生综合素质评价定位于图中的O点，即培养与选拔、校外与校内之间的平衡点。一方面，基于选拔需求回归育人本位。在这里，选拔既是目的也是手段，作为目的，选拔与培养目标相匹配的人才；作为手段，促进评价回归育人本位。另一方面，基于校本实施，努力揭示学生个体发展的复杂多样性，并发挥外部关于评价方向把关、评价过程监督的作用，关注底线要求达成情况的考核。最终通过内外结合、培养与选拔兼顾的评价，促进学生全面而有个性的发展。

[选自《教育研究》2019年第11期]

学校德育改革应该确立的四种意识①

唐汉卫②

[**摘要**]在全面深化改革、落实立德树人、加快推进教育现代化的形势下，学校德育改革和实践迫切需要确立以下四种意识，即坚定的使命感和责任意识，学校德育效果和改革改进成果的取得，需要改革者和行动者保持自身的定力、坚韧不拔的意志力和一以贯之的行动力；文化方向的选择和价值反思意识，需要从坚持正确的政治方向和文化自信中明确要到哪里去；现实的校情和学情意识，把对校情学情的全面综合梳理分析作为学校德育改革的切入点和突破口；专业的路径和方案意识，以大德育观和专业的方案意识去规划实施有效的德育目标。

[**关键词**]教育改革；学校德育；意识

党的十八届三中全会以来，深化教育领域综合改革，落实立德树人根本任务，培育和践行社会主义核心价值观已成为教育、学校德育改革的主调。2016年12月召开的全国高校思想政治工作会议上，习近平总书记发表了重要讲话，为学校德育工作明确了方向，也提出了新的要求。当前，青少年成长的社

① 本文系国家社科基金"十二五"规划教育学一般课题"品德课新课改十年的回顾与展望：基于生活德育的视角"（课题批准号：BEA120029）的阶段性研究成果。

② 唐汉卫，华东师范大学教育学部教授、博士生导师，主要从事德育、基础教育改革研究。

会环境更加复杂，学校德育面临着巨大的压力和新的挑战。对学校德育实践者来说，落实习近平总书记的讲话精神，更好地贯彻党和国家的教育方针，推动学校德育改革创新，笔者认为，当前的德育改革和实践迫切需要确立以下几种意识，即坚定的使命感和责任意识，文化方向的选择和价值反思意识，现实的校情和学情意识，专业的路径和方案意识。

一、坚定的使命感和责任意识

新时期，国家、社会、家庭等都对学校寄予了更高的期望，对学校德育提出了更高的要求，教育工作者需要具有坚定的历史使命感、责任感和担当意识。面对社会对学校德育的期望和要求，以及学生成长环境的变化和影响因素的复杂性，德育工作应从经验层面进入专业领域或更高层次的专业阶段，本身就需要克服思维和心态上的惰性、惯性，冲破旧有范式并建构新知，重新调整和确立自己的思维和行动范式，提升价值判断、教育教学的能力和水平。这种魄力和担当更多地应来自学校及教育工作者对成就生命个体、传承文化和推动文明进步的历史使命感和责任感。

因此，除了加大投入和以更专业的素质去开展工作，还应从更高、更宽的视野来认识学校德育，开启德育工作新的思路和视界。学校德育只是影响学生身心发展的一种因素，家庭和社会对学生成长的影响更大更直接。从全方位育人出发，教育工作者要积极主动地去关注、审视、分析影响学生成长的家庭和社会因素，争取同家庭和社会密切配合，三方有效对接，形成最大合力，才能更好地发挥学校德育的作用。否则，忽视家庭和社会的力量，会造成学校德育的乏力和低效。与刚性的法律、制度对人的规范和约束相比，德育主要着力于人的内在精神的自律和自觉，其限度决定了它无法替代也不可能完全替代法律、制度的强制性作用。党的十八届三中、四中全会报告提出的治理体系和治理能力现代化，实施依法治国，是有效解决当今社会发展诸多问题的治国战略。在人的身心成长和价值观的培育中，外在的刚性规则的建立和人的内心修养的提升二者缺一不可。这一点提示我们，以关注内心需求、激发内心情感、培育内心价值判断为主要鹄的的德育要与学校的制度建设相结合，才能建立起长久的、稳定的内心秩序。精神的自律固然重要，制度的保障更不可或缺。制度本身就是一种重要的德育手段和德育力量，因此，应充分发挥制度的德育价值。

二、文化方向的选择和价值反思意识

学校德育改革离不开对文化方向的把握，这表明"德育要到哪里去"。文化方向的选择和基本的价值判断一方面赋予学校德育实际的内容，另一方面，对德育来说也是不可回避的、前提性的问题。现代社会文化的多元多样、丰富多彩给学校德育提供了多种可能，给学生自由自主的成长展示了更大的空间，同时也给个体带来了更多的困惑，给教育带来了更多的压力和挑战。比如，如何看待不同文化和价值观之间的关系、如何面对价值相对和虚无的挑战、如何处理不同价值观之间的冲突、学校是否还有必要提供以及如何提供一致性的价值要求等。这就要求学校德育在多样的文化中选择并最终确立自己的价值坐标，更好地面对青少年成长过程中面临的各种问题。

面对多元开放的社会，对文化的大格局和大方向的把握要注意以下几点。一是把社会主义核心价值观作为学校教育首要的价值追求。习近平总书记指出："要坚持不懈培育和弘扬社会主义核心价值观，引导广大师生做社会主义核心价值观的坚定信仰者、积极传播者、模范践行者。"①从这个意义上讲，现阶段的学校德育仍然担负着现代性人格启蒙的重要任务。启蒙，当然首先需要教育工作者自身的稳健、理性、清醒，即教育工作者自身首先要对社会主义核心价值观具有高度的认识、认同和践行，才能去开启学生的价值观。"所谓启蒙，首先是先把自己点亮，然后再照亮别人。"②二是对文化方向的把握离不开"从中国看世界、从过去看未来"。从中国看世界，就"必须坚持正确政治方向"和价值导向；从过去看未来，就意味着要有文化自信，"我国有独特的历史、独特的文化、独特的国情"③，要"大力弘扬中华优秀传统文化和革命传统文化、社会主义先进文化，深化党史、国史、改革开放史和社会主义发展史学习教育"④。三是学校德育应确立更加开放宽广的视野、民主包容的胸怀，尊重多元文化和价值观，鼓励对话，加强共识。在世界文明面前，

---

① 把思想政治工作贯穿教育教学全过程 开创我国高等教育事业发展新局面 [N]. 人民日报，2016-12-09.

② 韦森. 大转型：中国改革下一步 [M]. 北京：中信出版社，2012：335.

③ 把思想政治工作贯穿教育教学全过程 开创我国高等教育事业发展新局面 [N]. 人民日报，2016-12-09.

④ 陈宝生. 办好中国特色社会主义教育 以优异成绩迎接党的十九大胜利召开：2017年全国教育工作会议工作报告 [N]. 中国教育报，2017-02-07.

我们应当有充分的文化自信。2014年3月，习近平总书记在柏林会见德国汉学家、孔子学院教师代表和学习汉语的学生代表时指出，"要保持对自身文化的自信、耐力、定力"。他还指出，"文化自信，是更基础、更广泛、更深厚的自信"①。另外，就社会主义核心价值观的全部内容来看，其中"既有优秀传统文化的基因，又有对现代社会、现代文明的追求和靠拢。'富强、民主、文明、和谐'，我们可以看出对现代化的追求，对现代化的认可，对现代化的期待。'自由、平等、公正、法治'，这更是相当现代的提法。……'爱国、敬业、诚信、友善'，这更多是从个人的层面来说，传统文化美好的东西就比较多"②。

三、现实的校情和学情意识

现实的校情和学情意识是要追问学校德育改革要从哪里出发。从学校的历史和现实、从当前的问题和学生的需要出发来思考德育该做什么和能做什么，这是学校德育工作的起点和出发点，即"必须围绕学生、关照学生、服务学生"③。从学生出发、从当前的实际出发，解决自身的问题、满足自身的需要，才能使得每一个学校的德育各有各的特色，各有各的重心和选择。

对学校德育来说，校情分析和学情分析一是要注意尽可能的全面和真实。真实无须多论，校情和学情分析之所以应该全面，是因为影响学生的身心发展、道德成长的因素是多方面的，不是单一因素在起作用。所以，应对学校、学生的基本情况，特别是与学校文化和道德氛围、学生道德状况紧密相关的一些事实、事件、环节、因素等梳理清楚，这有助于从宏观上和总体上对道德发展、道德教育的状态进行把握，而不是就事论事、一叶蔽目。校情分析包括学校的历史和发展脉络，自身的传统和优势、问题和不足，现在面临的机遇和挑战，学校周边的环境和社区状况，家长资源和家校合作，师资队伍状况，学校管理，等等；学情分析包括了解学生的身心状况、道德困惑和道德需要等。二是要对搜集到的信息资料、学校过去和现在的各种实然状况进行理性的

---

① 习近平.在庆祝中国共产党成立95周年大会上的讲话 ［N］.人民日报，2016-07-02.

② 王蒙.文化自信和文化定力 ［J］.上海文学，2014（6）：68-73.

③ 把思想政治工作贯穿教育教学全过程 开创我国高等教育事业发展新局面 ［N］.人民日报，2016-12-09.

分析和判断，具有明确的问题意识。比如，要了解目前学生的心理和道德状况到底如何，影响因素是什么，在这些因素之中，哪些是学校教育能够干预的，哪些是家庭、社区等应该努力的，家庭和社区怎样配合才能对学生成长产生更好的影响，目前的学校德育又是怎样开展的，有什么经验，还存在哪些困难和不足，等等。三是要注意找准切入点和突破口。通过对道德发展、道德教育所面临的校情和学情进行全面综合的梳理、分析和把握，找出主要矛盾和关键性问题，并将其作为未来学校道德教育改革的切入点和突破口，系统思考学校德育的整体架构，促进学校德育整体性的推进。

四、专业的路径和方案意识

对学校德育从哪里来、到哪里去有了基本的明晰和自觉之后，在操作层面上还需要对如何去实现学校德育的预期目标和理想做出系统的规划和思考，只有这样，学校德育实践和改革才有切实可行的操作方案层面的依托，即教育工作者还需要专业的路径和方案意识。

一是专业的路径需要树立大德育观。这一方面是指对学校德育的内涵和内容不能做狭隘化的理解，另一方面是从学校德育的途径上讲，应该用整体的、综合的眼光来考虑学校德育工作的开展。在我国，学校德育包含的内容很多，比如思想政治教育、道德品质教育、法治教育、心理健康教育、环境教育等都属于德育的范畴。这些方面共同指向学生内在的精神成长和人格完善，都是青少年学生成长的必需。在学校德育的实际操作中，不能仅从任何一个单一的维度或片面强调某一个方面的重要性上来把握和实施。因此，在课程设置上，世界各国往往都把道德教育和法治教育、思想政治教育、环境教育、心理健康教育等放在一起，比如国外的《公民教育科》《社会科》《修身科》，我国的《品德与生活》《品德与社会》《道德与法治》等。道德教育、思想政治教育、心理健康教育、法治教育、环境教育这些范畴虽然紧密关联、有着共性和重叠，但的确又分别指向不同的侧面，有着不同的要求和侧重，它们在现实中面临的问题也不尽相同。换句话说，这些教育范畴、内容还是有着一定的差异和区别，各自有不同的规律和特点，在实践中并不能完全混为一谈。这就要求实践工作者具有审慎的、更加理性和专业的态度，以更加精细的方式开展德育工作。教育实践工作者应有基本的理性自觉，在树立大德育观的同时，又要清楚每一项德育内容的内涵和所指。

从学校德育的途径上讲，大德育观则意味着要从文化育人、课程与教学育人、管理育人、活动育人、家校合作育人等各个方面来综合考虑学校德育，各种育人途径应该注意统一和协调，各方面工作都要考虑应该担负的育人责任、明确共同的价值取向并相互配合，避免各种德育管道的孤立化和形式化。鉴于青少年学生道德、心理发展的时空特点和多因素性，全员、全程、全方位的大德育观、整体德育观在学校德育中具有本然的、尤为重要的意义。"要坚持把立德树人作为中心环节，把思想政治工作贯穿教育教学全过程，实现全程育人、全方位育人。"[①]所以，在实际工作中，既要分别考虑学校不同方面的工作所特有的德育价值、德育意义和各自的育人点，又要注重各项工作内在的整体性、一致性和关联性，从总体上进行系统化、一致化的思考和设计，共同指向学生的道德、价值观的成长和学校育人目标的实现，形成正向合力，避免各自为政。

二是要有专业的方案意识。这是指"大德育"的各个方面都要有明确的、专业的实施方案。明确的，区别于模糊的、笼统的；专业的，则区别于从经验出发的或想当然的。一些学校没有专业的德育方案，只有简单的平面化的工作计划，而这些计划往往又是年复一年的重复性的工作内容的罗列，其依据何在、针对性如何、效果怎么样，谁也说不清楚。科学专业的方案是认真思考、研究和规划的结果。在制订方案时，需要注意以下方面。第一，要有明确的目标。要在对文化方向的宏观把握和具体的校情学情分析基础上，结合学校德育工作的突破口或切入点，明确育人点，即到底要培养什么方面的品格或价值观。同时，要把这种目标具体化，层层分解至学年、学期、单元甚至具体到每一次活动、每一节课堂、每一个环节或每一种环境创设中。德育目标本身的确立就要经过认真的分析、研究，要指向明确，突出重点，切实解决学生存在的问题，不能是笼统的、模糊的、高大上的。第二，在德育内容选择上，尽可能和学生的认知水平相接近，因地制宜，来源于生活、来源于实践是最基本的原则。第三，在实施方式上，避免简单说教、低水平的以功利性为导向的教育手段，无论是注重认知能力培养的讨论辨析、注重情感体验的环境创设，还是综合性的以行动为主的生活实践和活动体验，都要注重学生的主体性、参

---

① 把思想政治工作贯穿教育教学全过程 开创我国高等教育事业发展新局面 [N].人民日报，2016-12-09.

与性、趣味性和实践性。第四，在制订德育方案时，还要给学生一些反馈和评价，不断地强化所倡导的价值观、巩固在学生身上发生的种种预期的变化，并提醒学生随时意识到自己的不足，这样才能真正发挥方案的作用。在评价方面，提倡尽可能多用形成性的、发展性的、过程性的评价。总之，在方案设计和实施过程中，要真正做到一切从学生出发，切实着眼于学生身心成长和道德、价值问题的解决，从目标到评价要结合不同年龄段的特点，切实把握其精准性、可操作性和连贯性，开展真实、有效的学校德育。

[选自《教育研究》2017年第6期]

教育家办学的制度实践与思考[①]

——以山东省潍坊市校长职级制改革为例

张茂聪[②]　侯　洁[③]

[摘要] 教育家办学对于深化我国教育改革和发展具有重大的意义，而教育家群体的涌现及教育家办学的实现需要良好的制度环境和政策支持。山东省潍坊市取消了校长和学校行政级别，以职级制管理为核心，进行了校长选聘、任期交流、考核评价等一系列管理制度的创新和改革，并在完善校内民主管理制度和第三方评价制度方面进行了有益的探索，对构建新型政校关系、推进教育管办评分离起到了重要的作用，为促进教育家型校长成长、实现教育家办学提供了制度保障。

[关键词] 教育家；中小学校长；职级制

《教育规划纲要》明确提出："造就一批教育家，倡导教育家办学。""教育家办学"上升到国家政策层面，成为党和政府对我国新时期教育事业的一项战略部署，其对于我国教育改革和发展的意义不言而喻。山东省潍坊市是国家基础教育综合改革试验区，本文以该市校长职级制改革为例，阐释教育家办学

① 本文系教育部新世纪优秀人才支持计划项目（项目编号：NCET-13-0881）的研究成果。

② 张茂聪，山东师范大学教育政策与管理研究中心教授、博士生导师，主要从事教育学原理、教育改革与发展研究。

③ 侯洁，山东师范大学高等教育研究院讲师，主要从事高等教育研究。

的制度实践和理性思考。

一、潍坊市校长职级制改革的制度实践

1999年，中共中央、国务院《关于深化教育改革全面推进素质教育的决定》中正式提出"试行校长职级制，逐步完善校长选拔和任用制度，鼓励优秀校长到薄弱学校任职"。2010年，《教育规划纲要》中规定"推行校长职级制"。从"试行"到"推行"，国家及教育行政主管部门先后下发了多个相关文件指导与推进校长职级制，各地也陆续开始了此项改革探索。2016年，山东省全面推行中小学校长职级制和去行政化，"十三五"期间将全面取消中小学校长行政级别。潍坊市作为全国中小学校长职级制改革试点市，自1999年在其下属的高密市率先进行校长职级制管理试点开始，改革已经走过十余年。潍坊市的实践证明，中小学校长职级制不同于以往的校长任职资格或校长培训制度等单方面制度改革，而是以促进校长身份转变为核心所引发的一系列根本性变革。

（一）建立校长后备人才及遴选制度

为促进教育家办学格局的形成，首先要加强校长队伍入口环节的管理。基于此，潍坊市教育局将符合校长任职资格的优秀人才纳入统一管理和培养范围，延长校长岗前预备期，促进其专业发展。为了提高后备人才的专业化水平，人才库设计了较为完善的管理机制。一是后备人才的选拔有资格过渡和公开考选两种方式。二是后备人才库实行动态管理，每两年认定一次，四年为一个管理周期。三是为校长后备人才制定了个性化的培养方案，实施为期两年100学分的治校能力培训，达不到规定学分的实行退出机制。截至2016年5月，潍坊市校长后备人才库已达到1605人。

随着职级制改革的推行，政府简政放权，赋予校长的权力增多，校长的遴选就需要特别慎重。潍坊市建立了由知名校长、教育专家和优秀教师代表组成的专家评委资源库，每年更新一次。当出现校长职位空缺时，教育行政部门从专家评委资源库中随机抽取7～11人组成校长选聘委员会，按照德才兼备、以德为先的原则，根据任职资格条件，全部面向校长后备人才库进行公开遴选，并按照1∶3的比例推荐出后备人选，由教育行政部门择优聘任。在这个过程中，组织选聘校长学校的教师和学生家长代表列席并参与评价。同时，潍坊市积极吸引市外优秀校长参加新任校长选聘，或通过兼职、委托

管理等方式参与学校管理。

（二）合理确定校长职级序列，建立校长职级酬薪制度

实行校长职级制改革后，潍坊市所有中小学校都取消了行政级别，由县级及以上教育行政部门归口管理。校长职级分为小学段、初中段和高中段三个系列，每个系列都分为四级九档。为了控制高职级校长的数量，使全市校长的职级保持较为合理的结构状态，潍坊市教育局规定在同一县域内，高级、中级、初级校长的数量比例为3∶5∶2，且特级校长的数量控制在全市中小学校长总数的2%。校长职级实行动态管理，规定了明确的定档、晋档、降档或解聘条件，同时注重政策向农村学校倾斜，兼顾均衡，对寄宿制学校、规模较大学校、农村学校和薄弱学校的校长，在职级评定时可进行办学管理难度系数的适当调整。

实行校长职级制管理后，将中小学校长职级工资纳入绩效工资管理，实行职级绩效工资制。初级、中级、高级、特级校长加发职级工资，其中70%按月发放，其余30%根据年度绩效考核结果发放。校长职级工资全部列入同级财政预算，2015年潍坊市共发放校长职级工资2109.1万元。职级绩效工资制体现出了一定程度的工资差异，且充分地体现出优秀校长的岗位价值，发挥了对不同职级校长的激励作用。（见表1）

表1　潍坊市中小学校长职级工资标准

校长职级		职级工资标准
特级校长		不低于本人应发工资总额的80%
高级校长	一档	不低于本人应发工资总额的50%
	二档	不低于本人应发工资总额的45%
	三档	不低于本人应发工资总额的40%
中级校长	一档	不低于本人应发工资总额的40%
	二档	不低于本人应发工资总额的35%
	三档	不低于本人应发工资总额的30%
初级校长	一档	不低于本人应发工资总额的30%
	二档	不低于本人应发工资总额的25%

（三）完善校长任期交流制度

潍坊市教育局鼓励优秀校长向农村学校和薄弱学校交流任职，且规定在评定高级及以上校长职级时，对于有在农村学校或薄弱学校任职、任教经历的校长，在同等条件下优先晋升。特级校长由教育行政主管部门确定2~3所农村学校或薄弱学校作为其帮扶对象，并将帮扶学校的改造和发展，以及帮扶学校校长的专业成长等情况，作为考核特级校长业绩的一项重要内容，充分发挥了特级校长的引领作用。此外，潍坊市还建立了优秀校长与教育行政部门干部双向任职交流制度，打破了校长与教育行政部门领导干部的交流壁垒。为了让业绩突出、能力强的优秀人才能够最大限度地发挥作用，潍坊市教育局制定了延期任职制度，对特级校长和特别优秀的高级校长，根据工作需要，可以适当延长退休年龄，但最长不超过65周岁。

（四）建立"底线管理＋创新发展＋满意度"校长评价体系

优化校长评价机制对于教育家型校长的成长具有十分重要的导向和激励作用。经过长期实践探索，潍坊市形成了"底线管理+创新发展+满意度"的校长评价体系。

第一，"底线管理+创新发展"。潍坊市中小学校长职级年度绩效考核办法分为三部分。一是基于规范运行，评价各学校按照教育法律法规和上级政策规定等基本规范办学的基础性指标（底线管理指标），分为8个模块，38个具体指标，共占60分。这部分指标由市教育局负责认定评分，具有刚性管理的性质。2016年2月，潍坊市教育局发布《潍坊市普通高中办学行为底线清单》，从招生编班、课程实施、考试评价、作息时间、教师管理、收费管理6个模块细分出了32条具体要求，将其与校长职级管理相结合，从2016年起作为年度业绩考核的重要内容。二是基于办学业绩，评价各学校个性办学、特色发展的创新发展指标，包括5个模块，20个具体指标，共占40分。该部分指标的考核采取学校自主申报的方式，由第三方专家团队负责组织认定。三是"一票否决"指标，分为7项，由市教育局负责评定，出现7项指标之一者，不得评为"优秀"等次。底线管理指标和创新发展指标进行合计得分。

第二，办学满意度测评制度。潍坊市以办好人民满意教育为目标，不断完善学校办学满意度测评制度。其中，学校教职工的满意度民主测评由市教育局统一组织实施，对学生和学生家长的满意度调查委托第三方专业机构组织实施。潍坊市教育局每学期从全市中小学学生家长电话中随机抽取部分电话号码进行一次办学满意度随访。访问调查的内容一般包括学校教育教学质量、班主任及任课教师工作、学校办学条件及校园安全等评价指标，评价等次分为满意、基本满意、不满意和不了解四个选项。学校满意度评价的百分比作为绩效考核的系数，算入"底线管理+创新发展"的指标得分，考核结果作为校长职级晋升、职级工资发放的重要依据。

表2　"底线管理+创新发展+满意度"校长评价体系

底线管理指标	1	育人为本	创新发展指标	1	学生健康成长
	2	安全稳定		2	教师职业发展
	3	规范办学		3	课程资源开发
	4	用人制度		4	文化特色建设
	5	财务管理		5	创先争优活动
	6	民主监督	满意度	1	教职工认可度
	7	党的建设		2	家长满意度
	8	落实上级部署要求		3	学生满意度

（五）创新校长培养培训机制，增强培训实效

培训是促进教育家型校长成长的有效途径。潍坊市中小学校长培训的总体特点是系统性、多元性和专业性，而且各县市区根据各地学校发展的实际需求，积极探索有效性、针对性强的校长培训项目，呈现出百花齐放的局面。

第一，建立了菜单式管理和"培训券"制度。创新校长培训形式，采用市场准入机制，引进六家市级培训机构，面向全市中小学校长提供培训"菜单"，并由教育行政部门为校长发放"培训券"，校长可根据自身需要自主选择培训的内容和时间。

第二，依托高端平台，活化培训方式，提高培训质量。与北京市十一学校、国家教育行政学院、北京师范大学、山东271教育集团开展战略合作，共建市级校长培训基地。例如，诸城市依托国家教育行政学院，开展了中小学校长网络培训；坊子区从上海引进了全国优秀校长管理团队与四所区直小学合作，带动全区校长业务水平的提高。

第三，积极开展外出培训、名校挂职活动，选派学校干部外出参观考察学习。2015年，诸城市先后组织四批次28位中小学校长到北京、上海等省份的课改名校挂职培训。寒亭区利用暑期组织校长和校长后备人才到浙江大学进行校长领导力提升培训，开阔了校长视野。

第四，实施名校长培养工程。通过成立名校长工作室、举办校长论坛、专家讲座等形式，强化资源共享与经验借鉴，帮助校长搭建专业化发展的平台。例如，寿光市实施了"名校长"培养工程和"未来教育家"培养工程，对中小学校长实行"连续跟进式"培训，强化培训效果，全面提升校长素质和治校水平。

（六）健全权力制约机制，规范学校教育权力

为加强学校民主建设，在赋予校长权力的同时，强化对权力运行的制约与监督，完善学校民主管理制度。推进学校组织体系变革，完善校务委员会和教职工代表大会的运行机制，加强校务公开平台建设，帮助校长从善政走向善治。为强化民主决策，增强决策的科学性，潍坊市教育局制定了直属学校必须集体研究的事项清单。对中小学校财务预决算以及教师职称评聘、评先树优、奖励性绩效工资分配等涉及教师切身利益的事项，由学校自主制定实施方案，并由全体教职工大会审议表决，达到全体教职工人数的85%及以上的满意度后方可实施，激活了全体教师参与学校管理的积极性。

引入第三方评价机制是积极落实教育"管办评"分离的必然要求。"第三方评价"作为针对内部评价的有效监督和制衡机制，最大的价值就在于保障评估的客观性，有效解决评价主体单一、评价过程中的权力博弈等问题。潍坊市教育局通过购买服务的方式，扶植、培育了一批第三方专业组织和教育智库，将学校创新发展成果评估、校长职级认定等专业工作交由第三方机构独立实施，并建立了相应的追责、退出机制。以首批特级校长评审工作为例，潍坊市教育局委托第三方机构——上海当代教育家研究院，从上海、北京、江苏、浙江等地聘请了17位全国知名校长、教育专家，组成潍坊市特级校长评审认定委员会，独立组织实施了首批特级校长的评审工作。[①]

---

① 教育部基础教育课程教材发展中心.走在专家办学路上：校长职级制改革解读[M].北京：教育科学出版社，2015：75.

二、教育家办学的思考：基于校长职级制改革的启示

（一）校长职级制改革的价值

校长是扭转自上而下或自下而上困境的关键，校长的作用从长远来看不可替代，因此，解决之道在于承认校长队伍的重要性，明确校长的角色与权力和本质，并积极支持提高广大校长的能力，使他们能独当一面。[①]校长职级制改革的推行已充分认识到了校长对于教育发展的重要性，潍坊市校长职级制改革的价值已得以彰显。

1. 营造教育家办学的氛围

潍坊市在推行校长职级制改革的过程中，始终以"让懂教育的人办教育"为目标，以"爱教育、懂教育、会管理"为用人导向，在实现教育家办学的道路上不断探索。近年来，潍坊走出了一批在全省乃至全国都颇有影响的校长，形成了浓厚的教育家办学氛围，校长们爱教育、爱学校、爱钻研，以成为"教育家型校长"为目标，内在发展动机强烈，有较强的专业发展诉求，各就其位，各显其能。教育家型校长个体的成长与教育家办学的实现是互利共生的过程，在彰显个人价值的同时，也带动了学校教育的发展。

2. 校长专业发展机制促进队伍专业化

校长职级制的本质就是校长专业化，其核心是进行校长分类管理，在这种管理制度下，校长的职业危机意识和竞争意识增强，行政事务明显减少，使校长能够将更多的精力关注教育本身，用教育思维而非行政思维管理学校，实现了校长人选的择优选拔和校长职业价值的充分体现。校长职级制管理以校长专业发展周期为依据，设定了校长专属的职级序列，"初级—中级—高级—特级"的职级设计体现了"新手—熟手—能手—专家型校长"的演变过程，符合校长职业成长的规律，能够有效地引领校长逐步发展、不断提高。而以校长职级为核心的一系列管理制度和配套保障制度，更是为校长队伍专业化发展提供了制度保障。

3. 校长交流机制促进基础教育均衡发展

校长职级制改革的目的之一，就是实现城乡教育资源的优化均衡配置。为达成这一目的，基于校长职级管理所建立的校长人事流动管理机制，将校长交流与校长评级晋档相关联，引导和激励校长"逆向"流动，打破了优质人

---

① 迈克尔·富兰.学校领导的道德使命［M］.北京：教育科学出版社，2005：23.

才流动的体制性障碍，促进了优质人才资源共享。自2005年以来，潍坊市共有469名校长从城区学校交流到农村学校、从优质学校交流到薄弱学校、从高中交流到初中、从初中交流到小学，显著提升了薄弱学校的管理水平，有效促进了教育均衡发展。

4. 校长激励机制调动办学积极性

校长职级制管理以校长能力为本位，优胜劣汰、优绩优酬的激励机制突出了校长的职业性和专业化。校长职级绩效工资、职级晋档和业绩评价制度，以教育家办学为目标，突出了特级校长和名校长对整个校长队伍的引领作用，从而形成了由薪酬激励、职级激励、考核激励、荣誉激励构成的校长激励机制。在这种机制下，校长的责任感和使命感增强，其中，考核使校长产生必要的压力，督促校长依据评价指标，规范办学，提高质量；薪酬、职级和荣誉则成为校长专业发展的内在动力，具有目标吸引力，能够有效增强校长的自主发展意识。同时，潍坊市特别强调群众对校长办学的满意度测评，且群众对教育的满意度已连续六年位居全市行业首位，社会的认可形成了激励性极强的外部环境，能够有效促进校长产生职业认同感，极大地调动了校长的办学积极性和创造性，不断提高办学质量水平。

5. 建立现代学校制度，扩大办学自主权

在现代学校制度框架下，厘清了政府和学校的关系，将更多的实权下放给学校。潍坊市推行校长职级制改革以来，按照现代学校制度的要求，严格落实中小学校长负责制，把副校长的提名、中层干部聘任等人事权交给了校长；将教师岗位聘任、职称评聘、评优表彰、考核评价、绩效工资分配等管理权，招生录取、学生评优等学生管理权，课程设置、教学规划、课堂改革等教学管理权还给了学校。为进一步扩大中小学办学自主权，2015年潍坊市教育、编制、财政、人社部门出台《关于开展中小学依法自主办学试点工作的指导意见》，确定了66所中小学开展自主办学试点，探索学校自主使用办学经费机制，推行教师工资包干制度，将教师工资总额全部拨付到试点学校，由学校负责自主用人、定岗竞聘、优教优酬等事项。随后，潍坊市教育局陆续发布了《推进教育管办评分离改革指导纲要》等一系列配套文件，推行目标管理、项目管理、清单管理、风险管理、契约管理等，在简政放权的基础上管住底线，有效解决了"一管就死、一放就乱"的现象。在现代学校制度框架下，调整了学校内部关系，规范了学校组织内部的运行与管理。对于办学自主权，不能简单地理解为校长自主权，校长负责制也绝不意味着校长一人说了算。潍坊市针对完善学校内部治理体系，制定了《中小学办学章程制定规程》《中小学理事会运行规程》，明确规定了中小学校内部决策权、执行权与监督权的分离与制衡，积极推进学校依法自主办学，努力改变校内"科层制"组织管理结构，促行扁平化管理，促进了学校管理的民主化和科学化，充分激发和释放了学校办学活力。

在现代学校制度框架下，进一步协调了学校与家长、社会的关系。潍坊市教育部门构建了家长和社会参与监督办学体制，分别建立了教育重大决策协商听证和会议文件效能评估制度、办学理事会制度、办学满意度调查制度、家长委员会制度以及教育惠民服务机制，使广大的利益相关者参与到学校教育教学和决策管理工作中，及时掌握学校信息并拥有更多的监督权和话语权，形成了校长负责制与民主参与制度之间相互制约、相互协作的良性机制。[①]

（二）加快推进和深化校长职级制改革的建议

中小学校长职级制作为校长人事管理制度改革的重要举措，已势在必行，但从全国范围来看，目前改革推进速度缓慢且整体收效并不十分理想，还需要进行不断的探索和完善来推动实现教育家办学。

1. 加强顶层设计和基层创新的互动

目前从国家层面来看，对于中小学校长职级制的落实缺乏具有可操作性的政策指导，而从地方来看，虽然部分试点市通过体制创新取得了一定成绩并产生了一定影响，但教育发展的地区性差异以及校长职级制改革的复杂性决定了这些成功的经验无法被简单复制。因此，国家一方面应继续鼓励基层探索，并将成功的经验进行宣传推广，另一方面需尽快加强顶层设计，以基层的改革探索为鉴，通过立法等手段为改革阻力较大的关键领域破除障碍，尽快出台总体规划并监督执行。

2. 形成政府职能部门联动工作机制，完善各项配套改革政策

校长职级制改革是一项具有较强综合性的系统工程，需要政府相关部门的大力支持和统筹合作才能实现突破。首先，建议各市教育局专门设立"中小

---

① 包金玲. 教育去行政化与现代学校制度建设：以中小学教师人事管理为例 [J]. 教育发展研究，2012，32（12）：6-10.

学校长职级制度工作办公室",充分发挥核心作用,人事、财政、编制等多个部门协同推进,各部门形成工作联动机制,避免管理工作碎片化。另外,各地可建立联席会议制度,定期组织校长职级制的各利益相关者交流沟通改革过程中的困难和问题,畅通沟通渠道。其次,围绕"选"校长、"用"校长、"评"校长、"监管"校长,设计以职级制管理为核心的制度架构,每出台一项核心政策,紧随其后的是一系列完备的配套文件做支撑,避免出现具体政策缺位,逐步形成既有周密设计又有扎实政策支持的教育家办学制度体系。此外,进一步探索向农村学校或薄弱学校校长倾斜的职级管理政策,依据办学管理难度,在职级评定、酬薪激励等方面给予必要的政策倾斜,为农村学校或薄弱学校校长的专业成长提供更加有利的条件。

3. 加快现代学校制度建设,尽快形成专业化的学校管理团队

首先,进一步深化中小学校长职级制改革,要完善学校制度体系,加强学校章程建设,实现依法治校。完善校长负责制、教职工代表大会制度、家长委员会制度,约束并调解各主体间的权力。完善民主监督管理机制,保障校长合理、规范、有效地行使职权。其次,应尽快形成由校长、副校长及中层管理人员组成的专业化的学校管理团队。校长在学校管理团队中的角色非常重要,校长自身不仅要调整好心态,制定好职业规划,还需要进一步思考该如何带动其他团队成员的专业化发展,如何提高整个管理团队的专业化水平。

此外,要进一步探索副校级干部及中层干部的管理问题,研究制定将副校级干部纳入职级制管理的办法,结合副校级领导的工作性质和特点,制定独立的考核评价方案,促进其专业成长。

4. 进一步探索教育行政部门领导班子专业化制度

提高教育行政部门的治教能力,从领导班子专业化建设入手,严格把控教育行政部门主要负责人的任职资格条件,规定教育行政部门领导班子成员中有从事教育工作经历的人员构成比例,解决外行领导内行的问题。加强教育行政领导干部职责、考核、监督制度建设,使教育行政部门能够更好地发挥管理和服务能力。

5. 进一步加快政府职能的转变,切实落实学校办学自主权

新型政校关系是现代教育制度变革的重心,更是关乎校长职级制改革成败的关键所在。虽然国家出台的多项政策中多次提出"政府简政放权",但对于政府如何放权、下放哪些权力、如何确保下放的权力得到规范运用,一直缺

乏可操作性强的政策指导，效果不尽如人意，束缚学校自主办学的很多体制性因素依然存在。潍坊市推进校长职级制效果显著，一个非常重要的原因就是政府改变了"大校长"角色，切实加快了政府职能转变，划清了部门职责边界，管理方式由直接行政管理转向宏观调控，为校长职业发展提供了良好、公平的服务和外部环境，使教育家有权力办学。

目前，中小学校长的职业素养越来越高，很多校长有先进的教育理念和办学理念，却由于政府不放权，校长办学自主权受到限制，学校需要的教师招不进来，想要推行的改革得不到支持，好的理念无法转变成实践得到落实，创造性和积极性得不到充分发挥，使校长对办学感觉力不从心。因此，要实现教育家办学，教育家的养成固然重要，更重要的是政府部门要实行权力下放，赋予教育家办学的自主权，使其在自己的职责范围内有决策自主权、人事自主权、经济自主权等，激发其工作热情，实现职级制改革的价值。

［选自《教育研究》2017年第3期］

高校制度文化及其道德教育蕴意①

冯永刚②

[**摘要**] 作为学校文化的规则系统，高校制度文化既是维系高校的各种教育组织、管理单位和学术机构正常运转的保障机制，也是用以处理高校人际关系、规范师生言行的普遍性的基本规范和行为准则，承载和表达着高校文化的价值取向和精神旨归，是一种不可或缺的道德教育资源。深入缕析、挖掘并洞悉高校制度文化的道德意蕴并切实发挥其应有之用，对于大学生道德品质的改善和提升，以及高校道德教育的健康运转，均意义深远。

[**关键词**] 高校；制度文化；道德教育

为了贯彻科教兴国战略，全面提升学校教育制度的现代化水平，2010年5月，国务院常务会审议通过《国家中长期教育改革和发展规划纲要（2010—2020年）》，旗帜鲜明地提出了"建设现代学校制度""完善中国特色现代大学制度"的主张③，为新时期高校制度建设指明了行进方向。从文化学的视域审度高校制度的变革与创新，是释读、领悟与落实《国家中长期教育改革和发

---

① 本文是国家社科基金项目"学校制度文化的育人机制研究"（CFA120121）的阶段性研究成果。

② 冯永刚，山东师范大学教育学部教授、博士生导师，主要从事道德教育哲学、教育基本理论研究。

③ 国家中长期教育改革和发展规划纲要（2010—2020年）[N].人民日报，2010-07-30.

展规划纲要（2010—2020年）》关于高校制度建设的重要维度。作为一种彰显文化特色的教育组织、社会单位和学术机构，高校定然具有自己的文化品位和文化样态。高校的文化种类斑斓多彩，在理论结构上表现为物质文化、精神文化和制度文化三个层次。高校的文化形式与道德教育紧密相关，是道德教育可持续发展的宝贵资源。较物质文化和精神文化而言，目前学术界对高校制度文化的探究尚显薄弱。然而，"高校制度文化是物质文化和精神文化的保障，只有通过建立完善的制度文化体系，才能保障校园文化的正常有序发展"①，方可为高校道德教育注入不竭的"源头活水"。因此，从高校制度文化的视域来审视和探索其对道德教育的价值及启示，就显得尤为重要而迫切。

一、什么是高校制度文化

概念的考辨是学术研究的使命，是构建理论大厦的基石。探讨高校制度文化的道德意蕴，首先要界定"高校制度文化"这个前沿性、根本性的概念。

对于高校制度文化的概念界说，至今尚未形成一个系统的定义，难以一言蔽之，仍是一个有待深入追寻和缕析的学术命题。基于不同维度，研究者对高校制度文化的释义可谓见仁见智。有研究者从价值层次入手，将高校制度文化理解为凝结在高校各项制度中的价值取向和呈现形态；有研究者从行为标准出发，认为高校制度文化就是高校师生认可并遵守的基本行为准则；也有研究者以文化学的角度为立足点，认为高校制度文化是高校教育组织和教育机构中的一系列规则、仪式和章程所表现出的文化现象；还有研究者从社会关系的层面着眼，将高校制度文化厘定为高校所处的特定社会的经济制度、政治制度和教育制度以及与之相适应的意识形态的集合体；等等。这些论述，有其合理的一面，开阔了我们的研究视域，为我们透视和穷究高校制度文化提供了弥足珍贵的素材。但上述探讨仅是从某一角度、某一侧面来描绘和界定高校制度文化的，因而进一步的检讨、挖掘和洞悉尚付阙如。

综合上述观点，高校制度文化是社会文化体系的基本维度，是在一定时代背景下高校所拥有的承载师生共同的价值观和行为规范的体系，既是维系高校的各种教育组织、管理单位和学术机构正常运转的保障机制，也是用以处理高校人际关系、规范师生言行的普遍性的道德规范和行为准则，映射和彰显着

---

① 李晓年.高校制度文化建设探索［J］.黑龙江高教研究，2005（2）：21-23.

高校自身的文化特色与文化品牌，具有传统性与现实性、外显性与内隐性、稳定性与超越性相结合的属性。

（一）传统性与现实性

高校制度文化伴随着高校的产生和发展应运而生，是特定历史阶段支配高校教育教学及管理工作的办事章程和规则体系，并随着时代的进步展现出新的内容与形式，既带有浓郁的历史传统文化的印痕，亦表征着现实文化的精神面貌。高校制度文化的传统性，是指高校在某一发展阶段积淀的有关制度文化建设的价值取向、组织架构、运作模式及与之相匹配的诸种规范或规则。这些汇集历史时期文化特征的成绩与经验依旧是当前我们深究大学制度文化的逻辑基础和历史根据；高校制度文化的现实性，既是对传统优秀文化和制度资源的沿袭和弘扬，又是对制度文化赋予时代新意的聚焦与升华。高校制度文化的传统性与现实性，体现了高校在不同发展时期对不同制度文化的取舍或偏爱的肯定与确证。以高校在不同社会占主导地位的制度文化范式为例，在某种社会形态中被大学尊为终极目标和秩序追求的某一制度文化，也可能随着社会形态的更替蜕化为腐朽思想与历史垃圾。如在刻板性、道统性的封建制社会中，森严的等级秩序与专制精神是大学制度文化的题中要义，而在自由与平等广泛传播的近现代社会中，公正与民主则是高校制度文化建设的殷切呼唤。

（二）外显性与内隐性

作为一种文化的存在范式，高校制度文化既以法规、契约、章程等显性的条例展现出来，也以价值信念、传统习惯、文化风俗等隐性的方式潜存着。二者的相辅相成，是高校制度文化显在性和隐形性相统一的典型写照。高校制度文化的外显性，是表现于大学各种规章制度和法令条文中的人的有目的、有意识的活动产物，是明确的、成文的、正式的规范体系，如《高校教师职业道德准则》《高校学术道德规范》《大学生行为准则》等；高校制度文化的内隐性，是存在于教职员工主观思维中的高校文化传统、伦理规范和意识形态，是不成文的、非正式的约定俗成，如大学校园中求真求知的学术氛围、奋发进取的文化气氛、友爱互助的文明风尚、民主和谐的人文环境等。连续性是隐性制度文化演进的标志特征，是高校嗜好或喜好累积的结果，蕴含了丰富的感性基因，具有强大的亲和力、感召力、向心力和旺盛的生命力。因而，高校隐性制度文化的变迁过程，始终带有浓重的传统文化气息，影响甚或指引着显性制度建设的文化路径。高校制度文化的显在性与隐形性，共同规约和协调着师生个体或集体的行为，二者的内在契合构成了校内、校际交往的道德准则和行为规范体系。

（三）稳定性与超越性

稳定性与超越性是高校制度文化可持续发展的内在吁求。高校制度文化一旦形成，就具有相对的稳定性维系结构，倘若朝令夕改则无法引发师生员工认可和遵守的心态，因而难以为继。然而，随着大学生身心发展的变化以及社会对高校制度文化建设的不同需求，高校制度文化亦不能抱残守缺、墨守成规，必须紧随时代的步调和高校新的文化目标和制度追求，适时地进行转型调整与创新升级，建设优质高效的制度文化，以此满足高校与社会发展的实际需要。纵览高校制度文化的发展脉络，一些制度文化被调整、修补和充实而延续下来，继续在大学里发挥着应有的功用，而另一些制度文化则被废弃或根除，在某一发展阶段永久地退出了大学的舞台。高校制度文化的相对稳定与动态升迁，可用制度变迁予以解读。诚如恩格斯（Friedrich Von Engels）的洞见："历史上依次更替的一切社会制度都只是人类社会由低级到高级的无穷发展进程中的一些暂时阶段。每一个阶段都是必然的，因此，对它所由发生的时代和条件来说，都有它存在的理由；但是对它自己内部逐渐发展起来的新的、更高的条件来说，它就变成过时的和没有存在的理由了；它不得不让位于更高的阶段，而这个更高的阶段也同样是要走向衰落和灭亡的。"[1]

二、高校制度文化对道德教育的贡献

在社会转型与变革的当今时代，由于价值取向的相异、文化范式的多维、选择自由度的增大以及个体行为的多样，直接诱发了道德模糊和道德相对。对此，后现代哲学家齐格蒙·鲍曼（Zygmunt Bauman）的理解与阐释相当客观、公允："我们的时代是一个强烈地感受到了道德模糊的时代，这个时代给我们提供了以前从未享受过的选择自由，同时也把我们抛入了一种以前从未如此令人烦恼的不确定状态。"[2]投射在高等教育领域，其对高校道德教育

---

① 马克思，恩格斯. 马克思恩格斯选集：第4卷［M］. 北京：人民出版社，1972：212-213.

② 齐格蒙·鲍曼. 生活在碎片之中：论后现代道德［M］. 郁建兴，等译. 上海：学林出版社，2002：10.

所带来的偏狭与流弊是不言而喻的。在循此而探求扫清障碍和困惑的问对中，不难发现，以制度文化的视野观照道德及道德教育，可为高校道德教育指明方向、提供预期、框定边界、生成秩序，无论对大学生个体德性的改善，抑或对高校乃至社会道德风气的净化，均不无裨益。

（一）为高校道德教育提供了明确的价值导向

明确、稳定的价值导向是高校道德教育活动有序开展和深入推进的基本保证。制度文化是价值的载体，价值是制度文化建构的产物。没有不包摄价值理念的制度文化。制度文化是高校的价值观念、基本信念和理想追求的凝结，蕴含了大学的道德理想和精神价值，是指引高校道德教育的价值路标。"制度价值观是指制度的决策者（监督者）所倡导，隐含于制度规则和评价标准之中，通过既定的制度安排，对参与制度运行的行为主体的经济行为和选择具有一定程度的制度影响力的价值观念。这种影响力包括：对人们的信念、倾向、主张、态度等的影响；在人们行事过程中对人们行为选择的导向作用；构成个人或群体对事物和行为评价的基本标准、价值判断的影响等。"[1]此种浸润着道德取舍和行为标准的特定价值通过高校制度文化的形式被稳固下来流传至今，规范着高校师生的价值期望、思想道德和行为方式。制度文化"是稳定地组合在一起的一套价值标准、规范、地位、角色和群体，它是围绕着一种基本的社会需要而形成的。它提供了一种固定的思想和行动范型，提出了解决反复出现的问题和满足社会生活需要的方法"[2]，在一定程度上降低或缓和了高校道德教育中不同价值之间的摩擦、碰撞、紊乱而带来的认识贫困和思想煎熬，引导着高校师生树立科学的世界观、人生观和价值观，形成稳定的价值观念和心理定向，使道德教育沿着行善避恶、求真抛假、趋诚离虚的路径有序前行。高校制度文化中所体现的价值观念，展示了明确的信息，增加了透明度，为高校道德教育提供了基本的发展方向和价值指南，保障了道德教育循着高校制度文化所要求的价值方向和预期目标不断奋进。

（二）有益于增强高校的道德陶冶功能

大学生的情感体验深刻、丰富而外露。于高校道德教育而言，道德知识

---

① 谷力. 现代学校制度生成与变革原理研究［M］. 南京：河海大学出版社，2007：4-5.

② 伊恩·罗伯逊. 社会学［M］. 黄育馥，译. 北京：商务印书馆，1990：109.

固然重要，但道德感染似乎更为必要。道德情感是道德教育的催化剂，是激发和维系大学生道德行为的不竭动力。高校制度文化是发挥道德陶冶这一诉求的应然表征。缘由显见而深刻：高校制度文化秉持刚柔并济的管理形式，适时适度的物质奖励、精神激励制度以及惩罚、约束制度的切实贯彻，赋予制度文化鲜明的人文色彩；先进典范、道德行为得到赞许与传颂，纳垢藏污、败德辱行遭到谴责与唾弃，大学生的权益在惩恶扬善的风气中得到最大程度的满足，从而迎合了大学生的道德情感需求，给大学生带来强大的精神支柱和奋斗动力，不断激发大学生对于道德修养的激情和热情，使大学生的情感取向、思维方式与制度文化所体现的道德要求相吻合，提高了制度文化、道德规范在大学生心目中的威信，对大学生的感染和浸透广泛而深远。"高校制度文化可以为学生提供理性的行为规范，有利于学生形成良好的道德品质，并对人的生存和发展的手段、目标起导向作用，使学生激发出潜能、激情，朝着理想境界不断奋斗。同时，对那些不符合社会要求、违反高校制度的行为起到纠正和惩罚的作用。"[①]正是基于此种激励制度与惩戒制度的并用，塑造了高校进步、向上、健康的文化氛围，对大学生产生潜移默化的熏陶和感召，培植了大学生内心的积极情感，激发了大学生的自尊感和向心力，有利于大学生更好地体验、感悟和实践道德生活，进而实现由他律道德向自律道德的升华。诚如陈根法教授灼见："道德的复杂性在于情感，道德情感的作用不仅在于把社会的道德需要变成个人的内心需要，从而把人心凝聚于公共准则之下，而且在于它能把内心的理念外化为道德实践，从这种意义上讲，道德情感是道德生活的酵母。"[②]

（三）有助于高校道德教育资源的优化配置

无视资源的优化配置，道德教育的运作必然是低质低效的。尤其随着高校招生和教育规模的扩大，在某种程度上使得高校道德资源更为拮据，因而资源的优化配置就显得尤为紧迫而必要。于道德教育而言，制度文化是优化资源配置的一种有效形式。制度文化可减少道德教育中不和谐的音符，减缓道德矛盾和道德悖逆，最大限度地挽回损失，从而节约道德教育成本，利于道德教

---

① 李海珍.高校制度文化建设与大学生思想政治工作［J］.教书育人，2007（11）：70-71.

② 陈根法.心灵的秩序：道德哲学理论与实践［M］.上海：复旦大学出版社，1998：31.

育的通行无阻。新制度经济学家诺斯（Douglas Cecil North）深刻地指出了隐性的或非正式的制度文化在合理配置道德资源、降低道德教育成本中的作用："非正式规约源自于价值的文化遗传，来源于用于解决具体交换问题的正式规则的延拓与应用，也来自于解决简单协作问题的方案。总起来讲，他们对制度结构具有普遍的影响。有些有效的传统（如勤劳、诚实、正直）能降低交易的成本，且能使复杂的生产交换成为可能。"①此外，在显性的或正式的制度文化中建立的公正有效的利益分配制度和经费协调机制，不仅可以防止由于扯皮和推诿造成的不必要的人力、物力、财力的损耗与浪费，而且可以有效防范高校组织及其个人在资源分配和使用中的纠纷、冲突与倾轧，预防或矫正高校在经费使用中的违规操作和越轨行为，使各种资源在道德教育中得到优化组织和合理利用，最大限度地提升教育资源的使用效率、道德收益与社会效益。

（四）推动了大学生个体道德的社会化

毋庸讳言，人是社会的人，社会性是人的本性的内在构成。社会性揭示了人区别于动物的特殊本质，是人的本质属性。马克思在《关于费尔巴哈的提纲》中指出："人的本质并不是单个人所固有的抽象物，在其现实性上，它是一切社会关系的总和。"②作为一种社会现象，道德归根到底是社会关系的产物。自然地，实现个体道德的社会化，真正的道德才得以生成、体现和确证。为此，促进大学生个体道德社会化，理应成为高校道德教育的责任和使命。制度文化中包含的道德标准和行为尺度，为大学生道德教育活动指明了方向。因此，在推动大学生道德社会化的进程中，制度文化可消除大学生道德认知和道德行为之间的抵牾、化解个体道德与社会道德之间的对峙、祛除理想道德和现实道德之间的错位，具有其他教育因素无以僭越的优势。"从广义的人种论的意义上说，文化或文明是一个复杂的集合体，它包括知识、信仰、艺术、道德、法律、风俗以及作为社会成员的人所具有的其他一切能力和习惯。"③高校制度文化是大学生思想道德和行为方式的固定化模式，在指引大学生个体趋

---

① 诺斯. 制度、制度变迁与经济绩效［M］. 刘守英，译. 上海：上海三联书店，1994：185.

② 马克思，恩格斯. 马克思恩格斯选集：第1卷［M］. 北京：人民出版社，1972：18.

③ 爱德华·泰勒：原始文化［M］. 蔡江浓，编译. 杭州：浙江人民出版社，1988：1.

善的同时，也赋予他们不同的社会地位和社会道德角色期待，如普通学生、学生代表、班干部、团员、党员、社会公民等，每个人只有按照自己特定的角色规范行事，才有望探明形成个体之善和促进社会之善的关系。只有体认到道德在调整人与人之间以及人与社会之间的双重关系中的意义和力量，才有助于大学生将个体之善与社会之善嫁接与融合起来，把个体之善建立在社会之善的基础上，利用社会之善来保障和促进个体之善。

三、引领大学生道德发展的高校制度文化建设路向

高校道德教育的对象主要是大学生，高校制度文化的道德功效能否发挥及其程度何如，主要是从大学生身上体现出来。为了更好地发挥制度文化的教育作用，有效促进大学生的精神成长和良好道德品质的生成，高校制度文化建设需从以下几个方面做出努力。

（一）契合与融入现实，贴近大学生精神发展和道德生活的实际

道德源于生活、服务于生活并在生活中得到充实。引领大学生实践道德生活，既是高校道德教育的活力之源，也是塑造大学生良好道德品质的根基和动力。因此，高校制度文化建设必须取材于大学生的精神生活，面向大学生的现实生活，与大学生的生活相接轨。唯当嵌入大学生的生活氛围和生活情境之中，才能引发大学生对制度文化的认同和尊重。倘若制度文化建设割裂校内和校外的实际生活，对科学化、工具化、功利化的道德趋之若鹜，极易致使大学生的内在精神世界和人格被扭曲、肢解和伤害。一些大学生"在思想上缺乏认识能力，在情感上缺乏控制能力，在心理上缺乏调适能力，在行为上缺乏自主能力，在生活上缺乏自理能力"[①]，若以知行不一、名实相离、虚假伪善来应对"完美无瑕的乌托邦式的世界"和"机遇与挑战并存的实际生活世界"之间的悖论与隔阂，就会日渐迷失自我，高校制度文化便无以驱散大学生心灵上的阴霾，这与道德教育的初衷背道而驰。"任何有历史使命感和现实责任感的教育理论工作者都不能只满足于坐而论道、沉溺于纯而又纯的'学术探讨'，他还应当观照丰富多彩的现实生活，对社会的道德改革、对青少年的道德成长承担

---

① 杨芷英. 当代大学生道德观念与道德行为的分离与协调［J］. 教学与研究，1997（2）：58-60.

责任。"①为此，高校制度文化建设一方面要紧密联系大学生精神成长的道德诉求，把学生的实际生活纳入制度文化设计的视野，树立"从学生的生活中来，到学生的生活中去"的指导理念；另一方面也要积极探求有益于大学生形成健康的道德生活方式的文化规则与制度措施。

（二）尊崇主体性，调动大学生参与制度文化建设的能动性和自主性

道德与主体——人，难以割舍。道德是主体的道德。漠视道德主体与人的主体性的高扬，便不存在道德。确切地讲，不仅主体的缺席等同于丧失道德，而且即便主体在场，倘若主体并不赞同、拥戴和诚服道德，同样也没有道德。在高校制度文化建设中，欲使大学生准确把握制度文化所蕴含的道德意义与价值，更好地领悟和服膺制度文化中蕴含的道德规范和行为规程，进而提高道德实效，必定要调动大学生参与制度文化建设的内驱力。这既是对道德和道德教育的尊重，也是对大学生道德成长的关切。缺失大学生道德主体性发挥的制度文化建设势必导致道德教育的"非人化"，背驰了道德教育"成人"的本真。再者，大学生积极参与制度文化建设，既能有效规避制度文化运转过程中的专制和低效，也可不断提高大学生执行制度文化的自觉性，养成尊重人性和遵纪守法的良好品性。"当制度成为习惯，并且是正义的制度成为习惯，人们不会感到太多的恐惧和不安，相反，开始重视人的生命和人的价值———因为生存、自由地生存这样的问题已经解决……都习惯地按照普遍的人本规则思考和行事，一种尊重人性和尊重规则的标尺已经深入人心。"②因而，要营造民主与平等的环境氛围，创设调动大学生参与制度文化建设的场景与条件，拓宽大学生参与制度文化建设的渠道和路径，充分落实大学生参与制度文化建设的知情权、表达权、决定权、审议权和监督权，提升大学生主动参与的水平和质量，使大学生真正成为高校制度文化建设的质询者、制定者和贯彻者。

（三）强化制度的育人效能，推进大学生道德的自我确证和自我建构

高校道德教育的崇高使命是培养大学生的德性和德行，塑造和健全大学生的道德人格。这是一个持续不断的发展过程。坚持教育性和发展性原则，发展大学生道德自我建构的能力，是高校制度文化生存和发展的内在机制。反

---

① 戚万学. 关于建构中国现代道德教育理论的几点设想［J］. 教育研究，1997（12）：27-31.

② 张振学. 制度高于一切［M］. 北京：中国商业出版社，2006：119-120.

之，在制度文化建设中弱化或漠视教育效能，则极有可能引发大学生对制度文化的拒绝，无法使制度文化的外在规约转化为个体的内在声音，导致制度文化成为阻抑个体道德发展的某种障碍或思想包袱，严重地扭曲了道德教育砥砺德行、涵养品性的道德旨趣，背离了道德教育对制度育人的企盼。从形式上窥视，高校制度文化似乎构成了大学生道德发展的桎梏，实则不然。某些对大学生加以限制的规则或规范，看似约束了他们的行为，而实际上却保障和增进了大学生的自由发展。诚如德国哲学家康德（Immanuel Kant）所指出的："凭借因遵守法则让我们感受到的肯定的价值，职责的法则找到了通过对于我们自己的敬重进入我们自由的意识的方便之门。"①这意味着，在道德教育中，高校制度文化的规范性和约束性仅是手段，促进道德自由才是其终极目的。如果将制度文化仅停滞在规约和束缚的层面上，则是对高校制度文化的一种歪曲和亵渎。在制度文化建设中发挥制度育人的功能，一方面，要奉行"以人为本"的价值取向，树立面向大学生、依靠大学生、服务大学生的道德理念，提升他们自我执行和自主管理的水平；②另一方面，要秉持正义的制度文化设计取向，用公正或道德的制度文化引领大学生思想道德建设，促进大学生对道德准则的服膺和内化，实现大学生道德的自我建构。一如英国著名哲学家、杰出的自由主义思想家以赛亚·伯林（Isaiah Berlin）的深沉感触：制度文化中包摄了规则，"某一规则，如果是合乎理性的，也就是说，合乎事物之必然性的，则不论这规则是我自己或是别人所发明的，只要我理解了它，而有意识地把它施于我的身上，或是自由地接受了它，那么，这规则就不是迫我屈从的外物。"③因此，切实加强大学生对制度文化的认同感与理解力，引领大学生自觉遵守与执行制度规则，是强化制度文化育人效果的必然趋向。

［选自《南京社会科学》2016年第3期］

---

① 康德.实践理性批判［M］.韩水法，译.北京：商务印书馆，1999：176.

② 冯永刚.道德教育中制度供给过剩及其补救路径［J］.山东师范大学学报（人文社会科学版），2012，57（1）：146-151.

③ 刘军宁，等.市场逻辑与国家观念［M］.北京：生活·读书·新知三联书店，1995：224-225.

03

课程与教学

学校课程建设的辩证逻辑

徐继存①

[**摘要**] 学校课程建设是在不断解决学校现实课程问题的过程中得以展开和推进的，因而学校的现实课程问题应该是学校课程建设的逻辑起点。如果承认学校的现实课程问题是学校课程建设的逻辑起点，那么学校课程建设就需要冲破同一性逻辑的羁绊，遵循非同一性的逻辑。学校课程建设不仅是一个理论问题，而且是一个实践问题。只有回到学校课程建设的实践活动中，将学校课程建设的辩证逻辑转化为学校课程建设的实践理性，才能真正提升学校课程建设的成效，推进学校的改革与发展。为此，学校课程建设必须处理好继承与创新、现实与理想以及自由与规范之间的辩证关系。

[**关键词**] 学校课程；非同一性；辩证逻辑；实践理性

学校课程是学校教育教学活动开展的基本依据，也是学校教育目标实现的基本保证。随着基础教育课程改革的深入，学校课程建设已成为学校改革与发展的关键所在。学校课程建设是一个不断改造与否定学校课程的现存状况，趋向理想学校课程图景的过程。因而，学校课程建设只有遵循辩证逻辑，破除知性的思维方式，纠正偏执的立场和态度，才能取得预期的成效。

---

① 徐继存，山东师范大学教育学部部长、教授、博士生导师，主要从事课程与教学基本理论研究。

一、学校课程建设的现实基础

国家三级课程管理体制的确立，标志着学校课程建设成为关涉中小学校改革与发展的关键性问题。目前，许多学校对此已有认识，正在积极地推进学校课程建设。但是，学校课程建设不能采取运动式的态度和做法，否则，就可能导致学校课程建设陷入泥潭。如果承认学校课程之于学校改革与发展的重要性，那么，加强学校课程建设就是学校改革与发展的基本内容和应有之义。学校课程建设是一个持续的过程，既需要切实的当下努力，也要有长远的战略谋划。

学校课程建设虽然为学校的自主办学开辟了很大的空间，但同时也给学校带来了理智判断的负担和价值选择的困境。学校从来就不是一个价值中立的机构，而且越来越成为价值纷争的焦点；课程从来就不是一种价值无涉的实体，而且其本身就是价值选择的结果。所以，学校课程建设首先意味着价值立场的抉择及其合理性的辩护。"一种价值的内容来自于一种特定的立场或视角，而不是整个透视的整体性视域。换言之，在价值逻辑中，不可能存在包含着一切视角、立场的可能性的价值，即使以价值中立或最高价值的方式出现的价值，也总是不可能包含一切视角或立场，而总是先行肯定了某些价值，同时也否定了一些价值。"①这是价值的思想取向的一个极为重要的方面，它不仅预示了价值逻辑从一开始就是多元价值的逻辑，而且表明了没有一种价值可以同时适用于一切，不论多么崇高、多么神圣的价值，都是如此。显然，在学校课程建设过程中，试图涵盖所有的视角、容纳一切价值，既不可能，也不现实。尽管如此，一些条件相对优越的学校还是无节制地开发和设置新的课程，似乎开设的课程越多，学生发展就越全面，学校课程建设就越有成效。事实也许恰恰相反。当教师没有足够的时间反思和充实的时候，课程的实施不仅会缺乏广度和深度，还会引发教师的倦怠和腻烦；当学生没有任何自主思考和探究空间的时候，课程的学习不仅会流于肤浅和庸俗，还会导致学生的厌学和逃避。

为了免除价值抉择的苦恼，另一些学校则干脆让渡了自己的权力，放弃了肩负的责任，期望有一套完整的学校课程建设理论或模式，自己只管应用即可。这实际上是将学校课程建设视为纯粹的技术性工作。既然有了这样的需求

---

① 陈赟.现时代的精神生活［M］.北京：新星出版社，2008：57.

和市场，花样繁多的学校课程建设模板便应运而生。对于这些学校来说，只要选择自己喜欢的任一模板，将学校开设的各种课程套入其中，学校课程建设便宣告完成。这是对学校课程建设的误解，也是对学校课程建设的亵渎。阿多诺（T. W. Adorno）曾指出："一种哲学理论的发生与发展如果从来没有计划直面现实，或者没有改造现实的打算，哪怕它再深刻再精致入微，都是某种现实意识形态的同谋，它的存在与真理无关，只与某种特定的目的相关联。"①这个道理同样适用于学校课程建设。我们暂且不论目前是否有一套可以直接应用的完整的学校课程建设理论或模式，即使有，也必须经过实践的检验；即使经过了局部的实践检验，也不可能适合每一所学校。更为重要的是，学校课程建设不是学校某些或某类课程形式或名称的改变，而是真正解决不利于甚至阻碍学生发展的现实课程问题。遗憾的是，这些学校依然不顾实际，无视学校课程存在的现实问题，用他人煞费苦心炮制的一些新奇观念和概念阐释毫无改进和改善的学校课程，还堂而皇之地称其为学校课程建设的成果。

无论采用什么样的观念和概念，一旦将其变成学校课程的普洛克鲁斯特之床，学校课程现实就会被扭曲和裁剪，学校课程建设必然会流于一种形式。当然，我们不能否定观念和概念在学校课程建设中的作用，因为它们是我们有效界定和把握学校课程建设的重要手段。但是，"不是土生土长的概念、观念和形式不能为我们的心，只能为我们的脑所理解，甚至我们的思维也不能清楚地领会它们，因为从来就找不到这种东西。这是一箱子偷来的赃物，不会带来昌盛。这些观念对于我们不过是派生的，为此感到满足只是一种愚蠢的自欺。这样一种代用品使得利用它们的人们想入非非，把空洞的字词置于生活现实的地位，不是忍受对立物的重负，而是把自己捆在一个黯淡的、两维的、鬼怪的世界里。在那里，一切生物枯萎、死亡了"②。要想通过学校课程建设真正推动学校的改革与发展，学校课程建设就不能仅仅满足于抽象的概念领域的词句式的转换和表达，而必须超越某种抽象概念的阈限，确立深入学校现实的基本立场，明确学校的现实课程问题是学校课程建设的逻辑起点。这就要求学校课程建设的思维过程必须与学校的现实课程问题的发展进程相统一，每做出一个判断或规定，改造一个概念，形成一步推理，都要力求与学校的现实课程问

---

① 阿多诺.否定辩证法［M］.重庆：重庆出版社，1993：62.

② 刘小枫.拯救与逍遥［M］.上海：华东师范大学出版社，2007：25.

题相适应。每一种方法的引入，每一个概念的发明，每一种观念的提出，都要落实到学校的现实课程问题上，不能落实到学校现实课程问题上的一切概念和观念只能是无根游谈。马克思（K. Marx）指出："全部社会生活在本质上是实践的。凡是把理论引向神秘主义的神秘东西，都能在人的实践中以及对这种实践的理解中得到合理的解决。"①学校的现实课程问题不仅是学校课程建设的逻辑起点，而且是学校课程建设的旨归。学校课程建设正是在不断解决现实课程问题的过程中得以展开和推进的。能否解决现实课程问题，乃是衡量学校课程建设成效的基本标准。

把现实课程问题作为学校课程建设的逻辑起点，是一个基本原则，也是一个基本问题。那种不顾实际，直接将引进或移植的学校课程建设观念和模式作为逻辑起点的做法，是不可能对学校课程产生实质性贡献的。当前，至为重要的是，强化问题意识，秉持问题导向，克服种种自以为是的无问题思维的偏向。学校课程建设的无问题思维，意味着对现实课程问题的熟视无睹或视而不见，致使现实课程问题无法适时显现出来，错失解决现实课程问题的契机，并可能导致现实课程问题的负效应聚集，降低学校课程的品质。能否抓住学校的现实课程问题，决定着学校课程建设的成效。

二、学校课程建设的非同一性

如果承认现实课程问题是学校课程建设的逻辑起点，那么，学校课程建设就需要冲破同一性逻辑的羁绊，遵循非同一性的逻辑。所谓同一性逻辑，是指一种无视甚至蔑视差异性、特殊性和个性，即否定甚至拒斥和压制他者的逻辑，其特点是借助于概念然后以自以为是的态度建立起一种先验结构，再用这种概念的先验结构规范现实。本质上，同一性逻辑是一种基于概念建构的理论范式的极权主义，而非同一性则是对同一性意识的消解及对非同一性意识的坚守。学校课程建设不能没有思想的指导；否则，就成为盲目的行动。而学校课程建设一旦固守某种思想，又可能有走向同一性的危险。因为"思想按其本性和内在形式就是一种同一性力量，而事物本身则是差异的、异质的和否定性的；在这种情况下，思想总是表现为对统一与一致的诉求，即用自己的总体性

---

① 马克思，恩格斯. 马克思恩格斯选集：第1卷［M］. 北京：人民出版社，2012：135-136.

要求来衡量和规训一切与自己不同一的东西，让作为内容的质的东西服从思想的先验的统一形式"①。这一悖论的确给我们带来了学校课程建设上的纠结，提醒着我们必须对学校课程建设的任何思想和观念都要秉持一种谨慎的态度，防止因将某种思想和观念绝对化而陷入教条主义的境地。思想的同一性趋向是概念的本性使然，因为思想离不开概念，而概念并不是自给自足的总体性存在，它总是要求自身先于任何内容并使自身的形式实在化以反对内容，由此就将同一性逻辑实在化了。实际上，非同一性永远超越同一性，事物永远超出自身的界限、自身概念的界限。只有诉诸非同一性，保持非同一性的观念，才能瓦解植根深厚的同一性，坚守现实的复杂性、事物的差异性和历史上的相互关联性，真正地认识具体事物。因此，遵循学校课程建设的非同一性逻辑，就应该摆脱概念拜物教，拒绝概念同一性的绝对权力，消解同一性意识，真实地面向学校课程现实本身，承认学校课程建设的多样性和差异性。

学校不只是孤立的社会存在，它深深地嵌入广阔的社会网络之中。学校课程建设既需要反映整个社会总体发展的时代特征，又需要满足学校具体社会文化环境的基本诉求。无视学校周遭具体社会文化环境的影响和制约，即使再美好的学校课程蓝图也会因缺乏必要的社会支持而流于幻影。美国学者古德莱得（J. I. Goodlad）认为，学校取得哪怕是微小成功的两个重要的先决条件之一，就是"必须建立一个与发展和支持现有的学校体制的联盟相似的新联盟，而且这个新联盟所支持的要超出学校的范围。它必须包括社区里提供和支持教育的所有单位，这不仅包括家庭、学校和教会，也包括商业、企业、电视、新的信息加工手段和所有其他新兴的通信技术以及那些教育潜力还没有得到开发利用的文化资源"②。我国幅员辽阔，处于不同区域的学校在课程建设上必须从区域实际出发，因地制宜。学校课程建设是否呈现出区域差异，体现出区域特色，在一定程度上标志着学校课程建设的创造性，也是学校课程建设成效高低的基本反映，而且开发与利用区域性的课程资源本身就是学校课程建设的必要和必需。同样，处于同一区域的学校，由于其传

---

① 张盾. 辩证法与当代哲学的命运：评阿多诺对辩证法的重新诠释［J］. 南京大学学报（哲学·人文科学·社会科学），2004（4）：5-12.

② 古德莱得. 一个称作学校的地方［M］. 苏智欣，胡玲，陈建华，译. 上海：华东师范大学出版社，2014：41.

统与历史、现实状况与发展愿景的不同，所面对的现实课程问题也有差异，课程建设只能从本校实际出发因校而异，不能以区域性遮蔽学校的个性。目前，一些地方教育行政部门认识到学校课程建设之于学校改革与发展的重要性，于是采取各种措施推动区域内学校的课程建设，这是值得肯定的。因为学校很难完全依靠自身的力量获得课程建设所需要的充分条件，地方教育行政部门有能力通过区域内资源的联合开发与共享缓解学校课程建设的资源压力，降低学校课程建设的成本。但是，地方教育行政部门在推动区域内学校课程建设的过程中，应尊重学校的个性，引导学校形成自己的特色，避免学校课程建设的模式化，造成千校一面的局面。当我们赞美大自然赏心悦目的千变万化和无穷无尽的丰富宝藏时，并不要求玫瑰花和紫罗兰散发出同样的芳香，又怎么能要求世界上最丰富的东西——精神只能有一种存在形式呢？学校只有形成自己的课程个性和特色，才能展现学校教育的丰富多彩。因此，学校课程建设区域推动的方式应该是引导性的而不是指令性的，鼓励性的而不是惩罚性的，包容性的而不是一统性的。

尽管学科课程存在诸多自身难以克服的缺陷，但学科课程依然占据学校课程的主体。不同的学科有不同的形成过程和发展逻辑，具有其独特的性质和特点，由此演化而来的学科课程在学生核心素养的培育中便具有不可替代的价值。无视学科逻辑和边界的课程整合，必然导致学科课程价值的扭曲及实施方式上的散漫和混乱。所以，学科课程是学校课程建设的基本依托，也是学校课程建设最重要的内容。这绝不是说我们在学校课程建设过程中，只能被动地依附学科逻辑或囿于学科逻辑规限，将其视为一系列有待解释的意指符号，而不是有待我们自身解决的现实问题。否则，学校课程建设便成了主体性缺失的机械反应。当教师丧失了学科逻辑的自我理解，不能建立起学科逻辑与自身现实生活的有机联系时，学科课程就没有了灵性，变成僵死的实体，失去教师个性特征的客观主义教学就产生了。

学科逻辑是客观世界的反映，有其不以人的意志为转移的客观内容，但它毕竟也是人为建构的产物，并没有绝对不可逾越的界域；况且，现实生活世界也不是以学科逻辑来界定和划分的。"我们生活于其中的世界，它的一切方面都是紧紧联结在一起的。一切学科都是在这个伟大的共同世界的各种关系中产生的。当儿童生活属于这个共同世界的各种各样的而又具体和生动的关联之中，他的各门学科就自然是统一的。使各种学科相互联系起来就不再成为一个问题。教师不必穷思竭虑地在历史课上编排一点算术，如此等等。使学校与生活联系起来，那么一切学科就必然相互联系起来。"①如果不探讨不同学科课程之间的相互联系，不寻求学科逻辑的现实生活世界的基础和关联，学校课程就失去了内在的丰富性，学科课程建设的视野就会窄化。因此，如何在尊重和遵循学科逻辑的前提下，又能超越学科逻辑的羁绊，就成为学校课程建设面对的重要问题。

人的理解不只是单纯的心理行为，不只是主体面对客体的认知活动，同时也是作为主体的人的一种基本存在方式，蕴含着主体对世界意义的追寻和对未来生活的一种筹划。教师的课程理解就是教师通过对课程的解释或释义来把握课程意义的过程，而这一过程同时就是教师的精神生命不断丰富和发展的过程。②在学校课程建设过程中，教师与其说是在建设课程，不如说在丰富和发展自己，这种对自己的丰富和发展不是谋求外在的名利，而是精神和心灵的丰富和发展，自己可能性生活的创造和扩展。如果承认每个教师的独特性、唯一性和不可替代性，那么，每个教师对课程的理解就不可避免地带有其个体特有的价值诉求、思维定式、生命体验和兴趣偏好。即使面对同样的学科课程，不同的教师也会有不同的理解。正是这种不同的理解，才有可能荡除学科课程理解的同一性，从而构建多彩多姿的学校课程。这就需要学校赋予教师课程建设的自主权，尊重教师课程建设的多元构想及其寓意，鼓励教师的积极探索，接受教师可能的创造。当然，作为教师，我们也应该时刻提醒自己，"个人不论他能力多强，总受到自身有限机体、有限生命的限制；即使在个人精力最旺盛的时期，他所能感知的范围、思考的领域和运用的工具，无论在广度、深度和精度上也都是有限的"③。有鉴于此，每个教师都应该秉持开放的心态，坦然面对他者的质疑，并善于汲取他者的经验和智识，避免因个人的偏狭认识使课程建设误入歧径。

无论体现区域特色还是展现学校个性，无论遵循学科逻辑还是尊重教师的创造性，从根本上说，学校课程建设都是为了适应并促进学生的发展。问题在于学生不是一种均质的存在，学校课程建设必须基于学生的个体差异

① 吕达，等.杜威教育文集：第1卷［M］.北京：人民教育出版社，2008：67.
② 徐继存.课程理解的意义之维［J］.教育研究，2012（12）：71-76.
③ 欧阳康.社会认识论导论［M］.北京：中国社会科学出版社，1990：177.

这一客观事实。在日常的教学过程中，很多教师习惯于从教学方法的角度出发来应对学生的个体差异，却忽视通过从课程内容上为学生提供多样化选择的方式来加以解决。我们不可否定教学方法变革的重要性，但同一的课程内容确实不能切合和满足不同学生的实际和诉求，因而就有必要为学生未来的期望做课程上的调适。而且教学方法的真正变革必然关涉并需要课程结构与内容的调整和变化，因为当我们说方法是内容的灵魂时，也就表明了内容乃是方法的栖身之所。没有课程结构与内容的调整和变化，只通过变革教学方法来应对学生个体差异，不仅难以取得良好的效果，也使教学方法的变革沦为一种华而不实的花样翻新，失去其应有的价值和意义。"如果每一个班级都运用多样化的课程观和课程设计，那么，学校很可能会变得对学生更有吸引力，更具挑战性，也更加切合他们的实际；作为一个过程的学校教育也许就能更好地满足学生的个别需求，同时也能更好地满足社会的需求……如果在目前单一的常规课程的食品里，加进来自各种备择课程观和课程设计宝库的多样性的营养成分，课程领域的健康水平就会大大提高。"[①]从这种意义上讲，学校课程建设的重点就是要为不同的学生提供相切合的课程方案，即以差异性的内容促进每个学生的发展。差异性内容鼓励学生灵活地选择课程主题，如选择对学生有个人意义的内容。在普赖斯（K. M. Price）和纳尔逊（K. L. Nelson）看来，差异性内容的三个指导主题是学生的准备性、学习兴趣和学习偏好，需要教师经常评估学生已经学会了什么、有什么兴趣，是否能提供多种呈现知识的方式。[②]确实，在班级授课制依然作为主导教学组织形式的背景下，为每个学生都量身定制一套课程方案，是极为困难的。然而，在有限的时空条件下为学生提供尽可能多样的课程选择却是学校课程建设应该努力的方向。

三、学校课程建设的实践理性

明确学校课程建设的非同一性，并不是说学校课程建设就要确立没有任何限定和规约的"非同一"的同一性。阿多诺指出："在批判本体论时，我们

---

① 奥恩斯坦，等.当代课程问题［M］.杭州：浙江教育出版社，2004：33-34.

② 普赖斯，纳尔逊.有效教学设计：帮助每个学生都获得成功［M］.北京：中国人民大学出版社，2016：37.

并不打算建立另一种本体论，甚至一种非本体论的本体论。假如那是我们的目的，我们就纯粹是设定另一种彻头彻尾的'第一'——不是绝对的同一性、存在、概念，而是非同一性、存在物、事实性；就是在使非概念性的概念实在化从而违反它的意义。"①学校课程建设的非同一性乃是基于学校课程建设同一性的一种反思，其活力来自对同一性学校课程建设的批判中，来自对习惯的非反思的同一性学校课程建设意识的批判中。很明显，是学校课程建设的同一性提供了学校课程建设非同一性批判的指向和可能，学校课程建设的非同一性则内含了学校课程建设的同一性，并且是对学校课程建设同一性的突破和超越。因此，与其说，学校课程建设非同一性与同一性的这种内在关联和相互限定，决定了学校课程建设的辩证品格；不如说，学校课程建设的非同一性本身就是学校课程建设的辩证法，一种阿多诺意指的否定的辩证法。学校课程建设是一个理论问题，更是一个实践问题，因而学校课程建设辩证逻辑的现实化不是一个自然演进的过程，而是一个自觉追求的过程。只有回到学校课程建设的实践活动中，将学校课程建设的辩证逻辑转化为学校课程建设的实践理性，才能真正提升学校课程建设的成效，推进学校的改革与发展。作为人类特有的社会实践活动，学校课程建设是现实性的、生成性的，因而是历史性的。如果将学校课程建设置于非历史的静态逻辑框架之中，其结果必然造成"应该"与"是"的无法解决的分裂困境。如果在现实的学校课程建设过程中，将非同一性绝对化，一味地强调和夸大区域、学校、学科、教师和学生的差异，甚至走向彻底的差异，就会滋生和蔓延学校课程建设怎么都行的相对主义。将学校课程建设的相对主义绝对化，即学校课程建设的彻底的相对主义，必然导致或者说就是学校课程建设的虚无主义。"当发展到越来越推崇差异性时，甚至每一个体都应具有同等价值，一切凌驾于个我之上的存在都虚无了，或者说，只是相对于自我来说，才有意义；而对他者来说，可能是毫无意义的虚妄和空无，这时，虚无主义就到来了。"②一旦虚无主义深入学校课程建设的过程，处于这种场域中的教师就会通过相互影响和相互依赖而强化着各自的认同，体验不到虚无的危机，感受不到自我的丧失。如皮平（R. B. Pippin）所说的，"虚无主义危

---

① 阿多诺.否定辩证法［M］.重庆：重庆出版社，1993：133.

② 刘森林.物与无：物化逻辑与虚无主义［M］.南京：江苏人民出版社，2013：49.

机的主要特征之一就是，极少有人把现代情景作为什么危机来体验，最后的人不仅放弃了追求目标、创造和证实一切意义上可算作真正断言的一切企图，而且他们还那么惬意地沉浸于自己心满意足的生活之中，以至再意识不到自己所干的事情或什么东西是有可能的"①。如此，学校课程建设就背离了初衷，蜕变为异化教师的力量，也就谈不上以此推进学校的改革与发展了。所以，在学校课程建设过程中，必须恰当地处理继承与创新、现实与理想、自由与规范的辩证关系。

学校课程建设是一项创造性的活动，创新是其内在属性和应有之义。但是，学校课程建设都是在既有学校课程的基础上进行的，不可能另起炉灶、推倒重来。创新并不意味着简单的抛弃，离开对既有学校课程的合理继承，创新就失去了根基，学校教育就没有了连续性。继承不能是对既有学校课程的照单全收，而应让继承立于时代的观照和批判的视域。"辩证法对每一种既成的形式都是从不断的运动中，因而也是从它的暂时性方面去理解；辩证法不崇拜任何东西，按其本质来说，它是批判的和革命的。"②只有在批判性继承的基础上，学校课程建设才能真正有所创新，才能展现其应有的价值和功能。当前，一些学校特别期望通过课程创新来推动学校的改革与发展，这就很容易产生对课程创新的误解，认为课程创新就是学校发展、进步和获得价值。当把课程创新确立为价值的时候，一切行动便都是为了课程创新的价值本身，也即不是为了课程创新，而是为了课程创新而创新。为了课程创新而创新，未必产生真正有价值的课程创新，很可能只是虚假的、形式主义的甚至负价值的课程创新。因此，在学校课程建设过程中，必须确立合理的课程创新的价值准则，对课程创新的思想、内容和形式进行定性和定量的价值分析，同时还必须对其投入成本做出计算和评估，规避课程创新所带来的可能经济风险。学校课程建设是现实的，也是理想的。它蕴含着对学校课程美好前景的展望和构想，同时也表达着对当下学校课程的不满足和否定性评价。学校课程现实与理想的这种矛盾贯穿于学校课程建设的始终，赋予了学

① 皮平. 作为哲学问题的现代主义：论对欧洲高雅文化的不满 [M]. 北京：商务印书馆，2007：141.

② 马克思，恩格斯. 马克思恩格斯选集：第2卷 [M]. 北京：人民出版社，2012：94.

校课程建设的动力，推动着学校课程建设的发展。从这一意义上说，学校课程建设就是从学校课程现实不断迈向学校课程理想的过程。因此，学校课程理想的预设和描绘绝不是为了画饼充饥或封闭于观念王国中孤芳自赏，而是要付诸实践，转化为学校课程现实；否则，即使再美好的学校课程理想也是一种乌托邦。作为一种超前性认识，学校课程理想必须是基于学校课程现实又高于学校课程现实的。这意味着，学校课程理想首先应当是对学校课程现实的认识，其产生不能脱离学校课程现实的土壤。当然，学校课程理想又不能是对学校课程现实的简单的摹写和反映，不能是当下学校课程的实然，而是学校课程的应然。换言之，学校课程理想虽以学校课程现实为根基，但人们"并不是根据纯粹的现实性来思考。如果不扩大甚至超越现实世界的界限，他们的思想就不能前进哪怕一步"。理想的"使命就在于，它为可能性开拓了地盘以反对对当前时态的消极默认"。①因此，观念地构建学校课程的未来，不是也不能满足于或停滞于对现实学校课程的了解，更需要的是对学校课程现实的质疑和批判性分析。这种对学校课程现实的批判显然不是无原则的消极的简单的否定，而是立足于学校改革与发展的需要对现实学校课程的一种积极性批判和扬弃，一种可行的改进与改善。

学校课程建设是学校的自由，更是学校的责任。作为办学主体，学校虽然可以通过课程建设展现其特色和个性，更好地促进学生的个体发展，但课程建设的自由不是任性而为。今天，若将学校课程视为一种静态的实体，固守客观主义的学校课程观，认识不到学校课程建设之于学校改革与发展的价值和意义，则是不负责任的。虽认识到学校课程建设之于学校改革与发展的价值和意义，却无视学校课程的客观现实性，坚守主观主义的学校课程观，随意地开展学校课程建设，同样是不负责任的。事实上，"社会力量完全像自然力一样，在我们还没有认识和考虑到它们的时候，起着盲目的、强制的和破坏的作用。但是，一旦我们认识了它们，理解了它们的活动、方向和作用，那么要使它们越来越服从我们的意志并利用它们来达到我们的目的，就完全取决于我们了"。②学校课程建设的自由是一个从

---

① 恩斯特·卡西尔.人论［M］.上海：上海译文出版社，1985：76-78.

② 马克思，恩格斯.马克思恩格斯选集：第3卷［M］.北京：人民出版社，2012：811.

感性到理性、由自发到自觉的不断发展与提升的过程。学校课程建设的自发自由是指学校课程建设尚处于感性经验阶段时缺乏正确理论指导与自觉选择的、具有盲目性的自由。尽管这种自由因来自感性经验，往往具有潜在的现实性和创造性的张力，但实质上，它依然是不自由的。学校既需要充分尊重广大教师课程建设的自发自由，保护他们的积极性，又绝不可限于自发自由的阶段，必须强化制度规约，将学校课程建设提升到自觉自由的高度。这正是我们今天探讨学校课程建设辩证逻辑的根本原因所在。

［选自《教育研究》2018年第12期］

论基于现实问题的学校课程建设

孙宽宁①　　徐继存②　　张　莉③

[**摘要**] 自新课改以来，基础教育学校课程建设取得了显著的成绩，但是也仍然存在着行政主导的主体缺位、功利取向的舍本逐末、专业缺失的技术虚妄等现实问题。出现这些问题的重要原因之一是对学校课程建设内涵与属性的误解。学校课程建设是学校教师针对学校的育人需求或问题，而对学校课程进行持续改进的专业活动。科学的学校课程建设应该聚焦于学校育人的真实问题，落实到一线教师的教学实践，并切实提升教师的课程素养。

[**关键词**] 现实问题；学校课程建设；内涵；路径

自2001年新一轮基础教育课程改革开始起步以来，课程建设就成为广大教育理论研究者和一线基础教育工作者的核心话题。经过十五年的探索与发展，基础教育学校课程建设取得了显著成效。课程意识已经深深地印刻在中小学校长和教师的脑海里，很多校长和教师形成了自己的比较成熟鲜明的课程观，并在此基础上构建了各具特色的学校课程体系，探索出了多元化的课程实

① 孙宽宁，山东师范大学教育学部教授、博士生导师，主要从事课程与教学论研究。

② 徐继存，山东师范大学教育学部部长、教授、博士生导师，主要从事课程与教学基本理论研究。

③ 张莉，山东师范大学教育学部副教授，主要从事课程与教学论、儿童青少年发展与教育研究。

践路径，在学校课程建设方面积累了丰富的经验和成果。然而，在这一过程中，也有一些学校缺乏专业理性，无视课程建设的本质和规律，过分追求新异和全面，造成了学校课程建设的诸多乱象。要切实推进基础教育学校课程建设的良性发展，有必要深入分析实践问题，理性透析学校课程建设的本源，从而明确基础教育学校课程建设的应然走向。

一、中小学课程建设中的现实问题

（一）行政主导的主体缺位

21世纪以来的基础教育课程改革是沿着自上而下的路径迅速推进的。"新课改启动之初，从政策制定到工作推进都有着明显的顶层设计的痕迹，体现着政府的意志。"①从以招标和课题申报方式推动课程改革的理论研究，到以《中共中央国务院关于深化教育改革全面推进素质教育的决定》《基础教育课程改革纲要（试行）》等中央政策文件提供合法性保障，再到各省级政府组织和筛选课改实验区，基础教育课程改革的推进过程始终凸显着行政主导的性质与特点。

行政主导是具有鲜明科层制的管理运行模式，这种模式以"命令—服从"为主要特征，能够进行大规模的集中行政。正因为如此，在课程改革之初，自上而下的行政主导保持了课改发展的良好态势。但同时，机械的"命令—服从"和严格的权力等级也严重阻碍着组织成员的参与自主性。"科层制组织成员的行动和决定，无论是在制定政策方面还是在管理方面，都只能是受组织目标和需要的支配，而不是受个人需要和意愿的支配。"②基础教育课程改革的行政主导模式形成了人们的行政思维习惯。行政思维习惯在课程改革深入到学校课程建设的实践层面时产生了严重的负面效应。受行政思维习惯影响，在很多学校中，校长把课程建设看作地方教育行政部门布置的任务，教师把校长关于课程建设的工作安排视为校长的行政要求，学生更是把教师的话作为权威来奉旨行事。即使对没有任何行政隶属或管理关系的专家建议或看法，作为一线实践者的校长、教师和学生，也习惯地把自己定位为服从者和执行

---

① 蔡可.新课改：尚未完成的教育启蒙［J］.北京大学教育评论，2013（10）：51-62.

② 叶荣，易丽丽.科层制下组织成员的参与自主性：困境与超越［J］.中国行政管理，2006（3）：32-34.

者，否定了自己在课程建设中的主体地位和角色。然而，对学校课程而言，无论是完整体系的设计开发，还是某门课程的具体实施，其实效性都是因时、因地、因人而异的，只有校长、教师和学生把自己作为真正的课程建设的主体，才能基于自己对学校课程建设特定情境的真实感受而合理选择更具针对性的课程内容、课程组织形式、课程实施方式等，实现学校课程建设效益的最大化。如果在学校层面，还把课程建设视为行政性的管理事务，简单采用科层制"命令—服从"式的线性推进路线，只会把校长和教师变成流水线上的机械工人，把学生变成规格统一的机器，而这无疑背离了学校教育的本性。

（二）功利取向的舍本逐末

受经济社会中利益至上和浮躁风气的影响，社会各领域都不同程度地存在着急功近利的现象。我国基础教育学校的课程建设也不例外，从开发单独的特色课程，到构建独特的学校课程体系，很多学校在彰显特色的过程中，无视学生发展的实际需求，过于追求功利化目标，造成了学校课程建设的形式化、片面性、短效性等问题。

可以说，办出学校特色是我国学校在经历了重点化发展和均衡化发展之后新的学校发展战略。[①]早在1993年，中共中央、国务院印发的《中国教育改革和发展纲要》就指出："中小学要促进学生生动活泼地发展，办出各自的特色。"2010年颁布的《国家中长期教育改革和发展规划纲要（2010—2020年）》又明确强调："鼓励学校办出特色、办出水平，出名师，育英才。"如果说以前受国家规范性制度影响，学校特色发展条件有限的话，新课改的三级课程管理制度、教材的一纲多本政策、课程内涵的大课程观理解、课程实施的创生取向等为学校的特色发展提供了广阔的空间。顺应这一趋势，课程成为广大学校特色建设的最普遍的切入点。从课程建设入手形成学校特色本无可厚非，但很多学校只抓住了学校特色与其他学校相比的异质性特点，而忽视了学校特色的内在生成性。一些学校不做科学的调研和论证，凭空构想学校的课程理念、课程目标和课程体系，也有一些学校直接把其他学校的成功做法改头换面地搬到自己学校，还有一些学校为了体现课程的多元化和全面性，倾力为学校课程体系画各种图表，总想把所知道的课程类型全部囊括。这些学校把主要的精力用于对这些内容从语言表达上进行新异的修饰和包装，追求宣传效果的最

① 邬志辉.学校特色化发展的重新认识［J］.教育科学研究，2011（3）：26-28.

大化，却很少认真考虑这些特色与学校实际和学生发展的内在联系。就如人的气质是个体由内而外的整体个性的表现一样，"学校特色是学校基于自身的历史传统和实际情况，在长期办学实践中逐渐形成的一种区别于其他同类学校的独特、优质而且相对稳定的办学气质和办学风格"①。真正的特色不是靠外部加上去，然后由自己说出来的，而是靠学校从内部实际做出来，再被他人自然感受到的。这种脱离学校实际、无视学生需求的外铄特色，宣传效果再好，都不可能对学生发展产生高成效的教育价值，也注定不会成为真正的学校特色。

（三）专业缺失的技术虚妄

新课改提倡的"教师是研究者""教师是课程开发者"的理念在课程改革的推进中逐渐深入人心，从校长到教师，课程意识都普遍提高，课程行动的力度也不断增大。然而，由于我国课程理论研究领域尚不具备成熟的研究范式，难以为中小学课程实践提供针对性指导，大部分校长和教师也缺乏课程论专业素养，所以基础教育学校课程建设的高歌猛进在很大程度上伴随着专业缺失的技术虚妄，一些"想当然的""随意的""我认为的"非理性想法和做法随处可见。

首先是他山之石的随意攫取。虽然新课改针对的基础教育现实问题在我国各地普遍存在，但新课改的理念和做法对我国中小学而言都是新鲜事物。为了更好地推进改革，一方面，课程研究者开始大量引介国外的相关理论成果和实践经验；另一方面，中小学采用"走出去""请进来"的方式，广泛学习其他国家、省市、学校的经验和做法。这些措施开阔了学校课程改革的视野和思路，但也出现了诸多不求甚解、断章取义、机械照搬的情况。一些学校自身办学定位和理念目标不明确，缺乏对别人经验做法的专业判断和分析，盲目照搬别人的做法，结果导致自身课程改革徒有形式，内涵匮乏，很难在本校条件下有效实施。其次是范式缺失下的妄自尊大。新课程改革因其涉及范围之广和影响之大而形成了一个成分复杂的庞大研究者群体。这些研究者有的来自高等院校和科研院所，多从专业学术视角探讨学校课程建设问题；有的来自省县区的教研或管理部门，更强调对学校课程建设的技术支持；还有的直接来自学校课程建设的实践一线，侧重从实践得失的维度阐释对课程建设的认识。这些

---

① 王伟.学校特色发展：内涵、条件、问题与途径［J］.中国教育学刊，2009（6）：31-34.

来自不同领域的研究者，立场不同，话语体系各异，缺少活动交集，很难形成共识。即使是来自相同领域的研究者，在具体观点上也常常存在矛盾和冲突。这种范式缺失的本土课程研究，一方面使课程实践者在寻求理论指导时无从选择，另一方面也使他们对理论的实践指导价值产生怀疑。在此情形下，一些学校开始置专业的学术理性于不顾，或仅凭经验，或盲目模仿，在课程建设中任意妄为。于是，出现了学生课程、教师课程、家长课程，出现了毕业课程、就餐课程、放学课程等等，课程被无限泛化，其范围等同甚至超越了学校教育的范畴。而受求新求异、求多求全的心态影响，很多学校构建了庞大的课程体系，但由于不清楚课程类型的内涵与划分标准，课程体系存在逻辑混乱、内容交叉重复等问题。

二、学校课程建设的意蕴

自新课改以来，虽然基础教育课程成为教育界的研究热点，但人们把研究的重点放在了国家课程政策的解读和国外课程研究经验与成果的引介上，即使一部分研究者把眼光放在基础教育学校的课程实践领域，也主要是对特定课程类型进行针对性分析，或对某门课程的具体开发与实施进行微观层面的探讨，缺少以系统论思想对学校课程建设进行整体观照和把握。在这种情况下的学校课程建设实践，即使有行政主导，也只能是在命令与要求下，盲人摸象般各行其是。因此，出现各种乱象也就在情理之中了。要解决当前基础教育学校课程建设的实践问题，首先要明确"学校课程建设"是怎样产生的，其根本属性是什么。只有在合理定性和定位的前提下，学校课程建设才能科学地推进。

（一）学校课程建设的缘起

"建设"在现代汉语词典中是"创立新事业、增加新设施、充实新精神"的意思，这些含义无不包含着明显的主体实践性特征。由此，学校课程建设应该是以学校为主体积极开展的课程设计、开发、实施等创新性实践活动。然而，在2001年基础教育课程改革之前，"除个别带有实验性质的学校之外，大多数学校基本不关心课程建设问题，也没有自主开发课程的权限，它们仅仅扮演着课程忠实执行者的角色"①。所以，基础教育学校课程建设的出现和发展

---

① 王本陆，汪明. 学校课程建设的三大趋向［J］. 天津师范大学学报（基础教育版），2016（2）：5.

是以我国2001年的基础教育课程改革为背景和前提的。

我国学者在20世纪20年代至80年代末，对课程内涵的理解大都限于"课程即学科"的理解。这种课程观强调"学校向学生传授学科的知识体系"①，这些知识主要来源于人类文化遗产，它们作为教学的内容由课程专家在学校教育开始之前预先设计好，学校没有创造和选择的权力，只能忠实地把这些知识传授给学生。不难看出，在这种课程观下，学校是不可能自主开展课程建设的。而随着课程研究的发展和新课改的推进，"大课程观"在基础教育实践中逐步被认可，"课程不仅包括了知识，而且包括了学习者占有和获取知识的主体活动过程，课程知识是在充满生机的社会性交往过程中建构生成的"②，于是自然、社会、人都成为课程的资源，甚至包括课程本身。课程超越了课程专家和学科知识的限制，成为人人可做的事情。这种课程观充分解放了学校教育者的思想，极大地拓展了他们建设课程的自由空间。

除改变课程观外，新课改也从管理上对学校进行了实质性赋权。《基础教育课程改革纲要（试行）》明确指出，改变课程管理过于集中的状况，实行国家、地方、学校三级课程管理。学校在执行国家课程和地方课程的同时，应视当地社会、经济发展的具体情况，结合本校的传统和优势、学生的兴趣和需要，开发或选用适合本校的课程。这大大激发了中小学校建设课程的热情，与学校课程管理权力对应的校本课程开发在中小学迅速展开，数量繁多、种类庞杂的校本课程不断涌入中小学课程体系。可以说，校本课程开发是我国基础教育领域一次全民性的课程建设启蒙与洗礼，唤醒了中小学校建设课程的意识与责任感，使中小学校从此加入了课程建设者的行列。③不过，这一时期的理论研究和实践探索多以"校本课程开发"冠名，虽属于学校课程建设的内容，但与当下学校课程建设的内涵并不等同。

中小学校倾情建设的校本课程在很大程度上丰富和活化了学校的课程体系，形塑了一批特色课程和特色学校，帮助很多学校实现了创品牌、树典型的

---

① 施良方.课程理论：课程的基础、原理与问题［M］.北京：教育科学出版社，1996：4.

② 靳玉乐.新课程改革的理念与创新［M］.北京：人民教育出版社，2003：72.

③ 王本陆，汪明.学校课程建设的三大趋向［J］.天津师范大学学报（基础教育版），2016（2）：5.

目标。但同时，因为把校本课程孤立于国家课程或地方课程之外①，三类课程内容缺少有机的关联和呼应，致使在整体的学校课程体系中，很多校本课程过度膨胀，这使学校课程无法形成良好的内部结构和高效的功能系统，学校的课程投入与产出严重失衡。而要解决这些问题，必须超越课程建设的"校本课程层次"，以系统的思维和整体的眼光关注学校的所有课程。于是，一种基于学校整体的课程建设观念产生了。只是这一观念目前还相对笼统和模糊，要使其有效引领或影响学校课程实践，必须对其内涵和性质进行更深入的研究。

（二）学校课程建设的内涵

随着基础教育课程改革的不断深化，人们对学校课程建设的思考也逐渐向着整体化和系统化的方向发展。有学者指出："学校课程建设是指在重组、整合国家课程、地方课程与学校课程的基础上，建构适合学生发展需求、反映学校特色的课程体系的过程。"②有学者认为，学校课程建设的基本特点是：学校作为专门教育机构，基于自身教育理念与教育目标，整体规划学校的课程体系，并积极建设存在于学校之中的每门课程。③这些对学校课程建设的界定和解释虽然不尽相同，但基本突出三点：一是学校课程建设包括学校中的所有课程；二是学校课程建设是对学校中的不同类型课程的整体规划、重组和整合；三是学校课程建设要基于学校的理念、目标与需求，反映学校特色。这三点有其创新和合理之处，也有值得进一步商榷和补充的地方。首先，学校课程建设面向学校的所有课程，更符合当下学校同时面对校本课程开发、国家课程与地方课程校本化等的实际，但这不意味着对某一类或某一门课程的建设不属于学校课程建设。比如，校本课程开发是学校课程建设，但学校课程建设不是只针对校本课程。其次，学校课程建设要对学校的课程进行整体规划，学校课程作为一个系统工程、整体结构，理应系统规划、整体推进。④但这是学校课程建设的方法论问题，并不是学校课程建设的本质。同时，学校课程建设也并不一定要重组和整合。虽然当前针对校本课程随意和过度开发所造成的问

---

① 李臣之.学校课程发展的进阶路径［M］.中小学管理，2015（3）：39-40.

② 李润洲.学校课程建设的教学论解读［J］.基础教育，2016（6）：31-35.

③ 王本陆，汪明.学校课程建设的三大趋向［J］.天津师范大学学报（基础教育版），2016（2）：5.

④ 王本陆，汪明.学校课程建设的三大趋向［J］.天津师范大学学报（基础教育版），2016（2）：5.

题，有必要对学校课程进行重组和整合，但这只是针对这一特殊情况采取的暂时性措施，并不具有普遍意义。最后，学校课程建设基于学校的理念、目标与需求，反映学校特色，这种提法虽然没有什么逻辑问题，但经常造成学校课程实践的困惑。因为这使很多学校去绞尽脑汁地构思本校独特的办学理念、育人目标、课程愿景、课程体系，似乎这些内容在提法和表述上与其他学校相同就失去了意义。殊不知，具有同样性质或层次的小学或中学，作为国家培养社会所需特定规格人才的专门机构，依据共同的政策和课程标准建设学校课程，共性应该是也必然是其重要特征。当前，虽然极少数具有教育家情怀和素养的中小学校长或教师基于自己的教育理念构建了具有学校特色的课程体系或特色课程，在推动基础教育发展方面具有创新和引领价值，但这绝不意味着每所学校都要如此，也不是每所学校都能如此。如果过于强化学校课程建设的特色，极易导致出现无中生有、牵强附会、脱离学校实际的课程设计。

基于对当前已有研究文献的分析和对基础教育学校课程建设实践的考察，笔者认为，学校课程建设是学校教师针对学校的育人需求或问题，而对学校课程进行持续改进的专业活动。这一界定突出学校课程建设的四个基本属性：一是以育人为目的。学校课程是学校开展教育教学活动的基本载体和主要依据，关乎学校人才培养的规格和质量[①]，学校课程建设的根本目的是育人，所谓创立品牌、开发特色课程，即使有，也只是育人目的的副产品。二是以教师为主体。教师是三级课程管理体制赋予学校的课程权力的具体承载者，教师的课程实践是学校主要的育人活动，学校课程建设从根本上来说是教师基于自己的育人体验和感受不断优化其课程实践的过程。在这一过程中，就如专家可以指导教师如何教学，但不能代替教师教学一样，其他人都无法替代教师作为课程建设主体的地位和角色。三是以专业为依托。新课改使"课程"一词变得极其大众化，但课程建设是一个学理性很强的专业领域，绝非人人能谈、事事可为，以专业为依托开展课程建设是保障课程建设的科学性、避免课程实践陷入误区和多走弯路的重要条件。四是视建设为常态。学校课程建设不是可有可无的临时性、阶段性活动，而是如育人一样的学校常态工作，课程作为育人的手段，总是随着育人目标的变化而变化，只要学校教育在不断追求培养更优秀

---

① 赵婧. 学校课程建设的"教育学"思考［J］. 天津师范大学学报（基础教育版），2016（2）：6-10.

的人才，学校就必然要持续推进课程的发展和完善。

三、学校课程建设的路径

（一）聚焦于学校育人的真实问题

"教好一个人，既应该是学校课程建设的出发点，也应该是学校育人的长远目标。"[①]然而，从育人实际出发建设学校课程，作为一种认识让人接受并不难，但要在实践中真正落实下去却不简单。

首先，教师应树立生命化的学生观，真正关注实实在在的学生个体。心理学家荣格曾经说过："医生的任务就在于治疗一个特定的病人，而不是治疗一种抽象的疾病。"[②]同样，每个学生都是一个既单一又独特的生命存在，教师的任务是教好一个个具体的具有生命独特性的学生，既不是教作为抽象符号的知识，也不是教作为统计单元的量化符号的学生。教师必须意识到，学校的育人活动不是独立于学生生命发展之外的活动，而是与学生的生命需要、发展、意义提升直接融合的活动。对于具有独特生命的学生而言，现实生活是其生命存在的真实场景，不同的生活场景赋予他们不同的感受、体验和理解，而他们的发展变化，总是一种多方面、多因素综合作用的生命整体优化过程。一旦教师树立了生命化的学生观，就不会无视不同学校学生在生活经验、区域文化等方面的差异，就不会盲目地认为对一所学校有效的课程在其他学校也会同样成功，也就不会不顾本校学生发展的实际特点、需要和问题，而机械移植或照搬其他学校、地区甚至国家的课程。

其次，教师应基于证据理性地把握育人的实际问题。受我国自上而下的主流改革方向的影响，中小学课程改革的设计与实施较多依赖教育行政部门或专家学者，而他们往往缺乏对教育教学实践的深入了解和感受。"因此，教育发展中的很多推动力都是愿望多于理性，是想法而不是对效果的证明，是直觉多于证据。"[③]在这种情况下，学校课程建设很难真正契合特定学校的育人实际。近年来，中小学也在积极开展教科研工作，一线教师的小课题研究正在兴起，教师的问题意识逐步提升。但从整体来看，教师在选择和确定问题时仍

---

① 编者.相遇美好课程［N］.中国教师报，2016-08-11.

② 荣格.未发现的自我［M］.北京：国际文化出版公司，2007：13.

③ 许爱红.基于证据的教育及其对我国教育发展的启示［J］.教育理论与实践，2011（9）：16-19.

比较随意和感性，对问题的认识和分析不够准确、深刻，甚至偏离了育人的主旨。为了克服或者规避那些在确定问题过程中过于仓促随意或脱离实际的情况，教师应进一步加强基于证据的实践研究，在自己的课程实践中保持敏感，从研究的视角加强对实践问题的证据收集，然后由教师、校长、课程专家等共同对证据资料进行剖析，提出真实的育人问题，并系统论证这一问题经由学校课程建设加以解决的必要性和可行性。这使学校的课程建设活动与教师的课程实践工作融为一体，既能提升课程建设的针对性，也能激发教师的主体性。

（二）落实到一线教师的教学实践

在我国的课程研究与实践中，受二元论思维模式的影响，人们把课程与教学作为两个彼此分离的领域来对待，认为"课程是学校教育的实体或内容，它规定学校'教什么'，教学是学校教育的过程或手段，它规定学校'怎样教'；课程是教学的方向或目标，是在教学过程之前和教学情境之外预先规定好的，教学的过程就是忠实而有效地传递课程的过程。"[1]受这种分离观念的影响，在学校课程建设中，一些学校领导者认为，课程建设主要是上级教育主管部门的事，即使是校本课程的建设，也是学校请专家设计好以后再由教师实施，而广大教师更认为自己的职责就是教学，课程建设与自己无关。这种对课程建设的错误认识，加之行政主导的课程建设管理方式，直接造成了学校课程建设中教师主体的严重缺位问题。其实，虽然课程在学校教育中拥有课程计划、课程标准、教科书等外在的静态文本形式，并且这些形式也获得了普遍的认同，但这并不意味着课程功能和价值的实现。课程是"为实现学校教育目标而选择的教育内容的总和，包括学校所教各门学科的有目的、有计划、有组织的课外活动"[2]。真正的课程是存在于为实现学校教育目标而开展的育人活动中的，否则课程就有名无实。而学校育人活动的核心正是一线教师的教学实践。所以，学校课程建设只有与一线教师的教学实践相融合，成为教师教学工作的一部分，才能真正落到实处。要实现学校课程建设与教学实践的融合，需要做好两方面的主要工作。一是学校课程建设的可操作化分解。学校课程建设不是勾勒单维的文本符号，而是建立多维的立体系统，在这一系统中，既包括宏观层面上对学校课程的目标理念、类型结构等的整体规划，也包括中观层

---

① 张华.课程与教学论［M］.上海：上海教育出版社，2000：77.

② 顾明远.教育大辞典：第1卷［M］.上海：上海教育出版社，1990：257.

面上对课程的具体科目、内容、形式等的设计开发，更包括微观层面上每一位教师基于自身对课程的领悟与理解而开展的教学活动。这三个层次的课程建设工作，彼此呼应，相辅相成。如果只有宏观层面，学校课程就会成为空中楼阁；如果只关注微观层面，课程建设很容易在纷繁零散的具体教学事务中迷失方向。从宏观到中观，再到微观，是学校课程建设理念不断具体化和可操作化分解的过程，是学校课程建设逐步深化之路。二是一线教师的全程性参与。人是具有自觉目的性的存在物[①]，被人驱使的蒙眼拉车是人最拒斥的事情。人活动的目的是源于对活动本身的认识，而活动目的的实现体现人活动的价值和意义。要让一线教师愿意进行课程建设，就要让教师明确课程建设的目的是什么，其价值和意义在哪里。而要做到这一点，需要教师以课程建设主体的身份去思考和认识学校课程建设，了解其来龙去脉、思路与方法，明确自己的工作实践与学校课程建设的关系。这需要学校领导者真正把教师作为学校课程建设的主力军，尽可能地让教师在学校课程建设的前期规划、方案制订、推进过程、考核评价等环节全面参与进来，既出谋划策，又认真实践，使学校课程建设成为每位教师自己的事情，这样的学校课程建设才可能落实下去。

（三）提升教师的课程素养

教师作为学校课程建设的主体，其课程素养水平直接影响甚至决定着学校课程建设的效果。经过新一轮基础教育课程改革十五年的熏陶和历练，广大中小学教师已经具备了较强的课程意识，但相对于专业性的学校课程建设实践需求而言，教师在课程的专业认识水平和实践能力方面仍比较欠缺。在我国现有师范教育专业设置体系和师范生培养机制下，绝大多数中小学教师都没有接受过课程论的专业教育，他们对课程的认识和理解还停留在日常概念的水平上。这种日常概念是"未经专门教学，在同其他人进行日常交际和积累个人经验的过程中掌握的概念，其内涵受狭隘的知识范围所限制，往往被不适当地扩大或缩小"[②]。在基础教育课程改革历程中，很多教师对课程的认识从早期的"课程就是专家设定的学科"，转向"课程是教师和学生在学校内所获得的一切意义的总和，学校中事事皆为课程"，经历了对课程内涵从简单窄化到无限

---

① 王德军.人的活动目的性分析［J］.江汉论坛，2007（4）：55-57.

② 王凯.学校课程建设的十大问题探析［J］.课程·教材·教法，2015（11）：13-21.

扩大的转化，这种基于日常生活经验的课程认识，直接导致课程的泛化。而受认识上的局限，中小学教师的课程实践也主要是基于自我已有教学经验的实践，缺少科学规划和分析，不够专业和高效。与新课改之前相比，现在中小学教师可以选择教材的版本，对教材内容进行二次开发，对教学内容进行个性化的重组与整合，自主确定教学组织形式和教学方法，开发个性化的校本课程，等等，教师在实践中拥有了更多自主发展的空间。按照一般的逻辑，教师应该更喜欢新课改背景下拥有更多自由的工作状态。然而，事实并非如此。绝大多数教师不愿意承担校本课程的开发任务，大部分教师固守自己熟悉的教学内容和方式，尽量避免被卷入课改的浪潮中。其实，这些教师也知道课改的优势和意义，也认同课改的立场和观点，不过那些看似诱人的自由，只是为教师提供了自由实践的外部空间，当教师自身并不具备顺应自我的自发活动的内部能力和条件时，这种自由只会给教师带来更多的不安、无助和焦虑。于是，就出现了教师对自由实践的逃避和拒斥。由此可见，学校课程建设要让教师成为课程建设的主体，不仅需要给予教师足够的自主空间，更需要提升教师的课程实践能力。针对当前中小学教师课程理解和实践能力不强的问题，教育主管部门和学校领导者，应通过考察、培训、教研等多种方式，切实有效地做好教师课程素养的培养提升工作。

［选自《课程·教材·教法》2017年第7期］

走向协同教学：课程与教学改革的时代呼唤

吉 标[①]

[摘要] 新世纪以来，随着基础教育课程改革的持续推进，合作学习作为一种教学理论与教学模式已被广泛接受，学生互动、小组合作逐渐成为课堂教学中的常态化操作。然而，教师之间合作的意义在中小学却没有引起同等重视，以教师群体协同为基础的合作教学尚缺乏系统的理论思考和实践探索。协同教学是合作教学的一种主要模式，主要是指由多位教师和助理人员组成教学小组、拟定教学计划、分工合作和共同完成教学活动的一种教学形态。协同教学是实现学校课程统整的重要举措，是推进学校教学改进的有效途径，有利于集合教师群体的智慧、特长及经验，优化教学方式，提升教学技能，提高学校整体教学质量。协同教学在我国中小学有无限广阔的发展前景，但其有效推进和实施非一日之功，需要竭力克服困难，促进教师改变原有的认知模式，努力摆脱思维局限，积极变革教学空间，优化学校教学管理，充分利用校外各种资源。

[关键词] 课程整合；协同教学；同伴合作

新世纪以来，我国中小学课程体系由单一走向多元，由分科走向综合，由国家统一管理走向自主开发与选择，新一轮基础教育课程改革的成效有目共

---

① 吉标，山东师范大学教育学部教授、博士生导师，主要从事课程与教学理论研究。

睹。但随着改革的不断深入，中小学课程体系也越来越庞杂、科目林立、壁垒分明、知识支离破碎的现象日益凸显。目前，课程改革已不再满足于开齐、开全课程，不再止步于在课程设置上做简单的加法，而是开始重视从学校实际出发，强调统筹系统规划学校课程，推进课程的实质性整合，以发挥课程的整体育人功能。人类知识是整体、系统的而非片断、分离的，学生学习过程也应该是知识不断统整的过程。通过课程整合与优化，可以打破学科分离、彼此孤立的现状，促进跨学科和跨领域学习，帮助学生掌握系统的知识，"获得完整的学习经验，实现全面综合发展"①，而且也能"创造民主教育的环境，作为社会统整的基础"②，更好地发挥学校课程的社会功能。进行课程整合已成为世界各国课程改革的重要趋势，也是我国当前中小学课程建设追求的重要目标。

学校课程主要通过课堂教学来实施。学校课程的整合与功能的发挥，离不开全校教师之间的教学合作。在当前中小学努力寻求课程整合的背景下，推进教师教学合作的一个有效途径就是开展协同教学（team-teaching）。长期以来，我国中小学以班级教学为主，各科教师都在固定时间与空间单独授课，缺乏教学上的合作与互助，中小学在管理上也缺乏对教师之间协同工作的系统保障。为了有效地推进协同教学的开展，我们需要深入理解协同教学的内涵，领会协同教学的基本特征，并竭力探索协同教学的实施策略。

一、协同教学的基本意涵

"协同"主要指团体成员各司其职、彼此配合和谐调一致的一种工作方式。我国《汉语大词典》也将"协同"一词解释为"各方互相配合完成某件事"。协同教学是一种由多位教师共同参与、合作施教的教学组织形式。协同教学最早起始于20世纪50年代中期的美国。当时，由于受到教学人员短缺、知识爆炸和教育科技进步等因素的影响，美国中小学教学质量有所下降。1957年9月，马萨诸塞州莱克星顿市（Lexington）富兰克林小学开始实施"莱克星顿协同教学计划"（The Lexington Team Teaching Program，LTTP）。该计划被公认为美国协同教学兴起之始，极大地影响了后来协同教学在世界各国的推广

---

① 蔡清田. 50则非可知不可的课程学概念［M］. 台北：五南图书出版股份有限公司，2016：120-122.

② 欧用生. 从综合活动课程看台湾课程统整的趋势［J］. 全球教育展望，2002（4）：15-19.

和发展。美国早期协同教学开展的模式比较单一，以"轮换教学"为主，即"让两个或更多教师交替着为班级的学生授课"[①]。需要指出，协同教学并非简单地把两位或多位教师凑在一起轮流授课，它注重明确的分工、密切的合作以及多方的优势互补，正如同医院里的临床实践，需要多位医疗人员一致行动，精诚合作，才能顺利完成一台精密复杂的手术。

协同教学强调发挥每位教师的专长和能力，通过团队成员分工合作达成一致性的教学目标，其开展过程主要包括以下四个基本要素。第一，多元参与。协同教学强调"两个乃至更多教师合作承担同一群组学生的全部或主要部分的教学"[②]，教学计划的拟订、教学方案的设计、教学活动的开展以及教学评价的实施等，都需要多位教师和其他相关人员共同参与。其中，组成教学小组的教师有多种类型，包括同一学科的资深教师、一般教师、实习教师和其他人员（如不同专长的专家学者、社区专业人士和家长等）。第二，群体互动。教学活动是一种协同育人的过程，群体互动是协同教学的重要特征和基本要素。协同教学中的群体互动包括教师之间、学生之间以及教师与家长之间等多个层面的互动。教师之间通过观摩教学，交流分享，进行自我反省与检讨，可以帮助教师审视和修正自身的教学观；学生之间通过互动合作，可以互相启发，实现知识的共享与共同成长；教师与家长之间的互动交往也能增进彼此了解与信任，促进家校合作，提升学校教育成效。第三，团队构建。团队合作可以发挥教师群体智慧，实现优势互补，促进课堂教学的精进。协同教学中的教师团队类型主要有阶层式和合作式两种：阶层式团队一般由骨干教师、一般教师和教学助理共同构成，其中有一位骨干教师是团队领导者；合作式团队一般由两位或更多在专业和资历上平等的教师组成，通常没有固定的领导者。[③]第四，空间开放。教师团队在协同教学过程中要面向不同类型的学生群组，学生群组有大组、小组之分，因而学校必须提供适合大组教学与小组教学的场所，在教学空间安排上要富有弹性，依据教学活动的需要做出灵活选择。在开展大组教学（或合班教学）时，可使用学校的礼堂、大会议室和多功能教室等；小组

---

① 肯尼斯·莫尔. 课堂教学技巧［M］. 刘静，译. 北京：人民教育出版社，2010：16.

② Shaplin J T. Team teaching［M］. New York：Harper & Row，1964：15.

③ 郑博真. 协同教学：基本概念、实务与研究［M］. 高雄：高雄复文图书出版社，2002：21.

教学时，可以利用图书馆、小型会议室、专科教室、实验室等，也可利用校园内其他适合的空间。

二、协同教学的基本特征

协同教学有多种不同的类型。依据教学内容来分，协同教学可分为学科内协同和学科间协同；依据参与的学生划分，协同教学可分为跨班级协同、跨年级协同和跨校协同三种类型①；依据教学形态来看，协同教学可分为分班教学、合班教学、分组教学和个别教学四种类型。无论何种形态的协同教学，均体现出以下三方面特征。

（一）合作性

合作是人类互相作用的基本形式之一，是社会赖以存在和发展的重要动力。与竞争一样，它是人类生活中不可或缺的重要组成部分。走向合作是当今世界发展的趋势，"学会合作"曾被联合国教科文组织誉为21世纪教育的四大支柱之一。美国约翰·霍普金斯大学斯莱文（R. E. Slavin）教授曾在《教育中的合作革命》一文中指出："应该把合作的基本原则纳入整个学校系统的运行轨道中。其中包括学生与学生、教师与学生、教师与教师、教师与学校行政人员、学校与家庭（社区）。合作革命的前景十分诱人，学校将会成为更人道、更愉快的工作和学习的场所。"②教学本质上是一种旨在引起学习的各动态因素之间互感互动的系统活动，它是单边、双边、多边活动的统一体。可以说，合作教学是一种更加贴近和反映教学本质的教学形态，它系统利用教学动态因素和合作性互动，促进学生更有成效地学习。合作教学作为当代世界教学改革的重要理论和主流模式之一，已经在许多国家获得成功。③合作教学的形式有多种，而协同教学就是基于师师互动基础上的一种合作教学。

协同教学的顺利开展依赖于全校教师之间的密切合作和互助共享，需要教师以及相关教学人员在教学各个环节中开展有计划、有组织的分工与协作。例如：授课前要征询团队所有教师的意见，发挥集体智慧，共同拟订计划，设计教案；授课过程中，某位教师担任主讲教师，其他人员可以操作视听媒体，

---

① 王坦.合作教学导论［M］.济南：山东教育出版社，2007：53.

② 盛群力.小组互助合作学习革新评述［J］.外国教育资料，1992（2）：1-7.

③ 王坦.合作教学导论［M］.济南：山东教育出版社，2007：1.

维持学生秩序，组织小组讨论或进行个别指导；授课结束后，需要开展集中研讨和交流，进行经验分享。协同教学也重视学生之间的合作，并以培养学生的合作精神为重要目标。分散、孤立的个人化学习不利于学生社会精神的培养。对此，杜威曾进行过描述："试想象40名儿童全部都忙于读同样的书本，而且日复一日地准备和背诵相同的课文，试设想这种过程构成他们工作的绝大部分……几乎没有机会进行任何社会分工，没有机会让儿童完成一点专属于他自己的东西。他们的社会精神得不到培养——事实上，只要纯粹个人主义的方法进入他的工作中，社会精神就会因不用而萎缩。"①可以说，协同教学能弥补个人化学习的劣势，学生通过参与不同的学习群组，接触班级之外更多的同学，能扩大交往的范围，并在交往过程中学会沟通，学会遵守规则，学会妥协，养成良好的社会性格。

（二）差异性

由于学生在能力素质、人格特征、认知方式等方面各不相同，他们在学习上也会存在较大差异。长期以来，我国中小学教学常照顾班级中的大多数，强调整齐划一，而忽视少数成绩超常和落后的学生。协同教学则注重差异性，强调依据学生的个性、能力和兴趣，实施分组教学或个别指导，能切实适应学生个体差异，帮助学生提升学习效能。

教师之间亦存在个体差异，个性、专长和兴趣也会有所不同。但在传统班级教学中，不管教师对某一科目、领域是否擅长，或是否感兴趣，都必须独自承担教学任务，按照学校预先的安排全程开展教学。由于每位教师的时间和精力是有限的，面面俱到、平均用力必然会影响教学的整体质量。协同教学考虑教师之间的内在差异，依据教师个人的兴趣、能力和专长安排相应的教学任务，进行合理分工，以充分发挥每位教师的优势，人尽其才，各尽其用，提升每一位教师的教学胜任力。②教学小组的每位成员通过密切配合，集众人之力，设计开发多样化的课程，可以满足学生的多元化需求，最大限度地促进学生的个性发展。

---

① 杜威.教育中的道德［M］.北京：人民教育出版社，1994：143.

② 李德显，杨淑萍.日本教师文化研究［M］.沈阳：辽宁大学出版社，2008：173-174.

表1 协同教学与单独教学的差异①

	项目	协同教学	单独教学
教师教学	教学任务	团队所有教师共同设计教学，执行教学计划，成员分担擅长的学科领域	教师担任班级或学科所有教学工作，有时要教授非擅长的学科领域
	教学计划	由团队成员共同商议决定	由教师依据学校进度自行制订
	教学组织	以教师团队的方式达成共同的目标，组织较富弹性	教师各自单独负责自己班级的教学，组织较为固定
	教学形态	团队成员共同分担教学，视教学需求或学生能力，组建多样化的学习群组	教师采用自足方式进行教学，限于班级教学，较难有多样化的改变
	时间安排	可视需要弹性安排	每节课的时间固定
	教学空间	常使用多样化空间，并弹性调整，使既有空间得以有效配置利用	一班一间教室，有时会利用专科教室或教室外空间
	教学评价	由教学团队成员共同决定，因人力充裕，搭配容易，方便采用多元评价	由授课教师决定，受限于一己之力，通常采用单一评价方式
学生学习	学习指导	学生在不同的学习活动中，可以接触不同教师	学生常常只接受级任和科任教师指导
	学习兴趣	多元的教师带来多元、弹性的教学方式，容易激发学生学习的兴趣	单一教师固定的教学方式，较难提升学生的学习兴趣
	学习效果	教师实施专长教学，可让学生吸收各领域的精髓，提升其学习效率	教师只负责自己任教科目，会造成学科的孤立，影响学生获得统整的知识
社会互动	教师互动	教师课前课后都必须经常讨论、联系、沟通，互动频繁而密切	教师很少在课前课后相互讨论，通常呈现孤立、封闭的状态
	学生互动	开展合班教学、跨班分组教学、混龄教学，增加同伴互动，拓展人际交往	限于固定班级学习活动，以同班同学互动为主，缺乏班际互动
	师生关系	开放的互动关系，多样风格的教师给学生提供多样的认同机会	固定化的关系，单一交流模式；学生若不适应时，往往只能默默忍耐

———————

① 陈浙云，吴财顺，潘文忠. 走向协同教学之路：新学校文化的生成与开展[M]. 台北：远流出版事业有限公司，2003：20-21.

（三）多样性

协同教学是一种多维立体的动态教学，强调整合学校人力资源，促进包括校长在内的教学行政人员、各学科教师以及校外专业人士的多元合作。它有助于盘活学校课程资源，为课堂教学注入生机与活力，为学校整体育人提供充分保障。协同教学的多样性主要体现在以下四个方面。第一，学生群组的多样性。协同教学的组织是多元灵活的，学习群组的构成是多样化的，可以是数班集合、同班分组，也可以是混班分组、混龄分组。第二，教学方式的多样性。协同教学的方式可依据教学目标与教学内容灵活选择，教学团队多位教师通过集思广益，发挥各自教学特长，引导学生通过多种方式进行学习，开展实验或演示，组织辩论或探究，进行表演或讨论，目的都是更好地提高学生的学习兴趣，增进学习效果。第三，学习经验的多样性。协同教学打破了个别教师针对固定班级施教的局面，为学生提供了面对和接触更多教师的机会。不同专长的教师会展现不同的教学样态，扩展学生的知识结构，拓展学生的思维视角，帮助学生获得更丰富的学习体验。第四，教学时间的多样性。在协同教学过程中，教师授课的时间可根据学生的需要而弹性调整，不必机械地依循学校固定的上课时间表。

三、协同教学的价值指向

协同教学是世界各国家普遍采用的一种教学形式，它不仅在挖掘学校课程资源、发挥教师专长和提高课堂质量方面有积极作用，而且在促进教师专业发展、凝聚教学团队和优化学校文化等方面也成效显著。作为课程整合的重要途径和教学优化的有效策略，协同教学是一种富有创意的教学形态，对促进当前我国中小学整体改革无疑具有重要价值。

（一）减少教学浪费，提升教学整体效益

浪费是一种客观存在的现象，任何领域都有可能发生。社会生活中的浪费显而易见：经济发展模式的高消耗、低产出，城市基础设施的重复建设、"豆腐渣工程"，民众的日常餐桌浪费……这些浪费都会无谓地消耗社会资源，影响社会的可持续发展，不利于社会生态文明建设。学校教学过程中同样会存在场地、设施、设备等资源的闲置以及人力、时间、信息等的无效耗费，教学浪费现象也比比皆是。然而，教学浪费大多是隐性的，非常容易被遮蔽，以致人们常常对其熟视无睹。

日本教育学者新掘通也认为，教学过程中的浪费乃是教学的一种"病理"现象[①]，这种"病理"现象值得关注和分析。在当前中小学实践中，教学浪费的最突出表现就是课堂质量低，"水课"现象比较突出。"水课"之所以存在，除教师的教学态度消极和教学技能不足之外，至少还与两个传统的教学倾向有关。一是教师过度关注教学而忽视学习的倾向，即在教学过程中更关注教师的教，注重授课的效率，而忽视学习的真正成效。二是"平均主义"的教学倾向。所谓"平均主义"的教学，即在一个学期（或一门课程）的教学过程中（包括备课、组织教学、进行教学评价等），教师要全程对课程的各部分内容进行准备，包括自己并不擅长的也不得不投入必要的时间和精力。这就客观上容易导致教师在教学投入方面平均发力，稀释整体的教学质量。应该说，协同教学能在一定程度上克服以上两种片面的教学倾向，减少教学中的浪费。一方面，协同教学不仅关注教师的"上课"，更能直面学生的"学习"，强调教师的责任不在于教科书处理的进度和授课的速度，而在于学生学习的内化，因而会尊重学生的个性及能力，顾及学生独特的学习风格，灵活运用大班教学、分组学习和个别指导等多种方式，充分挖掘每个学生的内在潜能，激发学生的学习投入。另一方面，协同教学是以教师分工合作的方式开展的，每位教师可以在自身擅长的学科和领域集中精力，有更充裕的时间进行教学设计，开展教学研究，学习和借鉴优秀的教学经验，从而有助于提高课堂教学的质量。

（二）增进团队合作，促进教师专业成长

在当今任何行业中，专业成长都离不开经验的分享和同伴的合作，科学与教育领域尤其如此。首次提出"测不准原理"的现代物理学家海森堡曾坦言，平生与爱因斯坦、波尔等物理学大师的交谈对他的思想产生了至关重要的影响。他认为，正是由于与不同的人进行密切合作与交流，才孕育出重要的科学成果。彼得·圣吉在《第五项修炼》一书中指出，"合作学习具有令人吃惊的潜能，集体可以做到比个人更有洞察力、更为聪明，团体的智商远大于个人智商"[②]。在美国教育学者帕尔默看来，教学与社会中的其他专业相比存在严

---

① 瞿葆奎.教育学文集：教育与社会发展［C］.北京：人民教育出版社，1989：555-556.

② 彼得·圣吉.第五项修炼：学习型组织的艺术与实务［M］.郭进隆，译.上海：上海三联书店，1997：271-272.

重的"个人化"倾向，教师之间的合作互助不足，"如果外科手术和法律也像教学一样在个人化的环境下运作，我们仍会用水蛭对大多数病人进行放血治疗，仍会把被告浸在磨坊水池里"[①]。如此断言似乎有点危言耸听，却揭示了这样一个令人尴尬的事实：与近现代医学专业的快速发展相比，作为一门专业的教学在历史上进步的速度非常缓慢。

当今世界已经进入"互联网+"时代，教师专业发展的方式开始由专家单向提供知识的阶段转向合作交流与共享发展的阶段。分享和交流是获得知识的有效途径，而团体互动则是知识分享与交流的重要基础，"团体是最佳的学习单位"。协同教学以团队的方式开展教学，其教学小组成员构成的学习共同体蕴含着丰富的学习资源，有助于教师取长补短。经由团队共拟合作计划，教师依照自身擅长的学科及熟悉的教法实施教学，可以切实发挥专业自主性，提升自身的教学胜任力，增进专业信心与教育热忱。教师经常进行教学观摩和参与团队讨论，还可以相互检讨教学的得失，不断优化教学策略，改进教学方法，提高教学效能。此外，教师在团队合作过程中彼此支持与鼓励，自然能减轻教学负担，舒缓工作压力，提升专业生活质量。

（三）促进学习共同体的形成，塑造开放的教学文化

传统教学一向采取教师单独教学的模式，且为避免彼此互相干扰，而将教室以墙壁区隔，无形中也将教师彼此隔离开来，这便造成一种个人主义的教学文化——教师之间鲜有共同研讨教学工作与分享教学经验的机会。这种文化充满了孤立、消极的色彩，教师之间彼此分离地开展教学，使学校变成了相对封闭的社会系统。斯坦福大学教育史研究者戴维·泰亚克指出，在小学里阻碍学校内部变革的最大障壁是教师之间的壁垒。他把美国的小学称为"教育的后宫"（pedagogical harem）——"男性教师担任校长职务，每个教室成为密室般的封闭空间，在这些密室里居住着女性教师，每个女性教师只同校长联络，因而她们之间的关系毫不融洽"[②]。从事学校文化研究的英国教育社会学家哈

---

① 帕尔默.教学勇气：漫步教师心灵［M］.吴国珍，等译.上海：华东师范大学出版社，2014：138.

② 佐藤学.教师的挑战：宁静的课堂革命［M］.钟启泉，陈静静，译.上海：华东师范大学出版社，2012：146.

格里夫斯（A. Hargreaves）则用"巴尔干化"①（Balkanisation）一词来描述中等学校的内部结构，他认为"初高中的学校内部是以学科为单位来组织的，各自学科单位的教师形成各自的独立王国，按照各自独立的规则经营王国"②。长期以来，世界各国课程改革中面临着一个普遍性问题：虽然改革的愿景非常美好，变革措施也层出不穷，但最后常常收效甚微，达不到预期的改革目标。应该说，学校课程改革的失败，在很大程度上与中小学内部离散的组织结构和个人主义的教学文化密切相关。

审视我国基础教育的现实，学科之间的分离、年级之间的隔阂以及校务分工的壁垒构成了基础教育课程深化改革的重要阻碍，也影响了学校作为学习共同体的教学效果。当今时代，学校被视为一个开放、批判和多元的学习型组织，它不仅是学生合作交往和共同成长的地方，也是教师作为教育专家协作共处和持续成长的场所。协同教学一方面通过教师之间的协作，能改变教师单打独斗的教学状态，有助于瓦解过去习以为常的"班级王国"，冲破个人主义的教学文化；另一方面通过良性的竞争，也有利于引导教师逐渐学会开放心胸，习惯于接受他人的批评与建议。同时，在团队互动中，教师也很容易激发内在的工作动力，培养与同事间相互扶持的"革命情感"，增进对职业生活的幸福体验。③倘若教师习惯于将自身融入团队生活，乐于与同事开展密切合作，也必然会对学校内部管理产生积极影响，促进学校各部门工作人员的协作支持，引导学校、家长和社区之间形成良好的信任与合作关系，进而推动学校课程的有效实施。

四、协同教学实施的保障策略

协同教学的理念十分诱人，对促进课程与教学改革具有重要价值，在我国中小学有着广阔的应用前景，但其实施也面临诸多障碍和困难，不可能一帆

---

① "巴尔干化"是一个地缘政治的术语，起初用来形容欧洲巴尔干半岛复杂的政治形势，后来引申为描述一个国家或地区分裂为众多互相敌对、互补合作的小国家或地区的过程。

② Buckley F J. Team teaching：What，why，and how［M］. Thousand Oaks：Sage Publications，2000：24.

③ Buckley F J. Team teaching：What，why，and how［M］. Thousand Oaks：Sage Publications，2000：24.

风顺。对此，我们需要有清醒的认识，做好顶层设计，积极谋划，调动多方力量，多管齐下，重点突破，层层推进，为协同教学的有效实施创造有利条件。

（一）促进教师思维方式的改变

教学变革通常首先从内部发生，而变革的最大动力来源于教师群体心理的改变和主动参与。只有大多数教师愿意打开自己的"心门"，改变自身认知，展开积极的行动，协同教学才比较容易推进。但日常经验表明，人们行为的改变总是很困难的，因为行为要受制于思维方式，而思维方式的转换是一个缓慢的过程。在人类思维方式中，常有一种个体"自我中心主义"的倾向，即"人总是倾向于把生活的小圈子看成是世界的中心，并且把他的特殊的个人生活作为宇宙的标准"[①]。在日益走向开放的时代背景下，我们应该抛弃这种"小心眼儿的、乡巴佬式的思考方式和判断方式"，形成一种新的学校认知：现代学校是一个公共性的学习共同体。"公共性"意味着学校是各种各样的人合作学习的公共空间，是为了实现所有学生的学习权、建设"民主主义"社会而组织起来的。[②]在杜威看来，"民主主义"既不是政治性的制度运行，也不是少数服从多数的原则，它意味着"各种各样的人协同的生存方式"。学校是社会进步的驱动器，其承担的重要使命就是要促进社会不断走向民主、自由和开放，培养具有良好社会素养的未来公民；而要达到这一目标，现代学校就必须成为全体成员平等交往和协作共事的场所。

协同教学在中小学能否顺利推进，关键取决于教师。在促进教师的协作行动方面，日本教育家佐藤学的探索给我们提供了有价值的启示。他主张，每一所学校都要努力构建"教师共同体"，培养教师的"同僚性"（collegiality）。[③]所谓"同僚性"，是指中小学教师基于共同的教育愿景，开展教学活动的过程中所形成的互信互赖的"合作性关系"。在佐藤学看来，培养"同僚性"的一个重要途径，就是要求学校里每一位教师都开放自己的课堂，面向全校讲授公开课。课堂是全校教师合作促进每一位儿童学习的场所，"作为公立学校的教师，无论怎样出色地工作，如果从不向同僚上自己的公开

---

① 卡西尔.人论［M］.甘阳，译.上海：上海译文出版社，1985：20.

② 佐藤学.学校的挑战：创建学习共同体［M］.钟启泉，译.上海：华东师范大学出版社，2010：3.

③ 佐藤学.学校的挑战：创建学习共同体［M］.钟启泉，译.上海：华东师范大学出版社，2010：165.

课的话，是很难让人苟同的"①。为培育"同僚性"的文化，学校还应不断反思和改变传统的校本研修模式。在传统的校本研修模式下，观摩者常常以旁观者的立场，针对授课教师进行点评、提出意见或建议。其实，这无益于研讨活动的深入交流，甚至执教者和观摩者之间很容易形成"观摩—被观摩"的单向权力关系，"无论是外行的学生还是资深教师都能说出'充足的意见'，而执教者只能处于唯命是从的境地"②。这种不平等关系中，执教者对攻击和评判毫无防备，而观摩者则处于类似法官的权力地位。因而，只要这种权力关系不能消除，在校本研修中教师之间的互相学习和交流就非常困难。

我国中小学教师深受传统文化的影响，并不善于向同伴学习，"文人相轻"现象比较普遍，这是阻碍协同教学推行的潜在障碍。在当今课程整合背景下，学校要营造彼此尊重、互相信任的职场文化，努力消除教师之间的隔阂，减少同事之间的猜忌，培育良性的竞争文化。同时，学校更应该创造条件，让教师了解协同教学的优点，熟悉其实施模式与操作技术，并提供可供借鉴的成功范例，以增进他们实施协同教学的信心。

（二）改造和拓展学校教学空间

空间既是社会存在的基础，也是社会生产和再生产过程的产物，为人类实践活动、社会交往和社会关系的构建提供了具体场域。作为一种特殊的空间存在形式，教学空间首先是一种客观的物理性空间，体现的是空间的可感知性、具体性和物质性，是教学活动开展的重要物质载体，主要包括学校所依附的自然环境、各种建筑及其配套设施和空间组合形式。教学活动的开展要受制于教学空间的安排，教学空间的变化反过来也会影响教学组织形式、教学方法的选择。

长期以来，我国大部分中小学不重视教学空间的设计和利用，教学空间的安排相对单一，以普通教室、专业教室以及公共教学用房等为主要形式。我国于2002年颁布的《城市普通中小学校校舍建设标准》至今还在沿用，其中明确规定：完全小学每班45人，小学普通教室的面积为61平方米/间。从我国很

---

① 佐藤学.学校的挑战：创建学习共同体［M］.钟启泉，译.上海：华东师范大学出版社，2010：167.

② 佐藤学.学校的挑战：创建学习共同体［M］.钟启泉，译.上海：华东师范大学出版社，2010：168.

多小学的办学实际来看，一间教室要容纳班级所有学生的教学活动，至少要安排45张桌椅，此外还必须保留适当的走道，60平方米左右的教室，人均面积不足1.5平方米。与美国小学教室的设置要求（人均不低于2.7平方米）相比，我国的标准明显过低（见表2）。事实上，我国中小学教室标准的设计是与传统讲授式、大班额教学相适应的，是以往对基础教育投入不足和人均教育资源相对短缺的产物，已严重影响到多样化教学活动的开展和中小学课程改革的深入推进，亟须调整和修正。

表2　美国各州对中小学教室面积与容量的规定[①]

美国各州	对中小学教室面积与容量的规定
纽约州	一个普通教室的最低标准是70平方米，以27人为基础。
加利福尼亚州	1～12年级要求不少于87平方米，即人均面积不得少于2.7平方米。
弗吉尼亚州	1年级要求90平方米，2～5年级要求74平方米。
佛罗里达州	1～3年级每班25名学生，每人拥有3.3～3.7平方米； 4～6年级每班28名学生，每人拥有2.7～3.0平方米。

当前，教学空间的改造和重建应该成为课堂教学改革的一项基础性工程。相关教育主管部门和中小学亟须更新办学理念，以开放的思维进行教学空间的设计和改造，营造适切、多元、丰富的教学环境。首先，要规划大团体班级教学、小组教学和个别学习的场所。如果需要合班教学时，可使用学校大会议室或图书室等；至于个别学习地点，学校应尽量开放图书馆、学科教室、实验室和各种场馆等，方便的时候提供学生自习使用；学校的各类小会议室，亦可弹性开放，供学生小组研讨和交流使用。其次，对教室空间进行再造。当前中小学更需营造富于变化的教学空间，突破一间教室仅能发挥一种功能的思维。倘若学校缺乏多功能教室与开放空间，也可有效利用现有的学科教室或空闲教室。在新建的学校，可以考虑在教室设立教学准备区、学习区以及活动区，让教室具备多用途功能。多样化的教室布置方便教师运用多样化的教学方法，开展灵活多样的教学活动，对增进教师与学生的互动无疑也具有重要意义。再次，充分利用校外设施与空间。学校所在社区也是学生学习的场域，学

---

① 帕金斯. 中小学建筑［M］. 舒平，等译. 北京：中国建筑工业出版社，2004：28.

校周边的自然、社会、艺术与文化资源等是可以利用的学习资源，教师可以将教学空间由校内扩展至学校围墙之外，充分开发学校周边及社区资源，让学生获得多元的学习经验。

（三）提供有效的学校行政协助

学校是执行国家教育政策的基本单位。学校管理者是否拥有变革的意愿和能力，是否能激励和引领广大教师和学校成员的积极投入，是教学改革能否取得成功的关键。中小学管理者尤其是校长应该勇于担当，积极有为，主动开展学校内部组织改革，以适应新时代教学改革的需要。当前中小学内部组织改革的重点是转变管理职能，强化对教学的服务和协助，帮助教师化解合作过程中的可能障碍，以激励和引领教师开展协同教学。

首先，优化教学时间管理。教学时间是教学活动的基础性要素，教学时间管理无疑是学校管理的重要内容。要促进协同教学的开展，强化教师之间的合作，特别需要优化教学时间的安排。目前中小学比较可行的做法是，在开学前安排课表之际，预先为同一教学小组的教师安排共同空堂和共同有课的时段，以方便同组的教师召集会议进行讨论和开展交流。值得注意的是，共同时间无论安排于何时，都应于学期初即行排定，避免随意处理，否则容易造成日后调课的困扰。另外，课时的长度也应该做弹性调整，可依课程性质、教材难易、学生能力或学习速度的差异而定，不必完全拘泥于一节课35分钟或45分钟。

其次，设置适合教师研讨的合适空间。实施协同教学时，教学计划的拟订、教学的准备、学习环境的营造以及教学后的研讨与改进等，都必须经过集体的沟通才能取得共识，因而提供一个适合教师团队讨论的公共空间非常必要。目前我国大多数中小学的办公室是依"行政""班主任""年级"的性质而设置的，办公室里通常堆积着学生的作业，周遭人来人往，环境嘈杂，并不适合教师之间的研讨和交流。如果校舍空间允许，学校应设置学年或学科（领域）专属研究室，除配备必要的桌椅、书架外，室内应摆放相关的专业图书、计算机、打印机等必要设备，以供教师查阅教学资料、进行课程研发及召开会议使用。如果受限于既有空间，学校无法设置学科（领域）的专属研究室，也可布置多个小型的公共讨论室，让不同小组的教师依需要轮流使用。

（四）争取校外的多方支持

家校合作是学校工作的重要内容，是学校教育教学顺利开展的重要助力。学生的成长是家庭和学校的共同责任，家校之间应该相互促进、相辅相成、相得益彰。家长的有效参与可以补充学校教师人力的不足，减轻教师的工作负荷；而且，家长在参与过程中也可以对孩子的学习有全面的认知和了解，增进教育技能，提升教育素养。目前，中小学应进一步完善家委会组织，强化家委会职能，凝聚和利用家长资源。在校本课程、综合课程和一些专题课程实施过程中，学校可以邀请有专长的家长进课堂，扩充学生的知识视野。在家校合作的过程中，需要特别警惕"责任转嫁"[①]现象，避免将本应由学校承担的责任假借"志愿服务"的名义，堂而皇之地转嫁给家长。当然，有一些家长在参与学校教学活动时常怀着功利性动机，学校和相关责任教师对此要保持警惕，给家长适宜的引导，避免个别家长因徇私而影响教学环境的客观公正。

社区专业人士也是学校可资利用的人力资源，但在协同教学中需要予以明确的权责定位。无论是协助教师处理学生事务，还是发挥自己的专业特长，协助教师组织教学活动等，校外专业人士都只是辅助者的角色，应谨守分际，不可越俎代庖、喧宾夺主。教师扮演的是专业领导者的角色，在社区人士参与教学的过程中不可袖手旁观，应该勇于担当责任，事前通过召集会议或其他方式和途径，详尽、明确地告知校外人员参与班级教学时应该遵守的事项，避免有过分介入甚至教学偏差的情况发生。学校和教师（尤其是班主任）在课程整合过程中应该注意有计划地借助家长与社区专业人士，切实发挥他们对学校教学的协助作用。同时，也应诚心地尊重，诚恳地接纳，使热心参与的家长和社区专业人士产生归属感和认同感，从而强化双方继续合作的意愿，形成良性的互动，避免学校与家庭、社区之间的合作陷入功利主义的泥潭。

结　语

教学革新是课程改革成功的保障。目前我国应对协同教学进行积极的研究与实践，探索更适合我国中小学实际的合理模式。当然，任何一种教学形式都不会是完美的，都有其自身的局限性。由于学习群组调整的需要，学生经常

---

① 史万浩.警惕家校合作中的责任转嫁[N].中国教师报，2019-04-17（3）.

会在不同班级或混合班级的小组活动中进行学习，但在传统单一班级授课制所形成的封闭的班级文化影响下，学生可能会不习惯与所属班级外的同学交往，一旦原有班级被迫重组时，便常遭到学生的抗拒。此外，部分学生倾向于只服从班主任的管教，对于其他教师的管教不一定会服从，维持教学秩序也就成了协同教学的难题。这些问题的克服与解决，都依赖于学校在学生管理上进行合理的调整和改革。

［选自《课程·教材·教法》2020年第4期］

论学生的课程理解①

朱忠琴②

[摘要]教育研究中对学生的课程理解关注较少，且关注点集中于学生在课堂教学中的课程体验。学生课程理解还涉及学生在学习、体验课程之前对于课程体系、课程结构的认知。这一课程理解影响着学生对于课程的整体性认识，影响着学生课程学习的态度与动机。在实践中，教师对课程理解的狭隘以及对学生课程理解的关注不足导致学生的课程理解薄弱，进而造成学生的学习效能低下。今后应提升教师对学生课程理解的关注程度，创造条件促进学生对课程的有意义建构。

[关键词]课程理解；学生课程理解；深度学习

"理解"与人们的生活密不可分。在教育研究领域，现有研究已经关注到学生对课程实施的理解、学生对课程的体验，但人们很少关注到学生在经验课程之前对于课程的理解、领悟。而学生作为课程学习的主体，是有理解课程目标、理解课程内容、理解教师教学等的权利与事实的。③也就是说，学生在经

---

① 本文系国家社会科学基金项目"学校制度文化的育人机制研究"（项目编号：CFA120121）的研究成果。

② 朱忠琴，山东师范大学教育学部副教授、教育学博士，主要从事学校管理、基础教育改革研究。

③ 李栋，杨丽. 新高考制度下教师课程理解的新突破［J］. 中国教育学刊，2016（8）：84—90.

验课程之前，基于先前的经验或生活概念，接触到教材等课程资源，必然涉及对课程的理解。学生的高考志愿选择，尤其是新高考带来的学生选课走班，反映出学生此种课程理解的迫切性。浙江省曾就"高考科目选择"展开调查，对全省240所普通高中的23511名2014级高中学生进行调查发现，高中学生在高考科目选择时存在着一定的盲目性和随意性。学生对于高考科目的选择主要依据学业成绩，考虑与未来学业、职业关联的较少。[①]随着新高考改革在全国的推进，学生的课程理解不充分问题更为突出，很多学校面临着学生课程选择盲目、随意，学业规划模糊等问题。在此背景下，探讨学生课程理解的内涵与价值，尤为必要。

一、学生课程理解的内涵及价值

解释学关注到学生的主体性，让课程理解的视域从教师身上扩展到学生身上，关注到在课程实施过程中学生与课程的相互作用与建构。心理学的进一步发展，学习心理学理论研究的深入，让人们意识到学生对课程体系与课程结构的整体认识等对课程学习的重要价值，学生课程理解的内涵不断丰富。

（一）学生课程理解的内涵

在解释学视野下，人们关注到学生课程体验方面的理解，即关注到课堂教学的过程是学生创造性地与课程进行对话式相互作用、进而接纳课程且对自己经验进行更新，获取新意义与经验的过程。[②]课堂教学活动是学生对课程进行积极建构的活动，不是学生单纯地接受客观知识的活动。在课堂教学中，学生与课程是一个整体，学生会将自身的思想融入对课程的认识和理解中，并通过课程延续自身的经验，课程也因为有学生的参与而得到丰富，学生与课程相互影响。学生课程理解是学生的生存方式，学生与课程在特定的时空中相遇、相互作用，彼此进行对话、交流，形成意义的建构，学生生命的成长、精神的发展随着学生课程理解经验的不断扩大和加深而得以实现。

但是在解释学下，人们看到的更多的是课堂教学中的学生课程体验。心理学理论的发展，有力地推进了学生课程理解理论内涵的发展，关注到学生在

---

① 刘宝剑. 高中生选择高考科目的调查与思考：以浙江省2014级学生为例［J］. 教育研究，2015（10）：142-148.

② 吴支奎. 课堂中的意义建构［D］. 重庆：西南大学，2009：105.

课程学习前对于课程体系、课程结构等的理解。美国教育学家马扎诺提出的人类学习过程模型理论，对于学生课程理解的价值阐释起到了理论支撑的作用。马扎诺基于心理学的研究成果，构建了他的理论体系，包括自我系统、元认知系统和认知系统三个主要的系统，另外还包括知识这一因素。①

自我系统是马扎诺学习过程模型的一个系统。学生面对一个新任务时，首先是由学生个人的自我系统来判断任务的意义，并且决定着学生对于任务的学习动机，即他对于任务的投入程度，也就是学习的动机问题。在学习动机的基础上，学生会依据已建立起来的元认知系统决定学习行为的目标、方式和策略。然后运用认知系统中存储的具体认知技能去经历认知过程并完成学习任务。②马扎诺认为，系统内处于较高位置的因素状况影响着系统内位置较低因素的状况。自我系统处于层级结构的最上层，它控制着学习者是否投入新任务中去，以及在学习者选择投入新任务之后具有的动机水平，或者说投入的力量有多大。③也就是说，自我系统确定一个人是否会从事或离开某项给定的任务，也决定个人投入任务中的精力。一旦自我系统决定了所关注的事，在一定程度上也就限定或确定了元认知系统、认知系统和知识领域等其他元素的运作。④如果自我系统缺乏认定所给任务重要的信念，个体就不会投入该任务中去，或者以较低的动机水平投入进去。马扎诺的认知系统理论为学生的课程理解提供了合理、有力的解释。这一解释让人们注意到了学生课程学习前的课程理解的存在。在马扎诺的认知系统理论中，学生在课程内容学习前对于课程体系、结构的认知，对学生今后的人生规划、课程选择与课程学习投入有着极大的影响。

总的来说，学生课程理解涉及学生对于课程框架、课程体系等的整体性的了解和认识，以及学生在正式的课程内容学习中产生的与课程文本（教科

① 马扎诺，肯德尔.教育目标的新分类学［M］.高凌飙，吴有昌，等译.北京：教育科学出版社，2017：15-17.

② 马扎诺，肯德尔.教育目标的新分类学［M］.高凌飙，吴有昌，等译.北京：教育科学出版社，2017：15-17.

③ 马扎诺，肯德尔.教育目标的新分类学［M］.高凌飙，吴有昌，等译.北京：教育科学出版社，2017：15-17.

④ 马扎诺，肯德尔.教育目标的新分类学［M］.高凌飙，吴有昌，等译.北京：教育科学出版社，2017：15-17.

书）等所承载的课程内容的相互作用，形成对课程内容的学习与建构，即学生个体从自身经验积累的角度，对课程内容进行认识与内化。这是学生课程理解广度层面的内容。学生课程理解还涉及深度层面的内容。学生课程理解是有层次之分的，不同的学生对于课程理解的层次是不同的。美国教育家布卢姆在1956年出版的《教育目标分类学》中，对"认知领域目标"进行了探讨，他将教学目标分为了解、理解、应用、分析、综合、评价六个具有一定层级结构的认知过程类别。①当然，学生课程理解不是布卢姆教学目标中的第二个层级的"理解"，对于布卢姆教育目标分类的六个层级，学生课程理解都会涉及，其追求的目标状态就是实现深层次的学习。

（二）学生课程理解的教育价值

哲学解释学以及马扎诺认知系统理论不仅让人们注意到学生课程理解的存在，而且帮助人们认识到学生课程理解对于学生课程学习的重要价值。学生对于课程的理解，对于学生的学习与发展发挥以下重要作用。

1. 课程理解有助于提升学生的主体地位

哲学解释学的发展，让教育者关注到学生在课程中的主体地位。虽然早在19世纪末20世纪初，美国教育家杜威就关注到儿童的主体地位，但他关注的是课程内容的选择、课程内容的教学方式应该考虑儿童的需要，还没有更深入地触及课程对于学生的意义，没有从学生的角度去谈学生课程理解对于学习的价值。

哲学解释学强调学生在课程变革中的主体性和创造性，强调课堂教学是教师和学生持续成长的过程，是教师和学生积极建构教育经验的过程。"从哲学解释学的视角看，学生与课程的关系是一种全新的、彰显人的价值的关系。"②学生的主体性得以彰显，学生是课程建构的主体，承担理解和建构课程的主要使命，课堂中学生在已有知识经验的基础上对课程文本的意义进行建构。而学习心理学的发展，更是提升了学生的主体性地位，关注到学生在课程学习之前对课程的理解，课堂教学前学生对课程体系的整体性认知与理解有助

---

① 安德森.布卢姆教育目标分类学（修订版）[M].北京：外语教学与研究出版社，2009.

② 陈丽华.哲学解释学视角下学生与课程的关系[J].教育理论与实践，2012（13）：57-60.

于帮助学生从被动接受课程安排转向主动思考课程选择，这在一定程度上调动了学生学习的主动性。

2. 课程理解有助于学生增强学习动机，清楚学习目标与策略

从马扎诺的学习系统来看，学生的自我系统决定学生以何种强度的动机投入知识的学习。自我系统确定知识是重要的、值得去学习之后，才会调动起元认知系统，建立明确的学习目标，并且采取适应的方式去规划和实现目标。学生在学习课程之前，对于课程图谱、课程框架的认识属于学生自我系统环节，学生会运用自身的价值尺度去判断课程学习的重要性[①]，而如果课程与他的人生理想和目标没有建立起有效的关联，那么学生对于课程学习重要性的认识是不足的，自然在课程的学习动机、学习信念、学习情感投入上会出现很多危机。学生的课程理解，涉及学生对于科目、课程标准、考试大纲、教材等的关系的认识，实质是学生理解课程对他的意义是什么，这就让学生对学习的课程与其目标建立起有效的关联，形成对课程学习价值意义的认识，进而产生学习的内在驱动力。

不同的学生，基于以前的经验与价值追求，对于课程意义的认识与理解是不同的。有些学生会将课程理解为帮助他升学的工具、实现高分的手段，有的学生理解为兴趣探索的载体，有的学生可能会理解为教师安排的学习内容。学生形成的不同的课程理解价值取向，直接影响了其对课程的体验。相应地，课程理解的价值取向决定了学生采取何种方式、何种策略来对待课程。积极的课程理解价值取向可以激发学生的学习动机，保障学生持续地投入课程学习中。

3. 课程理解有助于促进学生对知识的整体性架构

学生课程理解不仅强调学生在课堂教学过程中对课程内容的有意义建构，也关注学生在课堂教学之前对课程体系、课程框架等的整体性的认识。学生有了对课程框架的整体了解就会形成一种整体性的思维，具备了此种思维之后再去学习每个学段、每个学期的课程，这样的课程在其大脑图式中就不是被肢解的课程，他会有一个对当前课程与前期课程以及即将学习的课程的关系的认识。这样学生更容易清楚自己学习的方向，更加充分地体验到学习的过程不

---

① 马扎诺，肯德尔. 教育目标的新分类学［M］. 高凌飚，吴有昌，等译. 北京：教育科学出版社，2017：15-17.

仅仅是为了被动地、一步步地完成教师计划的课程内容的过程。

在实践中，一些学校已经开始认识到学生在课堂教学之前形成对课程体系、课程结构等的整体性认识的重要价值，学校采取的做法是列出高中三年的培养计划（包含课程设置）或课程手册，学生通过课程手册可以了解学校三年的课程的类型和设置顺序，从而对未来的职业发展、专业选择与课程方向的选择有一个概括性的认识，比如对化学感兴趣的学生，从课程手册中看到，学校开设的化学课程有化学 I（适合人文与社会方向的学生）、化学 II（适合工程与经济学方向的学生）、化学 III（适合数理方向的学生）、化学 IV（适合数理方向中学习大学先修和竞赛课程的学生）。如果学生未来方向是学习金融管理，那么他会选择化学 II 系列课程，而化学 II 系列的课程安排，则体现在每学期的课程表中。对于化学课程安排，一般是先学习无机化学，然后学习有机化学，在接受学校课程安排方面，大部分学生是等到学习有机化学的时候，才在大脑里形成对化学类别的比较，建立起无机化学与有机化学的联系。这样的课程学习安排，帮助学生形成对化学学科的认知，提升学生的学习效率。学生在学习无机化学的时候，也让他翻阅有机化学的课程内容，虽然他不一定搞得懂，但是这样的翻阅、比较，会让他在大脑中形成一个学科框架，甚至形成一种认知，这样会有利于学生对于知识的学习。

4. 学生课程理解有助于关注到学生的深度学习

学生对课程内容的理解是学生课程理解的核心，实践中教师较为注重此种维度的学生课程理解，整个教学围绕着学生如何理解课程内容而设计与开展。但从广度与深度层面分析学生课程理解，有助于更全面地了解学生的课程学习特征，更有助于促进学生的深度学习。学生对课程理解的广度层面，让人们认识到学生的课程理解不仅仅是对课堂教学的过程性体验，还包括对课程体系、课程结构的整体性认知；学生对课程理解的深度层面，可以让人们关注到学生的课程学习是有层次的，有助于人们分析判断学生课程理解的现有层次与应然层次，促进学生不断地实现对课程的深层次的理解，走向深度学习。科瑞艾根从知识论的视角提出了深度学习的"学习深度"的三个基本标准：知识学习的充分广度、知识学习的充分深度和知识学习的充分关联度。[①]学生课程理

---

① 郭元祥.论深度教学：缘起、基础与理念［J］.教育研究与实验，2017（3）：3-4.

解涉及的知识的广度和深度与深度学习的标准不谋而合，学生的课程理解可以促进学生对知识的有意义建构，促进学生的深度学习。

二、学生课程理解薄弱造成学生学习效能低下

目前，我国的中小学课堂教学并没有充分地关注到学生的主体性，并且由于考试制度的存在，以及师生对于课程与学生今后学习、未来就业关系的认识的匮乏，在实践中，教师和学生更多地关注课程理解结果层面的知识性获得，影响着学生的学习动机、学习态度与学习精力的投入等。这就导致了我国中小学学生学习目标模糊、学习积极性不高、学习表浅化等问题。

（一）学校对学生学习整体性课程的忽略导致学生学习目标不清、动机不强

在实践中，长期以来的"课程等于教学"的认知观念，认为课程就是课堂教学，导致了学校对学生课程理解内涵的认识窄化，将学生对课程的理解等同于学生对课程内容或教科书内容的理解，以及学生在课堂中对课程的体验。学生课程理解不仅是课程实施过程的共生和课程结果的体验，还包含学生在课程学习之前对课程体系、课程内容以及课程与今后学习就业的关系等的认识与理解。从学习心理学的研究来看，后者对于学生的学习态度与动机恰恰又是关键的。而学校很少关注到学生在课程学习前对课程体系与结构的整体性认识的重要价值。因此，学校很少重视对学生这方面能力的培养，这样学生在学习课程之前对课程的理解是有限的，他们习惯于被动地接受教师安排的知识传递，对于课程的认识与理解缺乏强烈的需求与动机。

此外，中小学教育教学习惯于给学生直接传授课程知识，即使是对课程整体性的关注也多停留于课程目录层面的对本课程内容的整体性的介绍，较少让学生了解该学期课程与其他学期课程关系、该学科课程与其他学科课程关系，以及课程与未来学习就业关系的整体性认识，造成了学生的课程选择能力与决策能力不足。

（二）教师课程理解的狭隘导致课堂教学中学生课程学习的表浅化

自2001年新课程改革以来，中小学课堂教学尤为强调学生的主体作用，强调课堂教学是教与学的交往、互动，教学过程是师生分享彼此的思考、经验和知识，交流彼此的情感、体验与观念，丰富教学内容，从而达到共识、共享、共进，实现教学相长和共同发展的过程。在实践中，教师狭隘的课程观以及教师知识体系与课堂教学的支离破碎，导致了学生学习的碎片化、表

浅化。

教师中"课堂即传授知识"的传统课程观仍然严重，认为学生在课堂中是被动地学习知识，导致了在课堂教学中教师对学生主体性的忽视，学生与课程的关系被狭隘化、静止化，学生的学习是知识的识记，学生的学习是无意义的学习，并非达成意义的建构，以致学生的学习是一种表层的学习，难以达到深度学习所要求的"个体（变得）能够将其在一个情境中的所学运用于新情境的过程（即'迁移'）"。[①]

传道授业是教师的职责，教师所建构的课程知识体系与学科思维，以及教师对所任教课程与其他课程关系的认识，是教师对于课程的理解。这一课程理解影响着学生对于课程内容的学习。目前中小学教师的教师知识体系不够完善，中小学教师普遍忽视学科思想方法的教学，强调知识的传授，使学生的知识学习陷入庞杂、零散，强调解题技巧的训练，使学生的技能学习停留于浅表、机械水平。[②]学生在课堂教学中学习到的知识自然是零散的、碎片化的、表层化的。

三、学生课程理解提升的策略选择

学生课程理解表现为学生的一种品质，是学生所具备的知识与能力的体现，它同时表现为一种过程，学生通过自身的体验在课程实践中参与理解。这种品质可以在实践中得以不断提升。学生的课程理解，与教师对课程的理解、教师对学生课程理解的关注，以及学校的课程教学实施等都有密切的关系。可以从以下方面入手提升学生的课程理解。

（一）增进教师对于学生课程理解的关注

教师对课程的理解影响学生课程理解。教师是受过专门训练的教育者，对于学生所要学习的知识比较精通，教师基于自身的经验形成对课程的理解，自然，教师对于课程的理解必然反映到教师的教学中。如教师对课程体系、课程理念、课程文本等的理解，会反映到他的教学理念、教学设计以及教学实施与评价中。大部分学生接受教师对课程的理解而产生自身对课程的

---

① 裴新宁，舒兰兰.深度学习："互联网+"时代的教育追求［J］.上海教育，2015（10）：52-53.

② 李松林，杨静.基于学科思想方法的整合性教学研究［J］.中国教育学刊，2011（1）：43-46.

理解。

教师对学生课程理解内涵与价值的认识，影响着教师对学生课程理解的关注，影响着教师是否专门地、有针对性地为学生提供机会，创造学生课程理解的条件。如教师关注到学生在课程实施过程中对课程的主体性体验、建构，他就会在课堂教学中注重学生的积极参与及互动。教师如果关注到学生在课堂教学前对课程体系、学科课程与其他学段相关课程的纵向联系，以及该学科课程与其他学科课程的横向联系等的认识具有课程学习的价值，那么他就会积极创造条件为学生提供对课程体系的整体性认识的机会。目前很多学校在实践中并未过多关注学生课程理解，并未有意地去让学生认识所学课程与今后学习、未来就业的联系，并未在课程学习之前有意识地让学生了解一学期、一学年或在学校三年的课程体系与课程内容的关系，并未在课堂中有效地尊重学生的主体地位，这与教师缺乏学生课程理解方面的认识有着极大的关系。因此，教育管理部门需要做的就是加强教师的课程观、学生观等方面的培训，增进教师对于学生课程理解内涵的理解。只有教师具备了学生课程理解内涵与价值的认识，教师才会有意识地去采取策略，让学生认识到课程的学习与他的成长、今后的专业及职业发展的关联和意义，才会帮助学生认识到课程是他成长的内容，课程是他生命的旅程，帮助学生形成课程是帮助他实现人生理想的奠基等课程认知观，进而不断增进学生的课程理解。

（二）创造条件保证学生对课程体系的整体性认知

学生对于课程体系的认识，决定了学生随后对待课程的态度与动机。因此，在课程学习之前，学校需要创造条件，让学生接触到学校的课程结构、课程体系安排。科林·马什在其著作《理解课程的关键概念》中提到，课程框架是根据一套恰当地涵盖了某一学习领域的预定标准而组合起来的一组关联科目或主题。课程框架可以为教师进行课程规划提供重要的起点和重点。[①]学生知道了课程框架，就可以知道哪些课程是即将要学的，哪些课程是自己可以选择的。因此，学校要构建课程图谱，将课程图谱呈现给学生，课程图谱不仅仅是学校领导者进行课程顶层设计的文本，也应该是学生进行课程了解的参考读本。除课程图谱以外，学校尽可能将学生在校期间所要学习的教材，在入学的

---

① 科林·马什.理解课程的关键概念［M］.徐佳，吴刚平，译.北京：教育科学出版社，2009：21.

时候就发放给学生，让学生翻阅、了解教材，从而认识到学科的奥秘、学科内容之间的关联，建立起未来专业领域与当下课程学习的关联。上海中学绘制了课程图谱，包含物理、化学、历史、地理、体育、音乐、美术等学科，每个学科图谱分为基础型和发展型内容。对于每个学期学习哪些课程，可以选择哪些课程，学到什么深度，达到什么标准，学生可以通过课程图谱了解得一清二楚。[①]上海中学的此种做法，旨在让学生对课程体系有一个整体性的认识，提升学生的课程理解能力和课程选择能力。

此外，学校加强学生发展指导也是提升学生课程理解的重要手段。通过学生发展指导，可以帮助学生认识课程体系、课程与今后学习及未来发展的关联，激发学生学习的内部动机。浙江、上海、北京、广东等地的高中学校已经在积极探索开展高中学生发展指导工作，以帮助学生学会合理选择课程和规划未来。

（三）推动学生深度学习，增进学生对课程的意义建构

学生对于课程的理解，除了强调学生对课程体系、课程结构有一个整体性的了解，还强调学生在课堂教学中对课程内容的有意义建构，实现一种深度学习。深度的知识学习不是记住知识符号，不是对知识的简单占有，不是对知识的表层学习，而是理解并促进对知识的逻辑要素和意义系统的转化。[②]学生在课堂中的深度学习及对课程的理解，与学习目标的清晰程度、课程内容的呈现形式、课程内容相对学生经验而言的难易程度以及课程实施方式等密切相关。马扎诺的自我系统指出了目标与学习内容关联的重要价值。因此，深度学习首先需要设置清晰目标。"学习目标的清晰度越高，学生投入实现目标所需工作中的可能性就越大；学生对成功的标准了解得越多，其能够确定的达到标准所需的特定行动就越多。"[③]其次，课程内容的呈现要考虑新旧知识的关联以及知识的整体性，避免给予学生碎片化的、静止的知识，否则会阻碍学生对知识的有效迁移。再次，学校可以探索课堂教学方

---

① 唐盛昌. 以学校课程创新为突破推进创新人才的早期培育［J］. 基础教育，2010（7）：16–20.

② 郭元祥. 课堂教学改革的基础与方向：兼论深度教学［J］. 教育研究与实验，2015（6）：1–6.

③ 裴新宁，舒兰兰. 深度学习："互联网+"时代的教育追求［J］. 上海教育，2015（10）：52–53.

式改革，通过课题式学习和项目式学习等方式，促进学生对课程内容的深度理解和迁移运用。

　　学生的课程理解是一种能力，这种能力对于学生课程学习有着重要的影响。学校应该关注且培养学生的课程理解，提升学生的课程理解能力。但同时需要认识到，学生的课程理解能力是不均衡的，是具有个体差异的，教师在教育过程中要理性地对待学生的课程理解。一方面，每个学生的课程理解是不同的，已有的课程理解的不同决定了他们对课程内容的诉求与体验是不同的，所以最终的理解结果也是有很大差异的；另一方面，学生的课程理解是一个不断发展的过程，学生的理解会在发展过程中变得越来越丰富。

〔选自《课程·教材·教法》2018年第12期〕

04

教师教育

实践取向的教师教育困境及突围

冯永刚① 高 斐

[摘要] 实践取向的教师教育是融通理论与实践、培养反思性实践家、发展教师个人实践性认识、指向教师权利意识觉醒和自我解放的教育。但当前我国实践取向的教师教育还存在着对"实践"的内涵厘定存有偏差、教师培养目标模糊且欠具体、大学与中小学合作伙伴关系疏松等困境。困境的突围则需要确立全程反思性实践者的教师培养目标；建立学习共同体，深化课程与教学方法的改革；强化教师的实践体验，促进实践经验的理性升华。

[关键词] 实践取向；教师教育；反思性实践者；学习共同体

教师教育是完整教育体系的重要组成，是基础教育师资来源和质量的重要保证。构建现代教师教育制度，全面提高教师教育的质量，是我国全面建成小康社会的重要保障。②梳理、统览世界教师教育发展历程不难发现，世界范围内的教师教育改革直接或间接地围绕着教育理论与实践的关系展开，变革的趋势是将教师教育的注意力由理论转向实践。③实践取向取代传统技术理性

---

① 冯永刚，山东师范大学教育学部教授，主要从事道德教育哲学、教育基本理论研究。

② 钟启泉，王艳玲. 从"师范教育"走向"教师教育" [J]. 全球教育展望，2012（6）：22-25.

③ 施红星，邓小华. 论教师教育的实践取向 [J]. 当代教育与文化，2016（2）：77-81.

取向是教师教育发展的必然趋势。这是因为，传统技术理性取向的教师教育把"理论"置于教师专业发展的起点而非整个发展过程之中，迷信教师只要掌握了理论就能够学以致用，在一定程度上将理论与实践割裂开来。这一方面反映了技术理性取向的教师教育抬高理论而忽视实践，另一方面也反映了传统教师培养模式的专制主义。而实践取向的教师教育对理论与实践的关系持辩证态度，关注的是复杂多元的实践情境、广阔的微型叙事空间、教师对行动过程的反思和教师个人实践性认识的发展，是一种真正融通理论与实践的教师教育，符合教师专业化的发展要求和终身学习的趋势。

当前我国教师教育正处于由传统技术理性取向向实践取向的转型过渡阶段，日渐暴露出的困惑和矛盾症结揭示了我国实践取向教师教育发展的无序甚至偏航，这需要我们厘清实践取向教师教育的内涵和真谛，找出实际发展中暴露出的问题，提出相应的解决策略，切实推动我国实践取向教师教育的良性循环和持续发展。

一、何为实践取向的教师教育

传统师范教育"重理论轻实践""理论与实践二元对立"的技术理性取向，禁锢了教师的思维，限制了教师的实践视野。在对传统技术理性批判的基础上，实践取向的教师教育逐渐兴起并发展起来。

（一）实践取向的教师教育是融通理论与实践的教育

实践取向的教师教育是在摆脱技术理性的阴影、发展素质教育的诉求以及逐渐消除传统师范教育中理论与实践二元对立之困顿的基础上发展起来的，旨在实现理论与实践的融通。[1]美国实用主义心理学家威廉·詹姆斯（William James）在探究教育理论与实践的关系时指出，追求分析性技法的"新心理学"是科学（science），而教学是"具有创意和丰富经验的教师能够在课堂中创造教学的艺术"。[2]在他看来，教师工作是一种不确定性的实践。受威廉·詹姆斯的启发，杜威在《教育中的理论与实践之关系》中提出了从"经验方法"向"科学方法"过渡的教师发展要求，以克服传统技术理性取向的"理

---

① 顾明远.个性化教育与人才培养模式创新［J］.中国教育学刊，2011（10）：5-8.

② 佐藤学.课程与教师［M］.钟启泉，译.北京：教育科学出版社，2003：291.

论—实践"二元论，认为这是教师职业应当避免的恶弊，主张将二者融合起来，为实践取向的教师教育指明了发展路向。

（二）实践取向的教师教育是培养反思性实践家的教育

传统师范教育培养的教师是课程的忠实执行者，教师"缺乏将课程视为教师与学生共同创造经验的意识和倾向"[1]。这样，教师因屈于"权威"而忽视实践情境，不会真正关注学生，缺乏以学校和课程为本位去创造、评价和实践课程的经验。而实践取向的教师教育主张打破"技术理性"之原理，由传统课程的忠实执行者转变为反思性实践家。唐纳德·舍恩（Donald Schon）认为，反思性实践家不是那种在分工过细领域里的技术熟练者，而是在共同的情境中运用从经验中培育出来的"缄默知识"对问题反复进行建构与再建构的探究者。反思性实践家的反思是在活动过程中的反思，是对活动过程的反思。[2]唐纳德·舍恩的研究在20世纪90年代被广泛运用到课堂中，而培养"反思性实践家"的实践取向随之成了教师教育发展的一个趋势。

（三）实践取向的教师教育是发展教师个人实践性认识的教育

教育实践的复杂性特征以及教育对象的多元属性，要求教师具备对实践情境敏锐的审查能力和对行动过程的反思能力。教师的审查能力是指在实践情境中解读理论概念、原理的能力和综合考量各种理论后的折中艺术。[3]而教师个人的经验和默会知识在其中至关重要。同以往教育原理和技术带给教师的"压力"以及制度政策的"官僚权威"对教师的禁锢相比较，实践取向的教师教育对教师角色的定位是积极介入实践并形成有意义的经验、发展创造性行为的"介入者"，而不是处于"外行"与"专家"之间的模糊无内核的"中间人"。教师需要基于经验和默会知识在复杂多变的实践中不断反思，在实践情境中解读多种理论以发展个人的实践性认识。只有这样，教师个人才能真正融于实践，才能在经验的积累和提升中进行创造性的、贴合实际的教学探究性活动。

（四）实践取向的教师教育是指向教师权利意识觉醒和自我解放的教育

与技术理性取向把教师视为技术熟练者和传统教师是"中间人"的定位相反，实践取向教师教育的价值指向是教师的自我解放和权利意识的觉醒，是

① 佐藤学.课程与教师［M］.钟启泉，译.北京：教育科学出版社，2003：5.
② 佐藤学.课程与教师［M］.钟启泉，译.北京：教育科学出版社，2003：298.
③ 佐藤学.课程与教师［M］.钟启泉，译.北京：教育科学出版社，2003：244.

发展教师实践性认识的教师教育。"实践取向是指实践居于教师培养的核心价值地位，教师教育充分发挥实践在教师培养中的根本性作用。实践取向的三个内涵是为了实践、基于实践、在实践中。"①主要体现为：一是实践情境是多元复杂的，无人能代替教师置身其中；二是教师对实践情境的感知和解释具有特殊性，即不同教师对相同情境的感知和解释是不同的；三是教师应当拥有相对于外在理论的属于教师自身的知识，如默会知识和个人知识；四是教师的经验有助于叙述实践情境和整合实践知识；五是教师是重构者。因此，要培养能够沟通理论与实践、综合实力强的高素质教师，应当给予教师微型叙事的空间和话语权。

综上，笔者认为实践取向就是选择实践的态度和倾向。实践取向教师教育是一种能够融于实践、为了实践、关注实践、围绕实践、在实践中发展教师的实践性知识，培育教师实践智慧和教育教学实践能力，并致力于把教师培养成反思性实践者的职前职后一体化、系统化的教师教育。

二、我国实践取向教师教育的困境

当前，由于尚处探索起步阶段，我国实践取向的教师教育存在着诸多问题亟待解决，这些问题主要表现在对实践内涵的界定、教师培养目标的阐释以及大学与中小学合作伙伴关系等方面。对这些问题的剖析关系着实践取向教师教育的发展路向。

（一）对"实践"内涵的厘定存有偏差

对"实践"含义的正确理解直接决定着实践取向教师教育的真切践行和发展。然而当前我国不少教育工作者似乎并没有领略到"实践"的真切内涵，对其内涵厘定不清，在具体的教育实践中逐渐偏离了实践取向的本来旨要。

首先，窄化了"实践"的指向。很多教师所理解的实践就是行动、操作和解决实际问题，并未认识到反思的重要性。他们以为，完成教学任务至关重要，至于"思"与"不思"无关紧要，甚至误以为思考多了反而不利于实践②，致使教师充当的仅仅是技术熟练者的角色。不少大学在压缩理论课转而

---

① 关文信.实践取向小学教师职前培养研究［M］.北京：首都师范大学出版社，2009：43-45.

② 曹永国.从实践主义到实践理性：教师自我专业发展的一个现代取向［J］.南京社会科学，2014（7）：122-127.

提高实践课比例的同时，并没有加强师范生反思和判断能力的培养，甚至在课程设置中过分增加教学技能方面课程的比例，一些大学技术型课程的比例已经达到了50%，尽管三字一话、课件制作、课堂提问技巧、班级管理策略等技术型课程轮番上阵，但由于学生不能充分理解不同策略与方法所蕴含的深刻教育理念，故迷失在浩瀚的技术方法海洋中。这种"实践"是课堂提问技巧、班级管理策略，并非对行动过程的审查能力，是风风火火地干而不是提升反思探究能力。

其次，肤浅地理解"实践"，依然没有从推崇理论的囹圄中解脱出来。很多学校希冀通过在准教师的课程中增加实践性课程的比例，延长见习及实习时间，或将"XX课程"改为"XX实践课程"的方式，以期顺应实践取向的教师教育的发展趋势。其实，不论是突增实践性课程，延长见习及实习时间，还是在课程里多添"实践"二字，若缺失了实践性反思，则无法改变传统师范教育模式的实质。这不过是"一叶障目"，是打着实践的旗号进行理论性教学，是一种换汤不换药的行为，其结果只能是依旧走着技术理性取向的老路子，停滞不前，甚或落伍。

最后，对"实践"的过分迷恋。伴随着师范院校权威的衰落和对教师实践能力的关注，教师教育改革运动的兴起，一时间为很多过分迷恋"实践"的教育工作者提供了契机，例子不胜枚举。例如，增加实践课程比例而压缩理论课程比例；教育经费多用于支持实践活动；领导讲话一味提及实践的改革理念，大肆宣传实践技能何等重要，却较少谈及理论素养的重要性；等等。与此同时，很多中小学在教师招聘中持有偏见，嗜好教学技能而疏远基本理论，甚至直言硕士生的素养尚不如本科生。这种只执一端的做法，在本质上仍是一种技术性和实用性的价值取向，很容易在教师教育中催生精致的实践工作者。

（二）教师培养目标模糊且欠具体

缺乏科学精确的培养目标，教师教育的落实便会遭遇曲折甚至失败。当前我国实践取向的教师培养目标的厘定不够科学精确，主要体现在以下几个方面。

首先，缺乏具体阐释教师培养目标的政策文件。目前我国对教师培养目标作出说明的政策文件主要是教育部2011年颁布的《教师教育课程标准（试行）》和2012年颁布的《中小学教师专业标准》，但这两个文件只是方向性的文件，缺乏与之配套的、具体的、可操作性的教师培养目标解释性文件。此外，目前我国高校师范生的培养目标基本上是四年一贯的，不够精确。高校应当为师范生量身定做不同的培养方案，设定不同的阶段性培养目标。但我国当前针对师范生的培养目标仍旧是宏大的、一以贯之的，并没有考虑师范生学习与成长的具体情况，更没有结合具体的教育实践制订相适宜的目标，其弊端不言而喻。

其次，教师资格条件标准与教师招聘标准的矛盾。我国实施的教师资格制度体现了教师招聘宽口径、开放化的趋势。但就目前实施情况而言，很多地区、学校的教师招聘却严格地限制了应聘者的专业背景。以山东省济南市为例，在2016年七大区的中小学和幼儿园教师招聘简章中，除其中的两个区没有对应聘教师的学科背景作出硬性规定外，其他五个区均规定应聘教师的专业要与应聘学科相同。而大多数公立和私立学校的教师聘用条件中也都有"所学专业与应聘学科相同"的要求。这样的招聘要求，可能使大批综合素质优秀但没有相应学科背景的毕业生被拒之教师行业之外。这不免使人产生这样的疑问：既然教师资格认定面向全社会，缘何又要以学科专业来严格限制行业准入？符合教师资格条件但不具备学科专业背景的群体将何去何从？既然教师招聘中"学科专业相同"如此重要，为什么还要将教师认定面向全社会？

最后，对高校师范生实习目标的表述不精准。正如美国学者古德莱得所言，准教师要提升教育教学技能和实践能力，就必须到中小学去学习或实践。[①]科学精确的师范生实习目标不仅关系着实习的成效，而且关系着整个教师培养目标的实现。2016年3月出台的《教育部关于加强师范生教育实践的意见》（以下简称《意见》）中指出，师范生的实习目标是使师范生成为能够适应中小学教育教学需要的高素质专业化的有理想、有道德、有文化、有纪律的"四有"好教师。虽然该目标给出了一些较为具体的要求和说明，但是没有任何有关反思的目标阐释，没有明确师范生应成为反思性实践者的具体要求，遗失甚至背离了实践取向教师教育的专业标准。

（三）大学与中小学合作伙伴关系疏松

大学与中小学建立合作伙伴关系能够沟通教育理论与实践，是实践取向的教师教育的必然要求。中小学能够为大学提供教育教学实践的场所，为师范生提供实习机会，是深化师范生教育实践经验和经验提升的有效形式，而大学也能为中小学提供丰富的理论指导，双方的合作有助于学习共同体的建造和学

---

① 古德莱得. 一个称作学校的地方［M］. 苏智欣，胡玲，陈建华，译. 上海：华东师范大学出版社，2007：317.

习探究氛围的营造，双方应该是互利共赢的。但当前我国大学与中小学合作关系较为疏松，主要表现在以下几个方面。

首先，大学与中小学的合作意识淡薄，并没有将建立学习共同体提升到应有的高度。一方面，中小学不能充分理解大学的教育理念，认为大学培养出来的师范生重理论轻实践，师范生缺乏实践经验，根本不了解教育现实，因而对师范生的教育教学水平持怀疑态度。加之不少中小学误将提高学习成绩和片面追求升学率视为学校的"头等大事"，认为师范生的到来扰乱了原有的教育教学秩序，甚至影响到学校教育质量的提升，因而在合作中不够积极主动。另一方面，大学秉持的教育理念更多地表现为理论高于实践，大学的教育理论是用来指导中小学教育实践的，因而或多或少地对中小学采取轻视的态度。这两种教育理念都体现了一定的技术理性取向特点。合作意识的淡薄使大学与中小学无法建立关系紧密的学习共同体。

其次，大学与中小学的合作渠道不畅。一个突出的表现是中小学没有为师范生提供大量的教育实践机会，很多到中小学实习的师范生或是参与琐碎的日常教务，或是沦为一线教师的助手甚至免费替代教师，中小学对待师范生的实习一般只是草草应付了事，实习逐渐流于形式。另外，建立学习共同体是一线教师和师范生建立支持性合作伙伴关系的重要保障。而现实是大多数中小学没有很好地为师范生提供更多更优质的资源，因而一个能观察、沟通、比较、判断和分享的学习共同体难以有效建立并运作起来。

最后，师范生实习保障机制不完善。当前我国尚未建立起健全的实习保障机制，致使实习敷衍了事，实习成效不佳。师范生实习保障性机制的不健全主要表现为以下方面。一是缺乏对实习指导教师的资格认证。实习指导教师的水平和质量关乎师范生实习的成效，是促进大学与中小学学习共同体建设的重要力量。目前我国对大学实习带队教师和中小学实习指导教师的资格认定并没有以政策或者法案的形式确定下来。资格认定标准由谁制订、如何制订？资格认定的具体内容又是什么？一个不容忽视的现实是大多数师范院校的实习指导教师缺乏对中小学教育实践的深入研究，指导起来缺乏针对性。而大多数中小学一线教师在指导过程中难免会出现"经验传授"的现象，无法有效地引导师范生加强理论与实践的联系。实习指导教师资格认定标准和认定机制的缺失使师范生的实习无法得到有针对性的指导，实习质量参差不齐。二是缺乏相应的实习信息共享平台。搭建信息共享平台不仅是师范生实习规范化的体现，更是教师专业化发展的必然要求。缺乏相应的信息共享平台，无助于实现提高教师教育教学实践能力的目标要求。此外，政府的支持是大学与中小学建立密切合作伙伴关系必不可少的。尽管2016年3月教育部颁布的《意见》指出，地方教育行政部门应与大学共同遴选合适的中小学教育实践基地，并为师范生实习和教师培训提供资金支持，但规定仍然较为宏观，职责仍然不够明确和细化，缺乏相应的监督、评价与反馈机制等。如果政府职责不明确，大学与中小学的伙伴关系将很有可能因失去宏观引导和制度保障而变为空壳。

三、我国实践取向教师教育困境的突围对策

针对我国实践取向教师教育存在的问题，我们应当从宏观层面的培养目标、中观层面的课程和教学方法改革以及微观层面的实践经验理性升华等方面提出应对策略，以此深化对实践取向的教师教育的真切理解，不断提高教师的反思探究能力。

（一）确立全程反思性实践者的培养目标

我国传统的教师教育模式走的是"理论—实践"的单向路线，该模式基于这样一个假设：教师只要学习了相关的理论知识，便能将理论知识合理应用到实践中去。随着基础教育改革的不断深入和世界范围内实践取向教师教育的不断发展，人们逐渐认识到实践才是教育的根本特性，教育实践的情境性和复杂性决定了教师的教育实践能力才是教师的核心能力，教师的实践智慧在教师教育教学中至关重要。虽然我们已经明确了教师教育在培养师资、服务基础教育中的至关重要性和教师专业化发展的趋势，但在实际教师教育过程中，由于对"何为实践"理解的偏差，不利于做到职前职后教师培养的一体化和系统化，这是推进实践取向教师教育的一大顽疾。

我们知道，实践是一种有目的、有意识的价值选择活动，判断和反思是实践取向的核心与灵魂，因此我们应明确将反思性实践者作为实践取向教师教育的培养目标。反思性实践者能够关注真实的实践情境，拥有重新解释理论和建构实践性知识的空间和"权利"，在对行动过程的反思中不断推陈出新，自我解放。鉴于教育实践的情境性和复杂性，学生阶段学习与实践情况的不同，我们应当将准教师反思能力和实践能力的培养贯穿教师教育的始终，而在职教师的反思也应贯穿整个职业生涯，这也符合终身学习的时代步伐。确切地说，实践取向教师教育的培养目标应当是全程反思性实践者。在职前教师教育中，

反思性实践者的培养目标不仅要贯穿始终，而且在不同学年也要制订围绕反思性实践者的不同阶段性目标。在职后教师培训中，也要按照教师专业成长的不同时段制订不同的反思性实践者目标，反思能力和实践能力的培养应当贯穿教师的整个教育生涯。同时，应尽量将目标制订的定性与定量相结合，从而使培养目标更加科学精确，教师培养的方向更加明晰。

（二）建立学习共同体，深化课程与教学方法的改革

加强大学与中小学支持性、合作性的伙伴关系的建立，必须强化大学与中小学的合作理念和行为，营造学习共同体。因此，大学应当放低姿态，改变"重理论、轻实践"的偏狭认知，将培养学生的实践能力作为人才培养的核心，密切与中小学的关系，真正以平等合作的心态与中小学合作。中小学同样也要深入研究各种教育理论，加强与大学的沟通，形成共同的教育目标和愿景，以课堂与教学方法的改革为抓手建立学习共同体，在学习共同体的氛围中深化课程与教学方法的改革。

一方面，运用加法，深化教师教育课程改革，在大学和中小学应开设叙事探究课。实践取向教师教育课程要充分体现教师作为实践主体的身份，教师不是技术熟练者，也不是权威下的任务执行者。教师应当经常自我反思，从常识的束缚中摆脱出来，意识到自己才是实践情境的真实可靠的介入者。因此，大学和中小学的课程改革和开发应当着眼于如何提高教师的叙事能力与教师个人实践性认识的发展。基于此，课程的开发应当做加法，通过开设叙事探究课，组织教师讲述和分享自己的教育教学故事，鼓励和引导教师在叙事的过程中加深体验，提高分析、判断和反思的能力，引导其他教师与自己一起反思。同时，大学和中小学应当创办自己的期刊，鼓励教师在期刊上发表有关自己教学故事和反思的叙事文章或者其他运用叙事探究的文章。这样，教师在讲故事、建构、反思和文章撰写中既加深了对实践的理解，培养了反思、建构以及叙事探究的能力，也能够引起其他教师和学生的反思，从而有助于学习共同体的形成和发展。除此之外，大学和中小学应当合作开发职前教师教育课程，特别是叙事性的案例课程的开发。案例分析课有助于增强职前和职后教师的体验，有助于教师形成多元视角，意识到实践的错综复杂，学会在复杂的教学情境中综合多种视角进行判断和筛选。

另一方面，大学和中小学应大力倡导并共同推进反思性教学法和案例教学法。佐藤学认为，在学校垄断知识消解、规范性瓦解的今天，建立学习共同体

或许能使处于风雨飘摇中的学校孕育希望。佐藤学的构想旨在说明一个道理，即在现代化教育中不再有绝对的知识权威，学校只有不断朝着学习共同体的方向努力才不至于风雨飘摇。当下大学与中小学建立学习共同体，共同推进案例教学法和反思教学法是培养反思性实践者的有效形式。案例教学法能够引导师生共同切磋或斟酌，集思广益，发展主观的、常识性的描述能力和叙事能力。舍恩认为，反思性教学是发展师生反思性思维或探究思维的教学，教师在反思性教学中应充分尊重每一个学生，为他们的思维提供合理依据，教师与学生在探究的氛围中共同省思，共同成长。①反思性旨在促进教师实践性认识的发展，因此反思性教学不只限于课堂之中，教师在课堂之外对教材的重构与教学程序的创新也包含在内。除此之外，在叙事探究课和案例分析课中，大学学术团队要定期到中小学做改进教学方法的报告，给中小学教育教学以方法论指导，同时应有针对性地收集中小学教育实践的案例和信息。中小学要定期召开以中小学教师和师范生为主体的案例分析和交流会，使中小学教师与师范生养成反思的习惯和能力，沟通理论与实践。大学和中小学应开门办学，营造开放的课堂氛围，引导大学和中小学的教师打破僵化思维的桎梏，建构复杂的实践情境，共同分析、判断和反思，大胆分析创新教学方法，这是学习共同体赖以存继的活力与生命力的源泉所在。

（三）强化教师的实践体验，促进实践经验的理性升华

教师成为反思性实践者的基本前提是具备对行动过程的审查和反思能力，这需要教师把自己真切地融于实践当中，否则很容易脱离实践的种种语脉而陷入宏大叙事和技术取向的囹圄之中。教师个人的经验在实践性思维和实践性知识的发展中至关重要，倘若缺乏个人实践的体验，学习共同体对于"基于实践、为了实践和在实践中"的共识便不能真正被教师所体悟和吸纳。因此，实践取向的教师教育要深化教师的实践体验和经验提升。

首先，加强中小学实践基地的建设。中小学实践基地的建设为师范生提供了绝佳的实践场域和丰富多彩的实践情境，可以促进大学与中小学合作伙伴关系的建立，有助于师范生充分加强实践体验，积累实践经验，提升反思与判断能力。而中小学实践基地有效运作的前提在于建立健全保障性机制，否则，师范生的实习得不到保障，实践活动极易流于形式，何谈经验的理性提升！保

---

① 佐藤学.课程与教师［M］.钟启泉，译.北京：教育科学出版社，2003：291.

障性机制的建立应当从完善实习教师资格认证制度，搭建共享的教师教育信息平台，落实政府责任，制订中小学实践基地的资格标准，对中小学实践基地进行资格认定，加强监督评价制度保障等方面进行。

其次，在学习共同体中深化教师的实践体验和经验提升。毋庸置疑，要深化教师的实践体验和经验提升，教师应当置身实践中，且要进行密集的教育教学实践，这样才能融于实践，积累更多的经验。于师范生而言，中小学教师的实践经验相对较为丰富，但不少人的经验仅是个人的感知和收获而已，尚处于私人领域而被反复审视，因而较为零散，不够系统、深刻。与私人领域相对的是公共领域。要深化教师的实践体验，促进经验的理性提升，需要教师置身学习共同体中。在学习共同体这个公共领域中，教师能够在与他人的关联或分离中加深对经验的认识，在公共知识领域重新审视经验，挖掘高于经验本身的更深刻的意义。中小学教师可为高校教师提供更多的实践经验，而高校教师可为中小学教师提供理论指导，实现"理论扎根于实践，经验上升为理论"的跃进，促进理论与实践的融通。对于缺少实践经验的师范生而言，他们在大学和中小学教师的合作指导下，共同营造一种公共环境，在树立共同教育愿景的基础上，开阔视野，自发地建构自己的知识，强化实践感受，培养批判能力和创新精神，并将实践体验逐步上升为理性认知，不断发展反思、探究和建构等深层次能力，展现实践智慧，为共同体的发展注入新鲜血液。

最后，鼓励教师写日记或教育教学反思随笔。教师是实践情境中的主体，教师的感性能力在深化教师切己体察和经验提升方面至关重要。如果实践过程中没有了个体的判断和反思，经验将因缺乏系统的整理而无法凝结上升为理论，理论也无法有效地指导实践。教师通过日记或教育教学反思随笔，一方面有助于实践性知识的表述与传承，另一方面也有助于教师深化感性认知，加深实践体验，将感性经验提升为理性经验。因此，学校可以推行民族志的质性研究方法，让教师参与实践，观察描述并主观建构实践情境，提高探究能力，加深对实践的感悟、总结和凝练，由表及里，促进经验的理性提升，彰显教师的实践主体身份，强化教师作为实践解释者和建构者的角色，坚守教育质量，锤炼教学品质，做有教育情怀的教师。

[选自《中国教育学刊》2017年第11期]

空间嵌入视野下乡村教师社会生活的变迁①

车丽娜②

（山东师范大学　教育学部，山东济南　250014）

[**摘要**] 百年的乡村教育史也是一部乡村教师生活空间的变迁史，乡村教师经历了从乡村嵌入到脱嵌的历史过程。嵌入乡村的教师社会生活具有乡土性、地域性、群际性特征，而伴随着撤点并校等政策的出台和实施，乡村教师纷纷与乡村脱嵌，生活在区别于城乡居民的异质文化空间，成为远离乡村社会的"他者"和游走于城市社会的"边缘人"。在现代社会，为使乡村教师重新嵌入乡村社会，承担乡村知识分子的文化职能，我们需要有侧重地引导乡村子弟回归乡土，加强乡村文化的涵化作用，还需要采取针对性措施，弥合乡村外来文化与地域文化之间的隔阂。

[**关键词**] 乡村教师；生活空间；社会生活；空间嵌入；空间脱嵌

---

① 本文系全国教育科学规划国家一般项目"我国中小学教师的社会性格研究"（BAA140012）的研究成果。

② 车丽娜，教育学博士，山东师范大学教授、博士生导师，主要从事课程与教学论、教师教育研究。

自古以来，空间作为一种原始架构就存在于人的社会意识中，被视为先天存在并将不同人群区隔开来的一个无意义世界。传统物质时空观的倡导者赫拉克利特认为，空间不是对象，而是对象的条件，是"空"的容器。笛卡尔从绝对时空论的角度论证空间是和人的活动无关的绝对空虚。然而，现代社会以来，交通信息技术的发展，城乡的分化和重构，人口的流动和迁移，带来了人类生活空间的巨大变化，人们在对空间问题进行新的体验与思考的基础上，在社会科学领域率先进行了研究视角的"空间转向"。在我国教育学界，空间问题较早为教育社会学领域所关注，学者在详细解读福柯（Michel Foucault）、列斐伏尔（Henri Lefebvre）、吉登斯（Anthony Giddens）、布迪厄（Pierre Bourdieu）等人的空间理论的基础上，考察和分析了教育空间中的秩序和权力的关系。然而，秩序重组与权力位移后的教育主体的生活变迁并没有引起学者的普遍关注。尤其是近年来，伴随着我国城镇化进程的加快，乡村学校撤点并校所致的空间变迁引发了乡村教师社会生活的巨大变革。事实上，百年的乡村教育史也是一部乡村教师生活空间的变迁史，乡村教师的生活空间经历了从乡村嵌入到乡村脱嵌的历史过程，这样的历史变革直接影响乡村教师的社会生活，影响其职业认同及价值取向。

一、嵌入乡村的社会生活

自清末民初开办新式学堂以来，乡村教师就承担着近现代文化的乡村教育渗透的职责。在新中国成立后很长一段历史时期，各级政府通过聘任民办教师的方式弥补乡村师资的缺口，通过将废旧寺庙改造为学校的形式来解决办学场所的问题。从田间地头走出的民办教师是乡村礼俗的维持者和乡村文化的代言人。即便是身居寺庙或新式学堂，他们的社会生活空间却是无缝隙地嵌入乡村的，他们的思想观念是与乡村居民和乡土文化有机融合的。

（一）乡土性

中国传统社会具有浓厚的乡土性，乡土依恋是中华民族灵魂深处永不消退的文化情结。乡村教师作为乡村社会中的知识分子、乡村文化的精英，在乡村社会中拥有独特的社会地位，在积极投身乡村社会教化与乡村社会改造的过程中，其行为方式也被打上了乡土的烙印。

乡村教师的教育对象是成长于乡村自然风光与乡村文化中的儿童。在开展乡村教育的过程中，乡村教师需要与周边乡民开展随时随地的沟通。乡村社会中所弥漫的自然温情、乡土味道塑造了乡村居民淳朴、勤劳与善良的特质，乡村教师为了使其教育效果能够获得当地村民的认同，必须积极融入乡村社会，与乡村居民建立"乡里乡亲"的社会情感。为此，在乡村教学生活中，乡村教师首要的任务就是搁置在城市学习与生活时所获致的"精致文化资本"，即便不能如陶行知等民国时期教育家一般脱下西装长袍，换上布衣草鞋，与最贫苦的乡民为伍，却也需要加深对乡土文化的切身理解，加强其乡村教师的身份认同，促进乡村儿童与乡土文化的互动。"为了引导乡村儿童获得乡土身份，教师要在对乡土文化理解的基础上认可其存在的价值，同时对乡村儿童在学习和生活中表现出的文化特征，保持开放的文化包容性，谨慎地引导学生发现乡土文化中的利弊，理性取舍。"①

在实现乡土认同的基础上，乡村教师还承担着乡村教化的责任与使命。"人的未完成性意味着教化的可能性，人的社会性则意味着教化的必要性。"②在很长一段历史时期内，乡村教师一直是乡村社会最有威望的人。在古代社会，乡村教师大多是由"乡贤"或"乡村士绅"担任，他们是方圆几公里范围内最有学问的人。"乡村中之私塾，久已造成一社会活动中心位置，私塾教师，对于该村落中各种人事活动，如调解纠纷、清核账目、问字代笔，及乡中各项兴革事项，悉居于指导地位，故私塾实为最适于推进社教机关。"③近代以降，新式教育下的乡村教师虽然不如塾师和乡绅那般熟知乡村事务、通晓社会礼仪，但也凭借其掌握的文化科学知识推动乡村社会政治、经济和文化的发展。大多数乡村教师都是以文化人的身份参与村庄的公益性事务的处理，如帮助村庄集资铺路、打浇灌水井、联系外出打工渠道和做生意门路等。在其力所能及的范围内，还帮助村民解决红白礼俗和矛盾纠纷等超越于个人和个体家庭能力之外的事务。另外，他们也在革命思想的传播、乡村意识形态的建设中做出了重要贡献。据史料记载，在共产主义运动由城市转移到农村的过程中，由于共产主义思想的复杂性远远超出了中国农民的认知范围，而乡村教师

① 王乐. 乡村少年"离土"教育的回归：基于"文化回应教育学"的视角［J］. 湖南师范大学教育科学学报，2014（3）：98-102.

② 徐继存. 教化的旨趣与境遇［J］. 西北师大学报（社会科学版），2017（1）：114-120.

③ 辛润堂. 安徽和县第二区乡村教育初步调查［C］// 李文海. 民国时期社会调查丛编：文教事业卷. 福州：福建教育出版社，2014：182-183.

所接受的教育使其能够理解新思想，并根据农民的理解能力来宣传和解释共产主义，因此，乡村教师扮演着接受革命火种并传播到乡村的社会职能，他们是"革命的普罗米修斯"。"在很多地方是乡村教师建立了当地第一个党组织，最早在农民中宣传革命思想，并在乡村开展革命活动。"①据统计，中共早期乡村党组织有70%～80%是由乡村教师创建的。

人不能脱离环境而存在。乡村教师与乡土文化具有千丝万缕的关联，使其性格取向与价值观念深深扎根于本乡本土的文化生态。他们既是新式思想在乡村的传播者，也是传统礼俗在乡村的代言人。乡村教师对乡土社会的坚守，不仅源于物质条件、福利待遇、规章制度等外在保障，更在于他们厚重的乡土情感。乡村教师在乡村教化的过程中进一步加深了对乡土的依恋。

（二）地域性

传统乡村教师的社会生活空间具有极强的地域性。他们一般出身于乡民，新中国成立初期是通过当地基层政府和组织部门的审查与考核等途径取得教师资格的。后来，随着教师专业化要求的提升，乡村学校也吸收了一些学有所成的中师毕业生回乡任教。他们完成学业后回到户籍所在地或在离家方圆数公里的范围内从事乡村教育工作，与乡村地域文化的关系是永远"在场"且须臾不离的。

费孝通先生认为，所谓文化，是一个团体为了位育处境所制下的一套生活方式，团体中个人行为的一致性是出于他们接受相同的价值观念。②也就是说，文化对个体行为的支配出于共同时空影响下的价值观念的一致。乡村教师大多是土生土长的乡里人，对区域性的乡村空间具有极强的熟稔感，他们依恋耕读传家的生活方式和以民间节日、民俗传统为表现形式的乡村文化，通过与乡邻的亲密接触，拓展乡村教育的空间，提升乡村教育的成效。传统乡村教师熟悉乡民的相处之道，能积极地融入乡村生活，"熟人社会"造就了乡村教师社会生活的"舒适地带"，他们由熟悉而获得信任，由信任而敬业乐群。他们对于乡村以外的社会空间却具有陌生感，除乡村地理位置偏僻、信息通道闭塞以外，对于未知现象和急速变化的城市文化的不适也是造成乡村教师偏安一隅

---

① 刘昶.革命的普罗米修斯：民国时期的乡村教师［C］// 黄宗智.中国乡村研究：第6辑.福州：福建教育出版社，2008：42-71.

② 费孝通.乡土中国［M］.上海：上海人民出版社，2007：241.

的重要原因。

乡村教师由于生于斯、长于斯而熟知当地的民俗文化、民间思维方式和人伦关系法则，这些地方性知识塑造了他们对于乡村文化的高度认同和投身于乡村发展的坚定信念，在其专业发展中有着官方知识所无法替代的作用，成为其融入乡村的一个重要标志。然而，十里不同俗，传统乡村社会是缺乏流动性的。由于乡村地区地形广袤复杂，地理隔断现象严重，加之交通不便，乡村教师一般很少与外界接触，不同区域的乡村教师之间也很少往来，彼此生活隔离，文化观念上有较大差异，导致社会心理和行为方式也具有明显的地域特征。乡村教师在地域文化的影响下形成了"地域文化性格"，即由于共同生活环境的影响而形成的与当地社会相适应的价值观念和思维方式。由于地域文化性格的作用，他们能够将官方知识的陌生话语进行适应性转换、描述性翻译，"并在这种翻译中用村庄的精神对教育的主流话语进行一些修正或产生一些误读，这反倒有意无意地在教育中保留了一些新鲜的、有活力的东西。"①这些教育中的鲜活思想主要来源于地域文化对官方知识的个性化解读和创造性建构。

（三）群际性

乡村教师的社会生活具有明显的群际性，他们在与同事及乡村居民交往的过程中形成"内群体"和"外群体"的意识。在个体走向乡村教学岗位的那一刻，他就已经将自己放置在教师群体中，所拥有的文化资本使其将自己与周边的村民有意识地区隔开来。师道尊严的观念以及乡村礼俗的规约使其举止斯文，衣着也较为讲究，他们对于个别居民的言语粗鄙和言行无状尤为不屑。

乡村教师能敏感地觉察自己作为文化人相对于乡村居民的优越性，在情感上对教师群体更加偏爱，形成"内群偏好"（in-group favoritism）。这种"偏好"主要表现为乡村教师把更多积极评价赋予自己所在的群体，积极融入内群。他们即便任教时间不长，也会对当地乡村教师和所在乡村学校产生深厚的感情。他们更愿意用热情、真诚、善良、很好相处等词汇来描述理想的乡村教师形象。

乡村教师的内群偏好印证了亨利·泰弗尔（Henri Tajfel）和约翰·特纳（John Turner）等学者关于社会交往中的自我分类的研究。乡村教师会依照所

---

① 李书磊. 村落中的"国家"：文化变迁中的乡村学校［M］. 杭州：浙江人民出版社，1999：185.

属群体并参照周边群体进行自我定位，他清楚地知道自己与周边群体的差异，并能积极区分，由此产生的社会认同会将群体内的相似性和群体间的差异性扩大，并最终导致外群偏见（out-group discrimination）的产生。乡村教师认为自己与乡村居民之间最大的差别就是乡村教师属于国家体制内的人，福利待遇比普通乡民好，社会地位也比较高，更加受人尊重。他们不仅对于乡村居民的粗俗颇有微词，即便对于城里人的生活方式也有不同的看法。很多乡村教师喜欢恬淡自然的田园风光，反而认为城市环境污染、人情淡漠、重利轻义。相关实证研究也发现，乡村教师具有明显的乡土认同，这种认同受到教龄因素的影响，相较于新手型乡村教师，成熟型乡村教师的群体归属感更强，乡土认同度更高。①

二、空间脱嵌后的身份悬浮

自20世纪90年代开始，伴随着撤点并校政策的出台和实施，乡村学校与城市社会的空间距离逐渐缩小，而乡村教师与乡村社会的心理距离却逐渐拉大。很多乡村教师过着住在城镇、教在乡村的两栖生活，被看作"在乡村教书的城里人"和"住在城里的乡下人"。他们在教学生活中受到乡土文化的浸润和濡化，在休闲生活中却受到都市文化的感染与熏陶，他们从原先嵌入乡村并与乡村文化水乳交融的社会生活，过渡到乡村脱嵌却又区别于城市居民的异质文化空间，两种场域中的社会身份都具有明显的"悬浮"特征。

（一）远离乡村社会的"他者"

传统乡土社会是一个"熟悉"的、没有陌生人的社会，乡村教师与乡村居民之间往往存在着血缘、亲缘或地缘等关系。不管是民办教师还是中等师范学校的毕业生，以及乡村学校聘任的代课教师，维系其乡村教育的情感纽带主要是乡村子弟的身份。新中国成立初期全国小学有民办教师10.5万人，占小学教师总数的12.6%；中学有民办教师2.8万人，占中学教师总数的42.4%。②1977年，民办教师人数达到峰值471.2万人，占当时中小学教师总数的56%。除民办教师外，中等师范也为农村学校培养了大批合格教师，仅从1980年到1999

---

① 闫巧，车丽娜. 城镇化进程中乡村教师的社会认同研究［J］. 教育研究与实验，2018（4）：50-53.

② 马戎. 中国农村教育问题研究［M］. 福州：福建教育出版社，2000：162-164.

年，中等师范学校共培养了740万名毕业生，大部分都返回乡村学校任教。①传统的乡村教师虽来源多样，但其本土特征却是一致的。嵌入乡村的社会生活使他们与乡村居民保持着情感上的紧密联系。

随着教师专业化历程的推进，尤其是在20世纪90年代末取消中等师范学校后，乡村教师不再以乡村子弟为主流群体。一项针对全国"特岗教师"计划的大型实证调查表明，5000多位特岗教师中，入大学前为城市户口的占到79.89%②。这些外来教师虽然因为工作原因成了乡村社会的一员，却不是植根于乡土社会的"熟人"，他们在城市导向的教育和社会生活中与乡村文化渐行渐远，成为悬浮在乡村生活空间之上的"异乡人"和"陌生人"。即便是出身于本土的乡村子弟，也由于多年的市民教育取向而把同乡土的联系割断了。正如费孝通引用瑟诺肯（Sorokin）教授的话所说的："（在西洋）一切升迁的途径几于全部集中在都市以内。如果不先变作城里人，一个乡间的寒门子弟已几乎完全不再有攀登的机会。"③而问题是变成城里人以后，他们的生活方式、价值观念已经完全异于乡下人，切断了情感纽带的乡村子弟即便回归乡里，却失去了灵魂的归依，在精神上再也回不了家了。文化的差异造成城乡的解纽，乡土培养出来的人不能再为乡土社会所用。

由于生活环境、受教育经历和文化观念的差异，乡村教师无法融入当地的乡村生活，在心理上刻意与当地居民保持一定的距离。这种情况并非中国乡村所独有，澳大利亚学者夏普林（E. Sharplin）对乡村教师的研究也发现，部分乡村教师并不认同乡村地区的人际交往方式，乡村地区由于人口少而产生熟人频繁见面的状况使其私人空间受到冲击，故他们大都选择自我隔离。④自我隔离的乡村教师不仅无法被乡村同化，反而很容易被乡村社会排斥。调查发现，乡民对"过去的教师"是很怀念的，把好的评价大都归于"过去的教师"，而对"现在的教师"很是不满，把众多的负面评价给了"现在的教师"。⑤结果，现在的乡村教师真的如梁漱溟所讲，是跟着近代都市文明的路

---

① 金长泽.师范教育史［M］.海口：海南出版社，2002：265.
② 郑新蓉.中国特岗教师蓝皮书［M］.北京：教育科学出版社，2012：17.
③ 费孝通.乡土中国［M］.上海：上海人民出版社，2007：298.
④ Sharrplin E. Reconceptualising Out-of-field Teaching: Experiences of Rural Teachers in Western Australia［J］. Educational Research，2014（1）：97-110.
⑤ 王坤.农村小学教师身份认同困境与干预策略［J］.基础教育，2013（3）：72-77.

学西洋，新路未曾走通，而赖以维系的乡村精神家园却又丢失了。

（二）游走于城市社会的"边缘人"

伴随着城镇化进程的加快，越来越多的乡村教师背离乡土，在城镇购房安家，过上了在城乡间往返的生活。他们在农村任教，却很难融入当地的乡村生活；他们住在城镇，却又脱离了城镇的文化空间。原先乡土社会的文化精英与知识分子，现今却成了游走在城市社会的"边缘人"。仅仅依靠城镇居民的角色无法使乡村教师获得市民身份认同。城镇市民大多是依靠一个人的工作岗位来判断其社会身份的，并依据其岗位待遇和工作性质把不同身份的人安置在不同的阶层。在城镇市民的眼中，住在城里的乡村教师依然是"村里人"，他们只是住在周边，与城镇居民却几乎没有任何实质性的关联。社会关联性是判断人际亲密度的一个重要指标，在城镇生活节奏加快、人际交往本就具有功利性的时代，乡村教师要获得城镇居民的认同更是难上加难。根据列斐伏尔对社会空间的要素划分①，乡村教师在空间实践（spacial practice）中营造了城镇化的社会生活，而在空间表征（representation of space）即社会秩序与社会权利的空间反映上却是游离于城镇，最终在表达的空间（representation spaces）即个体通过行动实践所建构的日常生活空间中，表明了逃离制度化、秩序化空间而自我封闭的心理趋向。

社会空间终究是一个由制度、资本和文化建构的场域。乡村教师一方面与城镇居民缺少体制内的关联，另一方面又没有资本和文化上的区位优势，因此，即便城镇的生活时间和空间有所增加，其归属感和心理上的安全感却并没有相应增长。在社会融入出现困境的前提下，乡村教师的社会交往圈就局限于同学、同事、亲属等同质群体，在自我封闭与相对区隔的城镇生活中出现社会认同的内卷化。既然无法获得广泛的群外社会认同，其群内社会认同就不断强化，群体内部交往，尤其是同住城镇而又距离相近的同事之间的交往越来越频繁。

三、乡村教师"再嵌入"的支持策略

在社会主义新农村建设逐步推进的社会背景下，乡村教育的发展需要真正扎根乡村，切实研究乡村教育问题依靠的是乡村教师。早在20世纪初

---

① Lefebvre H. The Production of Space［M］. Oxford UK ＆ Cambridge USA：Blackwell，1991：38-40.

期，面对乡村破败的社会现实，陶行知先生就振聋发聩地指出："乡村教育政策是要乡村学校做改造乡村生活的中心，乡村教师做改造乡村生活的灵魂。"①近年来，国家通过扩大乡村教师规模、强化乡村教师培养培训、提高乡村教师待遇、建立乡村教师荣誉制度等措施有针对性地推进乡村教师队伍建设，然而，要真正形成"下得去、留得住、教得好"的局面，除了国家层面的宏观支持，还需要从乡村教师来源、乡村文化建设、乡村教师的职能转变等方面做出一系列努力，造就一支素质优良、甘于奉献的教师队伍，使乡村教师真正嵌入乡村，成为扎根乡村的知识分子，为实现乡村教育振兴和乡村文化繁荣提供有力的保障。

（一）引导乡村子弟回归乡土

有学者感叹，"乡村教师不是在逃离，就是在逃离的路上"②。"逃离"表达了目前乡村教师的工作和生活状态，这种状态应该引起高度重视，但也不能一概而论，因为经过细致的群体分层与分类统计后可以发现，乡村教师并没有出现"集体逃离"或者陷入"群体塌陷"的境况，而更多的是"年轻逃离"和"中年坍塌"。很多年轻教师长期生活在现代化的都市环境中，在市场经济、消费文化和时尚风潮的熏染中成长。他们求学于大中城市，作为城市生活的融入者，在很大程度上已经与乡土空间隔绝，加之年轻教师还有婚姻、家庭、子女教育等乡村尚无法满足的迫切需求，因此，一旦被分配到乡村学校就职，"逃离"乡村就会成为其很长一段时间内的奋斗目标。这样，尽管各县市区在分配教师时，充分照顾了乡村学校的实际情况而有所侧重，但仍弥补不了乡村教师的短缺。《中国农村教育发展报告2013—2014》统计数据显示，农村教师队伍中有51.2%的人被初次配置到乡村学校，但在二次配置中有56.9%的教师调进了县城，有36.7%的农村教师"想要离开"现在的岗位。而优秀的乡村教师多为骨干教师或者拥有高级职称的中年教师，由于业务能力强而很容易被乡镇中心校或城市学校以更加优厚的待遇"挖走"。这足以解释乡村教师为何在年龄段上出现"中年塌陷"。

面对乡村教师的"逃离"困境，国家采取了一系列的应对措施，例如2006年教育部、财政部、人事部、中编办联合颁发的招聘乡村教师的"特岗

---

① 徐莹晖，须志辉.陶行知论乡村教育［M］.成都：四川教育出版社，2010：47.
② 谢丽丽.教师"逃离"：农村教育的困境［J］.教师教育研究，2016（4）：71-76.

计划",以及2015年国务院办公厅下发的《乡村教师支持计划（2015—2020年）》,都着眼于乡村教师的数量补充,以期实现城乡教育均衡发展。这些政策侧重于乡村教师队伍的外部条件性支持,而一定程度上忽视了乡村特殊的空间属性以及教师的空间适应性。乡村教师如果在职前缺少乡村生活经历,而入职后又不能形成坚定的职业认同,则会在工作中寻求一切机会"逃离"。乡村教师的社会稳定性主要取决于个体文化基因与生活空间的契合,年少时经历的乡土生活能够形成一种融入血脉的桑梓情谊,这样的文化基因更加契合乡村的生活空间和文化环境,使其能够更快地融入乡村社会,从而以乡村居民所理解和接受的方式高效地解决乡村教育问题。所以,出身于乡村的青年大学生更容易为乡村所用,能够更快地成长为服务于乡村社会的地方人才。因此,在乡村教师队伍建设过程中,应该有侧重地引导乡村子弟回归乡土,让真正了解乡村的人承担发展乡村教育的责任和使命。据调查,"农村来源的师范生偏于保守且具有乡土回归情结,普遍把教师作为终身职业,发生跨区域流动的可能性小,具有稳定性的特征。"①招聘农村户口的乡村教师的做法在很多国家已经积累了成功经验:澳大利亚乡村教师的招考优先考虑有乡村生活背景者;而为了让招募的乡村教师都能够安心乡村教育,美国在招聘时更是对应聘者进行性格与生活背景的多方考核,筛选出那些真正热爱乡村、热爱自然、喜欢宁静生活的毕业生去从事乡村教育。当然,即便是具有乡土情结的毕业生,在返乡从教之后也需要进一步强化其职业认同。"为了避免乡村教师身处'场域真空'的风险境地,需要发展其对工作环境的认知和理解,逐步建构出自己的在地身份,进而形成扎根于场域的工作实践。"②

（二）加强乡村文化的涵化功能

"场域真空"问题的解决既无法依靠国家政策的宏观指导,也很难依赖乡村学校的微弱影响,而更多地需要发挥场域文化的熏陶作用。静谧而自然的文化氛围能够为回归乡土的青年教师营造家园式的心理氛围,强化其乡土情结,最终可以弥合都市受教育过程中所产生的城乡文化的价值冲突,续接离乡生活

---

① 张源源,邬志辉.我国农村青年教师的社会来源与职业定位研究:基于全国东中西9省18县的调查分析[J].教师教育研究,2015（4）:40-45.

② 乔雪峰.澳大利亚乡村教师支持路径转变:从"不足模式"到"拟合模式"[J].比较教育研究,2018（5）:26-32.

所隔断的乡土联系。"人和地在乡土社会中有着感情的联系，一种桑梓情谊、落叶归根的有机循环中所培养出来的精神。"①这种乡土精神能够产生润物无声的教养功效。

乡村文化的发展是乡村教育兴盛的根基，也是吸引乡村教师回归乡土的重要砝码。现代乡村居民已经远离了传统农业自给自足、封闭保守的小国寡民的生活，社会主义新农村建设催生了经济多元、交通便捷、文化繁荣的乡村文化特征。现代化的乡村文化具有很强的包容性，能够在异质文化的相互作用中产生同化与顺应等变迁趋势，表现出一定的涵化功能。文化涵化是约翰·威斯利·鲍威尔（John Wesley Powell）和弗朗茨·博厄斯（Franz Boas）等人类学家在19纪末研究部落文化的变迁中率先使用的，20世纪80年代后在我国民族教育学及新闻传播学的研究中获得了广泛应用。"文化涵化是指两种或两种以上的不同文化在接触过程中，相互采借，接受对方文化特质，从而使文化相似性不断增加的过程与结果。"②新农村建设促进了乡村文化的繁荣，带来了乡村环境的整洁和传统文化的复兴，然而，乡村文化要成为乡村居民的精神家园，要对乡村教师产生一定的文化吸引力，也需要改变某些封闭与稳定的文化特质，积极地吸收外来文化的影响。乡村文化只有在与都市文化等外来文化的接触中借鉴、吸收优质文化资源，才能形成可持续发展的乡村文化体系，才能促进乡村的繁荣并提升其生态凝聚力。而乡村文化体系也只有在涵化外来文化的过程中才能保持积极的发展势头，也才能对乡村居民发挥文化濡化作用。具有可持续发展性的优质乡村文化代代相传，长盛不衰，会使乡村社区内的每一个体都"因文而化""化民成俗"，形成民主健康的生活观和价值观。乡村教师要得到乡村社区的理解与支持，需要积极参与乡村文化活动，形成良好的乡村文化认同，并在乡村教育生活中展现乡村文化的魅力，确立文化自信。而乡村文化只有真正取得乡村教师的认同，才能把乡村教师变成新式乡村知识分子和乡村文化的代言人，乡村教育的发展才能与乡村文化的建设有机关联，乡村学校也不至于沦落为"村落中的孤岛"。

---

① 费孝通.乡土中国［M］.上海：上海人民出版社，2007：297.

② 李安民.关于文化涵化的若干问题［J］.中山大学学报（哲学社会科学版），1988（4）：45-52.

（三）实现社会生活中的文化弥合

近年来，伴随着城镇化的推进，乡村青少年接触外部世界的渠道越来越多，以乡村民俗为表现形式的地域文化和以信息科技为载体的外来文化在个体观念层面同时并存，而在社会意识层面缺乏有机整合。乡村居民经常面临传统民俗与现代公民意识之间的冲突，观念的差距使得城乡二元结构所导致的文化鸿沟进一步拉大。

乡村教师回归乡土，并不意味着从现代教育的理想国中抽身出来去固守传统教育的堡垒，而是要在外来文化与地域文化之间搭建沟通的桥梁，寻找融合的基点，成为立足传统文化并实现文化创新的社会工作者。乡土文化为其提供了滋养身心的人文环境，而外来的先进思想为其提供了开阔视野的有力工具。乡村教师要在乡土文化与外来文化的冲突中实现整合，首先需要明辨乡村文化的发展方向，顺应新农村建设的时代要求，主动地促进乡村文化的时代更新。在此过程中，乡村教师既不能盲目认同乡村文化和乡村教育弱势地位的"污名"，也不能自负保守地拒斥变革，甚至否定外来文化，而是需要在熟悉乡村文化、参与乡村建设的过程中，主动承担起乡村文化创生的责任与使命，在引导乡村儿童学习以书本知识为代表的间接经验的同时，也需要利用乡村文化开发本土教育资源，拓展直接经验和自然知识学习的广阔空间。"传统的乡村教育体系正包含着以书本知识为核心的外来文化与以民间故事为基本内容的民俗地域文化的有机结合，外来文化的横向渗透与民俗地域文化的纵向传承相结合，学校正规教育与自然野趣之习染相结合，专门训练与口耳相授相结合，知识的启蒙与乡村情感的孕育相结合，前者的不足可以在一定程度上通过后者来弥补。"①乡村教师应该在链接外来文化与地域文化的过程中实现文化的融通与弥合，促进乡村教育的现代化发展。

社会生活中的外来文化与地域文化的冲突，在乡村教师的个体生活中主要表现为公共性与乡土性的冲突。乡村教师的公共性使其突破专业知识与社会空间的阈限，在参与社会政治、经济与文化生产中发挥自己的公共职能。具有公共意识的乡村教师就像葛兰西（Antonio Gramsci）在《狱中札记》中所描绘的有机知识分子，他们与其所代表的阶级联系密切，在政治、社会和经济领域明确表达出他们那个阶级的集体意识，同时又具有一定的独立性。然而，要

---

① 刘铁芳.乡村教育的问题与出路［J］.读书，2001（12）：19-24.

真正地成为乡村社会的有机知识分子，必须对乡土社会的特征有明确认识，明白乡村文化的特色、不足与发展趋势，在传承乡土文化的基础上促进文化的创新。也就是说，乡村教师的公共性必须以乡土性为立足点，只有了解地域文化，融入乡村社区与乡民生活，才能培养文化创新能力与跨文化生存能力。

本土资源与地域性知识是乡村教师融入乡村开展教育活动的知识基础与社会支撑。而在当前乡村文化边缘化的背景下，地域性知识的传承和维系在国家教育框架下失去了合法性空间，被迫退居个体观念领域之内。对此，在教育培训方面，需要注重乡村教师地域性知识与本土知识的获得，提升乡村教师的业务能力，缓解其在乡村任教的压力。世界上很多国家在乡村教师培养中都注重地域性知识的补给：美国各州实施的"家乡教师项目（Grow-your-own program）"，就是从当地高中选拔志愿服务于乡村教育的学生接受社区学院和大学的定向培养，加强乡村文化、社会责任感等方面的教育内容，形成对农村教育的多元理解和深刻感受，从而确保本土教师（Home-grown teachers）的乡村保留率。澳大利亚为了实现"为农村准备教师"的目的而推出了"农村与偏远地区教师教育课程改革项目（Renewing rural and remote teacher education）"，推动面向土著居民的教师教育课程，要求职前教师修习当地文化、地方知识，还引领职前教师进行乡村教育体验，吸引大学毕业生留在乡村任教。我国近年来推进的公费师范生项目在缓解乡村教师数量不足方面已经做出了有益的探索，但是在建立乡村定向的课程与教学体系，促进乡村教师的职业认同和可持续发展能力方面还有很长的路要走。

［选自《西北师大学报（社会科学版）》2020年第1期］

教师"眼高手低"现象解析：生态取径的教师能动性视角[①]

刘新阳[②]

[摘要] 本研究针对当前中小学教师教学观念先进而实践行动滞后这一"眼高手低"现象，从教师能动性的视角对其成因展开分析。在梳理教师能动性相关研究的基础上，借鉴教师能动性的生态取径框架，作为分析教师能动性运作机制的理论参照，从观念与行动两个维度，建立对教师能动性表现状态的描述模型，提出"教师能动性受限状态"的理论假设。通过对不同变革场景中三位教师的案例分析，在验证理论假设的同时，对造成教师"眼高手低"现象的具体机制进行了探讨。在此基础上，针对学校文化与组织结构方面存在的教师能动性限制因素，提出了尊重教师专业主体性及构建实践共同体的政策建议。

[关键词] 教师能动性；教师专业发展；教学观念；教学实践

---

① 本文系2019年度教育部人文社会科学研究规划基金项目"信息化学习场域中学生深度学习阻障诊断与教学优化研究"（19YJA88048）的阶段性研究成果。

② 刘新阳，山东师范大学教育学部副教授、博士，主要从事学习科学视域中的教学设计与教师专业发展研究。

一、现象描述：何谓"眼高手低"

伴随着课程与教学变革的深入推进，中小学教师专业素养持续提升，特别是在思想观念层面，广大教师在学生观、学习观与教学观方面的认识相比过去有了全面的更新和显著的发展。在经合组织（OECD）2015年开展的面向全球发达国家和地区的"教学与学习国际调查项目"（Teaching and Leaning International Survey，简称TALIS）中，中国上海的教师在先进教育理念方面的表现居于国际领先水平。[①]然而，深入我国当前的中小学校园和课堂，会发现依然存在诸多与先进教育观念及课程教学变革方向不一致的实践表现。在此借用"眼高手低"一词来形象地指代这一教师观念与实践行动之间存在差距的现象。教师"眼高手低"现象的表现和成因是非常复杂的，并不能简单地归因于教师自身的能力欠缺，更不应武断地将其作为教师工作态度或敬业精神不佳的证据，相反，现实中往往越是专业发展主动性高、发展目标较为明确的教师，对自身"眼高手低"现象的感知越深刻。教师"眼高手低"现象实质上是对当前课程与教学变革实践及教师专业发展领域中存在的阶段性困境的客观概括，对这一现象进行研究与分析的目的是帮助教师走出困境，促进教师观念与行动的同步发展。以下分别从教师的实践表现、情感体验及对待专业发展活动的心态层面阐释教师"眼高手低"现象的具体表现。

（一）教师教学实践表现层面

"眼高手低"现象在教学实践中的突出表现就是课堂教学在外显形式上具备先进教学理念与模式的基本特征，但从教学目标定位、教学方法运用、课堂互动组织等实质方面来看，仍然表现出授受式教学的特征。笔者在此前对初中课堂科学探究教学的案例分析中发现了这种"有形而少实"的现象，认为这一现象的存在一方面说明当前的课堂正在发生积极的转型，另一方面也说明教师自身及教师专业发展支持方面还存在着一些相对滞后的障碍因素。[②]

（二）教师个人情感体验层面

"眼高手低"不仅仅是教师研究者对教师专业发展状况的描述，同时也是

① 姜新杰.首测 TALIS："教师教学国际调查"发布［J］.上海教育，2016（3A）：18-23.

② 裴新宁，刘新阳.初中课堂科学探究中究竟发生了什么：基于多案例的实证考察［J］.华东师范大学学报（教育科学版），2018，36（4）：107-121.

相当一部分教师的自身感受和自我评价。教师通过各类专业发展活动及自身的学习与思考，对诸如探究学习、合作学习等凸显学生主体地位的教学模式产生观念上的认同，但在付诸实践之后，现实教学效果却不能令其满意，由此产生"有心无力"的挫败感，进而对先进教学理念及教学模式的实效性产生怀疑。上述"认同—受挫—怀疑"的情感体验，轻则使教师专业发展主动性降低，困囿于"眼高手低"的状态，重则可能使教师放弃对课程与教学变革方向的认同，退行到自己驾轻就熟的授受式教学方式。

（三）教师对待专业发展活动的心态层面

在"眼高手低"的状态下，很多教师对各类专业发展活动表现出一种矛盾心态：一方面渴求学习与发展机会，主动寻求自己所面临困境的解决之道，另一方面又对诸如专家讲座、在线研修、校内外常规教研组活动等当前专业发展活动的主要形式存有消极应付的心态，认为这些资源并不能帮助自己有效改进实践。这种心态所反映的，不是教师自身专业发展动力的匮乏，而是教师专业发展需求与支持性资源供给之间的不匹配。

二、理论建构：教师能动性的受限状态

"眼"与"手"的关系，即观念与行动之间的关系，不是简单的观念决定行动或行动塑造观念的关系，而是在教师工作的具体社会文化境脉中交互作用、彼此依存的动态关系。在社会文化境脉中考察观念与行动之间的复杂关系，正是近年来在国际范围内兴起的教师能动性（teacher agency）研究所具有的突出特征，本文试图从教师能动性的视角出发，基于实证案例，解析造成教师"眼高手低"现象的社会文化因素与机制。

（一）能动性与教师能动性

人的能动性（agency）这一范畴，由于关涉主客关系的基本哲学问题，因而在认识论、社会学、人类学及心理学领域均具有源远流长的研究脉络。特别是在社会学领域，对于"能动性与社会结构究竟哪一个才是人类行为的决定因素"这一问题的论争，构成了整个20世纪社会学发展历程的主线。[1]自20世纪70年代起，伴随着对人类社会复杂性认识的不断深化及后现代思潮的兴起，越

---

① 陈学金."结构"与"能动性"：人类学与社会学中的百年争论［J］.贵州社会科学，2013（11）：96-101.

来越多的社会学家开始放弃非此即彼的思维方式。[①]布迪厄（Pierre Bourdieu）的"惯习"（habitus）概念[②]、吉登斯（Anthony Giddens）的"结构化理论"（structuration）[③]以及阿彻（Margaret Scotford Archer）的"现实主义社会理论"（realist social theory）[④]，均体现了在结构与能动性的两极之间寻求"中间道路"，将外在于行动者的结构与内在于行动者的能动性联系起来的努力。

在教育领域，20世纪60—70年代在北美及英国推行的"防教师课程"（teacher-proof curriculum）所遭遇的失败，引发了对教师在课程实施过程中所发挥的能动作用的关注。[⑤]此后兴起的以舒尔曼（Lee S. Shulman）[⑥]、施瓦布（Joseph J. Schwab）[⑦]、艾尔贝兹（Freema Elbaz）[⑧]、康内利（F. Michael Connelly）和柯兰迪宁（D. Jean Clandinin）[⑨]等人为代表的教师知识研究、课程实施的"相互调适"（mutual adaptation）与"创生"（enact）取径的研究[⑩]

① Hollis M. The philosophy of social science：An introduction［M］. Cambridge：Cambridge University Press，1994.

② 皮埃尔·布迪厄，华康德. 反思社会学导引［M］. 李猛，李康，译. 北京：中央编译出版社，2004.

③ Giddens A. The constitution of society：Outline of the theory of structuration［M］. Univ of California Press，1984.

④ Archer M S. Realist social theory：The morphogenetic approach［M］. Cambridge university press，1995.

⑤ Macdonald D. Curriculum change and the post-modern world：Is the school curriculum-reform movement an anachronism?［J］. Journal of curriculum studies，2003，35（2）：139-149.

⑥ Shulman L S. Those who understand：Knowledge growth in teaching［J］. Educational Researcher，1986，15（2）：4-14.

⑦ Schwab J J. The practical：Arts of eclectic［J］. The School Review，1971，79（4）：493-542.

⑧ Elbaz F. Teacher thinking：A study of practical knowledge［M］. New York：Nichols Publishing Company，1983.

⑨ Clandinin D J，Connelly F M，Craig C. Teachers' professional knowledge landscapes［M］. New York：Teachers College Press，1995.

⑩ Snyder J，Bolin F，Zumwalt K. Curriculum implementation［M］//Jakson W P. Handbook of research on curriculum. New York：Macmillan Publishing Company，1992：402-435.

以及以雷米拉德（Janine T. Remillard）①为代表的教师与课程材料的互动研究，均指向了对教师在教学实践中所表现出的主观能动性的关注。然而，"教师能动性"这一概念的使用，直到21世纪初才开始出现。②尽管不能否认社会学、心理学等领域关于能动性的思想资源对教师能动性研究的启示与激发，但我们必须意识到"教师能动性"这一概念在哲学根源、内涵及研究指向上的独特性，从而避免因套用社会学或心理学领域的能动性概念而造成的困惑。

进入21世纪以来，伴随着世界范围内课程与教学变革的深入开展，"教师在特定变革境脉中是如何行动的"这一问题日益受到关注。在已有的诸如教师身份认同（identity）、教师信念（belief）、自治性（autonomy）及专业化（professionalization）等概念不足以满足探讨上述问题的需要的情况下，"教师能动性"这一概念逐渐得到认同。运用和探讨这一概念的教师研究者表现出如下共识：教师能动性认同布迪厄、吉登斯等社会学家关于人与社会结构及环境之间存在双向形塑关系的基本理念，但其并不像社会学那样从本体论和决定论意义上关心结构与能动性问题，而是植根于杜威实用主义哲学、维果茨基"文化—历史"理论及社会建构论的土壤，主要关注的不是教师对宏观教育结构的改变，而是在具体的日常工作场景中，教师与学校制度、组织结构、环境资源及文化等境脉因素的双向形塑过程——这些因素在促进或制约着教师能动性发挥的同时，也受到教师能动的改变与塑造。③④⑤具体来说，教师能动性的研究目的主要指向两个方面：一是正向能动性的促发，即通过对课程与教学变革场景中的教师与学校境脉因素的互动分析，寻找提升教师教学效能的途径；二是

① Remillard J T. Examining key concepts in research on teachers' use of mathematics curricula［J］. Review of Educational Research，2005，75（2）：211-246.

② Lasky S. A sociocultural approach to understanding teacher identity，agency and professional vulnerability in a context of secondary school reform［J］. Teaching and Teacher Education，2005，21（8）：899-916.

③ Emirbayer M，Mische A. What is agency?［J］. American journal of sociology，1998，103（4）：962-1023.

④ Lasky S. A sociocultural approach to understanding teacher identity，agency and professional vulnerability in a context of secondary school reform［J］. Teaching and Teacher Education，2005，21（8）：899-916.

⑤ Biesta G，Priestley M，Robinson S. The role of beliefs in teacher agency［J］. Teachers and Teaching，2015，21（6）：624-640.

负向能动性的应对与转化，即通过对教师关于课程与教学变革政策的"抗拒"（resistance）行为及其机制的分析，寻求化解与调适之道。

教师能动性的理论价值在于将教师自身因素（如知识、技能、信念等）与教学实践场景中的诸多社会文化因素关联起来，从而纠正了近二十年来教师专业发展领域因强调"教师中心"而孤立地将教师自身因素的提升作为改进教学实践唯一途径的误区，为教师与教学研究及相关政策制定提供了更具系统性的视角。①在此背景之下，早期受社会学与心理学影响而出现的将教师能动性视为个体变量（variable）及教师"能力"（capacity）的观点日渐式微，将教师能动性视为教师与特定社会文化境脉相互作用过程中的"涌现现象"（emergent phenomenon）②的观点因其更具联系性和整体性的理论特征而被日益广泛接受。③这种认识将教师能动性与社会学和心理学领域的能动性概念从本质上区分开来：后者通常将能动性视为完全归属于行动者自身的"内在"动因，而教师能动性则被赋予了与外部境脉共生与互动的生态属性，教师能动性的"现象观"强调教师并非"在环境中"（in the environment）工作而是"借由环境"（by means of the environment）工作④，因而其研究的聚焦点也从能动性本身转移到能动性的运作机制及表现状态。

（二）教师能动性的运作机制

在将教师能动性界定为经由社会互动中介的涌现现象的基础上，研究者们展开了对教师能动性运作机制的探究。⑤其中，比较有代表性的是"教师能动性的生态取径"（the ecological approach to teacher agency），该理论从

---

① Leander K M，Osborne M D. Complex positioning：Teachers as agents of curricular and pedagogical reform［J］. Journal of Curriculum Studies，2008，40（1）：23−46.

② emergent一词在一般社会学领域通常译为"苗生""涌生"或"突现"，考虑到教师能动性这一概念与社会学意义上的能动性概念的不同，本文没有采用上述译法，而是采用系统科学和教育学领域通常的译法，即"涌现"。

③ Biesta G，Priestley M，Robinson S. The role of beliefs in teacher agency［J］. Teachers and Teaching，2015，21（6）：624−640.

④ Priestley M，Biesta G，Robinson S. Understanding Teacher Agency［M］// Priestley M，Biesta G，Robinson S. Teacher agency：An ecological approach. New York：Bloomsbury Publishing，2015：28−44.

⑤ Biesta G，Tedder M. Agency and learning in the lifecourse：Towards an ecological perspective［J］. Studies in the Education of Adults，2007，39（2）：132−149.

"迭代"（iterational）、"目标"（objective）及"实践—评估"（practical-evaluative）三个维度为分析教师能动性的运作机制提供了理论框架。[①]如图1所示，"迭代"维度包含个人生活史和专业工作史两个要素，之所以命名为"迭代"，是为了表达"今天的经历将是明天的历史"这一时间维度的流动性，反映教师的生活经验与教学经验的积累，对教师知识、能力及信念等内在因素的重要影响。"目标"维度由近期目标和远期目标两个要素构成，目标既是作为能动主体的教师与外部环境条件相调适的结果，又是教师行动的重要驱动因素。同时，"目标"与"迭代"共同关联起教师的"过去"与"未来"，构成教师能动性分析的时间维度。"实践—评估"维度主要描述了教师实践场域的空间与社会文化维度，包括文化、组织结构与环境条件三个要素。

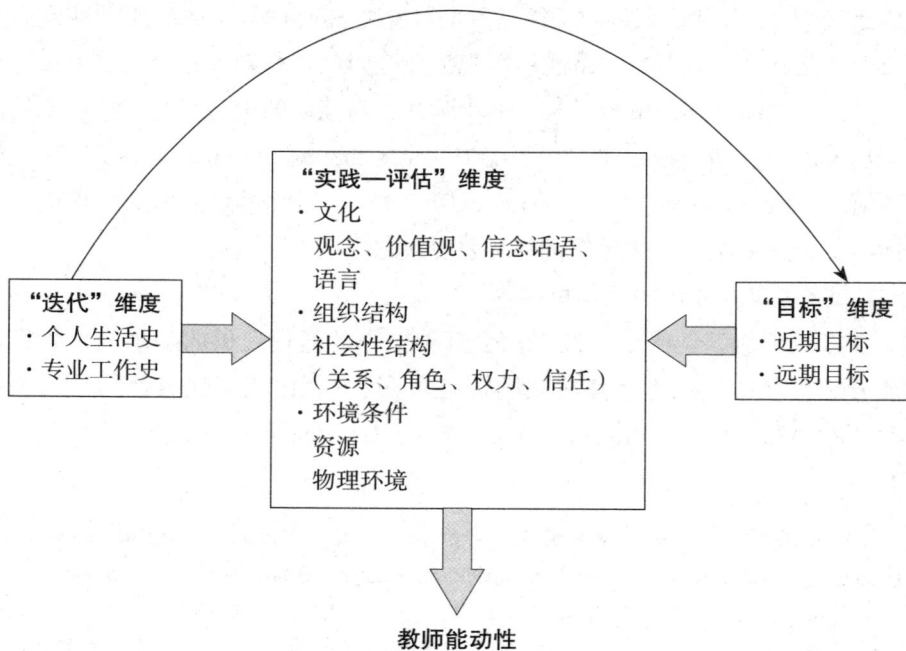

图1　教师能动性的生态取径框架[②]

---

① Priestley M，Biesta G，Robinson S. Understanding Teacher Agency［M］// Priestley M，Biesta G，Robinson S. Teacher agency：An ecological approach. New York：Bloomsbury Publishing，2015：28-44.

② Priestley M，Biesta G，Robinson S. Understanding Teacher Agency［M］// Priestley M，Biesta G，Robinson S. Teacher agency：An ecological approach. New York：Bloomsbury Publishing，2015：28-44.

如果说教师能动性这一视角对于教师研究的意义在于提供了一个将教师自身因素与外部环境因素相结合的"关节点"，从而使我们得以更加全面地探查教师的真实工作状态，那么"教师能动性的生态取径"所建立的涵盖时间、空间与社会文化因素的系统性框架，则为我们展开具体的分析提供了有效的工具。

（三）教师能动性的表现状态

教师能动性的运作机制解释的是教师行动的"因"，而教师能动性的表现状态反映的是教师行动的"果"。在将教师能动性视为教师与环境交互作用过程中的涌现现象的前提下，我们可以充分意识到这一因果关系并不是简单决定论意义上的，而是具有系统性和复杂性特征的。因此，教师能动性的表现状态并不是有无、强弱等单一维度的简单变量可以描述的。教师能动性的表现是多维度的：既包括工作现场的外显行为，也包括隐匿在背后的信念、态度及价值观等。Vähäsantanen将教师能动性表现概括为心智立场（mental stance）和实际行动（commitment）两个维度。[1]受其启发，Wei和Chen在他们的实证研究中，从观念（perspective）和行动（action）两个维度来描述教师能动性的现实表现。[2]尽管用词不同，但多数学者在教师能动性的表现包含外显和内隐两个维度方面是一致的。

很多关于教师能动性现实表现的研究都是在课程与教学变革的场景中开展的，这些研究成果充分揭示了位居课程与教学变革"最后一公里"的教师的重要作用，同时也深刻反映出教师能动性表现的复杂性。一方面，能动性表现水平的高低与教师在课程与教学变革中发挥的作用并不是简单对应关系。例如，同样是较高的能动性水平，既可以存在于教师对课程与教学变革高度认同和积极推动的场景中，也可以存在于教师积极抗拒变革的场景中。另一方面，能动性表现的观念（内隐）维度和行动（外显）维度会出现不一致的情况。例如，有研究者发现教师在观念上并不认同课程与教学变革理念，但迫于外部压力不得不在行动上按要求执行，故将这种表现状态命名为"从属的能动性"

---

① Vähäsantanen K. Professional agency in the stream of change: Understanding educational change and teachers' professional identities [J]. Teaching and Teacher Education, 2015, 47: 1-12.

② Wei B, Chen N. Agency at work: two beginning science teachers' stories in a context of curriculum reform in China [J]. International Journal of Science Education, 2019, 41: 1-16.

（subordinated agency）。①

在系统梳理相关研究文献的基础上，考虑到教师能动性表现的复杂性，笔者基于观念与行动两个维度构建了一个用于描述教师能动性表现状态的二维坐标系。如图2所示，由观念和行动构成的两个坐标轴分别包含正、负两个方向，正向是指教师的观念或行动同课程与教学变革理念或要求是一致的，负向则表示不一致。由此得到四个象限，其中第Ⅰ象限与第Ⅲ象限均代表了较高的能动性表现水平，但其现实影响截然相反：前者表征了教师观念或行动均同课程与教学变革方向一致的理想状态，后者则代表了教师在观念与行动上全面、积极地抗拒课程与教学变革的状态。②第Ⅳ象限即上述"从属的能动性"状态，它虽与第Ⅲ象限具有同样的现实影响——抗拒变革，但方式和水平不同：不是"全面、积极地抗拒"而是"观念上的抗拒、行动或者说形式上的服从"。观念与行动两方面的矛盾显然降低了能动性水平，现实中表现为消极应付或形式化的教学。

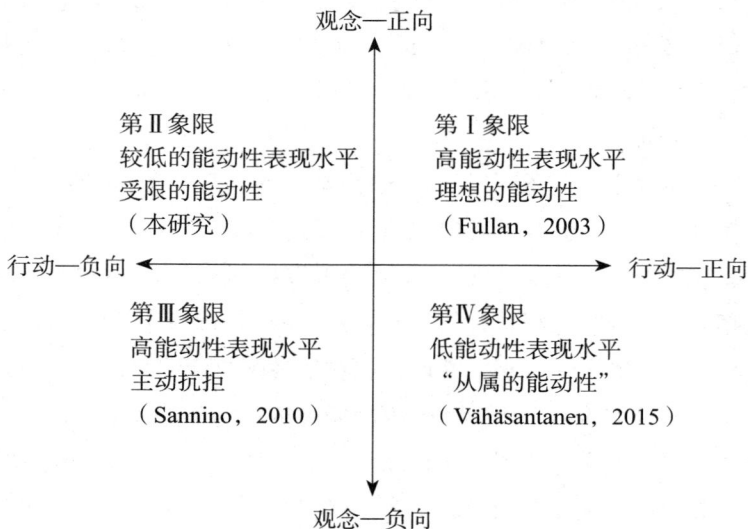

观念—正向

第Ⅱ象限
较低的能动性表现水平
受限的能动性
（本研究）

第Ⅰ象限
高能动性表现水平
理想的能动性
（Fullan，2003）

行动—负向 ←　　　　　　　　　　　　　　→ 行动—正向

第Ⅲ象限
高能动性表现水平
主动抗拒
（Sannino，2010）

第Ⅳ象限
低能动性表现水平
"从属的能动性"
（Vähäsantanen，2015）

观念—负向

图2　教师能动性表现分类框架

① Vähäsantanen K. Professional agency in the stream of change：Understanding educational change and teachers' professional identities［J］. Teaching and Teacher Education，2015，47：1-12.

② Sannino A. Teachers' talk of experiencing：Conflict，resistance and agency［J］. Teaching & Teacher Education，2010，26（4）：838-844.

以上三个象限所代表的能动性表现状态均有相关文献报道，唯独第Ⅱ象限没有发现相应的研究案例。经分析发现，第Ⅱ象限所表征的情况与教师的"眼高手低"现象关系密切：教师在观念维度上的表现为正向的（认同课程与教学变革的理念与政策），但在行动维度上的表现为负向的（课堂实践行为同课程与教学变革方向不一致），因而整体能动性表现水平较低，呈现"力不从心"或"有心无力"的状态。虽然第Ⅱ象限与第Ⅳ象限在形式上均为观念与行动两个维度的矛盾状态且总体上表现为较低的能动性水平，但两者存在本质区别：第Ⅳ象限中的教师因主观上不认同变革理念而"主动"降低自己的能动性水平，而第Ⅱ象限中的教师主观上认同变革理念，心理上表现出较强的变革动机，但受限于自身及外部的某些因素，"被迫"表现出较低的能动性水平。为此，笔者将第Ⅱ象限所对应的现象命名为"教师能动性的受限状态"。

结合前述"教师能动性的生态取径"所构建的多因素分析框架，笔者作出如下理论推测：当前的学校文化、组织结构及环境条件等境脉因素对教师观念的更新发挥了积极作用，观念的更新使教师对自己以往的教学实践感到不满，激发了教师确立新的行动目标并积极参与课程与教学变革的内在动机，但是，在付诸行动的时候，上述学校境脉因素及教师已有实践经验均无法提供必要的支持，甚至表现出阻碍作用，因而影响了教师能动性的表现，使其困囿于"受限状态"。

三、案例分析：三位教师的拼搏与困惑

本节将在上述理论建构的基础上，对具体教师案例进行分析，在检验相关理论解释力的同时，尝试解析造成教师"眼高手低"现象的具体机制。

（一）案例教师概况

三位案例教师的基本情况如表1所示。他们的共同特点是热爱教育事业，高度认同当前课程与教学变革理念，具有较强的专业发展动机，并积极投身于相关的课程与教学变革活动，校长和同事对他们的评价均是"蛮拼的"。但与此同时，他们在教学实践中均遭遇到挫败感和无力感，意识到自己存在"眼高手低"的现象，并为此感到苦恼和困惑。三位教师均与笔者保持有两年以上的合作研究关系，笔者对他们均进行过深度访谈以及持续性的追踪研究和课堂观察。

表1 三位案例教师的基本情况

化名	性别	学历	年龄	任教学科及教龄	变革场景
刘老师	男	本科	36	小学数学6年， 小学科学6年	STEM课程开发 与实施
张老师	女	研究生	34	初中历史8年	智慧课堂
王老师	男	本科	56	初中物理12年， 初中科学18年	探究式学习

（二）刘老师的故事：分科教学的组织与文化局限

刘老师所在的小学是一所传统"名校"（以下简称A小学），该校在师资力量、教学设施及办学理念方面均处于先进水平，在政策和经费上鼓励青年教师开展校本课程创新。刘老师是一个专业发展方面的"有心人"，他较早地接触到STEM（科学、技术、工程、数学）教育，对STEM教育所倡导的"跨学科学习""基于项目的学习""在真实境脉中学习"等理念高度认同，并产生了自主开发STEM学习活动的想法。2018年底，刘老师与另外两位有共同兴趣且资历相仿的老师（一位信息技术课教师、一位科学课教师）自发组成了一个团队，着手开发"探秘声音"系列STEM活动。"探秘声音"在2019年春季学期开学之初初步完成，内容涉及小学科学、信息技术及音乐等多个学科，利用四、五、六年级的信息技术课、科学课及综合实践活动课时来开展。笔者对上述过程进行了非干预式的追踪观察，发现了一些问题，也注意到了刘老师的一些苦恼与困惑。从教师能动性表现的"观念"维度来看，刘老师对STEM教育理念的认识是比较全面而正确的，刘老师也表现出非常强烈的参与课程与教学变革的动机，但从"行动"维度来看，确实有着比较明显的"受限"特征，用刘老师自己的话说就是"兴冲冲地投入进来，跌跌撞撞地走了一个学期，才发现理想和现实的差距那么大"。

在访谈过程中得知，刘老师对于STEM教育的认同源自他对"分科教学"局限性的体验：

"当时听到STEM是一种跨学科课程，我有种眼前一亮的感觉，我们从小接受的教育都是分科的，我工作后教了几年数学，然后又教科学，发现很多问题其实是相通的，但在一个个学科里分开讲，其实效果并不好，所以我觉得STEM是一个很好的形式。"

从能动性的生态取径框架来看，刘老师的上述个人经历和专业经历均属于"迭代"维度，过往经历中对分科教学的体验引发了刘老师"能动地"做出改变的动机，形成了"自主探索开发STEM学习活动"这一"目标"维度的定位。然而，在付诸行动的过程中，从"实践—评估"维度来看，分科教学相关的组织结构和文化要素则主要发挥了阻碍作用。

在组织结构因素方面，分科教学的传统使得学科教研组成为我国中小学教师日常教学乃至管理工作的基本结构形式，每位教师都有特定学科组的归属，几乎所有的日常教研活动均在组内开展，个别活动需要多个学科组合作的时候，往往采取"按学科内容分工"的方式"分而治之"，跨学科开展教研活动的"常规渠道"和"官方组织"是不存在的。这些因素能够解释刘老师所反复强调的，他们这个三人组是"自发形成的"，是"纯粹基于个人兴趣的"。更加引起笔者关注的是，三位老师的合作方式是典型的"按学科内容分工"，他们认同STEM教育对"真实问题情境"的强调，也发掘了诸如音调与频率、音乐与噪声等生活经验素材，但经由"按学科内容分工"这一行动策略，教师自身长期积累的基于分科内容的教学经验"自觉"地发挥了指导作用，从而将真实问题"还原"为分科内容。

在文化因素方面，长期的分科教学实践使得学科教研组对于教师不仅意味着组织结构上的归属感，同时还意味着不可忽视的人际关系与情感上的归属感。通常一个学科组的老师在同一区域办公，日常交流最为直接和频繁，彼此之间也最为熟悉，开展有效合作的"心理门槛"要低于跨学科教师。

在充分认识到这些文化因素的作用之后，笔者对刘老师在访谈中关于他们三人合作过程中一些障碍的表述终于有了感同身受的体认。刘老师曾经表示：

"学校在政策上是鼓励我们这种（合作）的，经费方面也比较支持，但平时各组事情都比较多，我们三人来自两个组，办公室分别在两栋楼，而且总得凑时间，如果跟自己组里活动时间冲突，那还得是组里活动优先吧……区里的教研活动也都是按学科来的，不同学科老师坐在一起的时间不多，实质性的合作就更难了。"

此外，A小学的"名校文化"也起到了双刃剑的作用。一方面，刘老师认为A小学自信、进取的氛围以及良好的物质条件让他"见多识广、敢想敢干"，但同时也给他带来了压力和困扰。当前学校对STEM教育、创客教育等新课程形态方面的成效评价，比较侧重于项目、比赛等外显指标，这在作为

"名校"的A小学表现更为突出。此外，学校对这方面的任务分配与表彰奖励也是以学科组为单位的，身为科学科组长的刘老师，一方面为完成学校对"本组"的要求奔忙，另一方面又因"个人兴趣"而与实际存在竞争关系的"外组"老师合作，他坦言这些现实状况让他探究STEM教育的原初目标不再那么"单纯"。

（三）张老师的故事：传统教学经验与教育信息化期望之间的鸿沟

张老师所在学校是一所新建成不久的初中（以下简称B初中），管理者及教师均比较年轻，在教育信息化方面无论是思想意识还是基础设施都比较先进。2018年秋季学期开始，B初中在初一年级三个班开始常态化使用基于平板电脑的"智慧课堂"试点。一向对教育信息化满怀憧憬的张老师，如愿以偿地成为B初中"智慧课堂"试点的首批"种子教师"。在初期访谈中，张老师充分表达了她对教育信息化的期望以及实践探索的强烈动机：

"这个'种子教师'嘛，就是要做第一个吃螃蟹的人，然后带动更多老师参与到智慧课堂的探索中来。我认为信息化有很多优势，能够解决我们长期存在的一些教学问题，比如学生的学习兴趣、参与度、综合素养等等……我是一个比较爱琢磨教学的人，我相信信息化环境能够给我很多助力，我很愿意做这个'种子'。"

然而，在初期的课堂观察中，笔者发现张老师的教学策略和教学模式并没有因采用信息化学习环境而发生明显的改变：学生人手一部的平板电脑，绝大多数情况下是用来显示PPT的，智慧课堂平台提供的诸多功能中，使用频率较高的有两项，一项用于随机点名提问，另一项则是即时查看答题结果。在半个学期之后的访谈中，张老师也表达了她的困惑与失落：

"从技术上来说，我觉得我已经熟悉了这个平台，但实际使用效果，我自己感觉很不满意。有些可能是平台的问题，比如虽然有备课工具，但一些史料类的资源我还是得自己去找。但更多（原因）还是我自身（的）。学校建设了这么好的环境，厂商的驻校人员随时提供技术支持，专家培训介绍了很多理念和模式，可现在实际效果不理想，那只能是我们老师的问题了。但我自己也很无助，似乎没有以前那么自信了。"

依据教师能动性的生态取径框架来分析，张老师的困惑源自"迭代"与"目标"两个维度之间的鸿沟：她的个人学习经历与教学经历都是在传统教育环境下建立的，曾经使她倍感自信的教学经验在达成她对教育信息化成效的目标期望过程中变得不再有效，而文化、组织结构及环境条件等"实践—评估"维度的要素又没能提供足够的帮助，因而导致了张老师"有心无力""眼高手低"的无助局面。

过往经验是我们做事的重要参照，但在变革情境之中，过往经验"失效"的情形是不可避免的，在行动者具备充分的内在动机的前提下，针对性的外部支持是必不可少的，它们可以帮助行动者认识变革情境的行事原则或转化、迁移已有经验，从而使其最终胜任新情境下的工作。具体到张老师的案例，软硬件环境、技术支持及专家培训均属于外部支持，但显然还不够，更确切地说是缺乏"直击痛点"的精准支持，例如以"理念和模式的介绍"为主要内容的专家培训，对张老师面临的具体困境而言则难以提供直接的助力。

为了验证这一推断，笔者结合张老师的现实需求，设计了一个支持方案。张老师认为在历史教学中给学生提供丰富的史料有助于提升学生运用历史思维分析问题的能力，但她受制于精力（通过网络等各种渠道搜集和整理供学生用的资料非常耗时）和条件（传统课堂中分发大量纸质材料的时间和经济成本均较高）一直都没有付诸实践。B初中所采购的智慧课堂平台中，有一个类似"维基百科"功能的多用户协同编辑工具，笔者建议张老师与其他有共同兴趣和需求的老师组成一个团队，各尽所能地协同整理适合初中生探究学习用的史料。这一建议得到了张老师和另外三位初中历史课老师的认同。在后半学期，张老师开展了三次基于史料的探究学习，笔者在其教学过程中提供了一些具体策略和方法的支持（如探究学习单的设计），同时也见证了张老师课堂的明显变化。用她自己的话说，"设想了多年的事情，终于成为现实了，这才体会到信息化环境究竟如何用"。近一年的时间过去了，史料库内容日渐丰富，更重要的是，张老师及其他参与老师在探究式历史教学方面积累了不少经验，他们开始探索学生参与编辑史料库及其他更多教学活动的可能性。

张老师的案例充分说明，在教育信息化变革场景中，除了物质条件和技术使用方面的支持，为教师提供信息化环境中教与学的具体策略和方法支持在当前显得尤为迫切。在过往经验与变革目标之间，搭建更为精准和有效的"脚手架"（scaffolding），是帮助教师解除这些能动性限制因素的关键。

（四）王老师的故事：教研组织与教研文化的困囿

王老师是一位资深初中科学课教师，做过所在学校（以下简称C初中）很多青年老师的"带教师傅"，虽已临近退休，但王老师对待教学工作依然热情不减：

"我教了三十年书，从熟练地灌输，到意识到问题，再到寻求改变，这样的经历让我对灌输教育的弊端（的认识）可谓刻骨铭心，这也是我的动力，让我这些年对科学探究教学、PBL（问题式学习）等教学模式坚持学习和探索。"

通过对王老师课堂的观察及课后访谈，笔者发现王老师的课堂具备了科学探究教学的基本形式，但就各项活动的实质及其所采用的教学方法来看，却依然呈现出授受式教学的特征。例如，形式上是由学生发现问题，实则是让学生通过读课本概括问题；形式上是由学生提出自己的假设，但实则是王老师给出的唯一的假设。王老师对此也有自己的苦恼和困惑：

"上科学课我总有一个纠结，我非常希望让孩子们发现学习，但课时太紧张，40分钟一节课，又要指导，又要让孩子们做，当中还要探索、发现，还要组织讨论、交流……探究式学习，对学生和老师的能力素质要求都很高，有时候我会怀疑学生和自己的能力，是否适合探究式学习。"

从教师能动性的生态取径框架来看，王老师与张老师有相似之处：过往经验与期望目标之间的差距，是激发他们能动地投入变革实践的内在动力，与此同时，在跨越这一差距的过程中，他们因缺少必要的外部支持而受到阻滞，从而表现为观念与行动发展的不同步。与张老师不同的是，王老师作为C初中资深教师，近十年来积极参与市、区两级教研室组织的各类专业发展活动，特别是在科学探究教学方面，他投入了大量精力，也荣获了不少奖项，但这依然不能让他感到满意。他曾经对笔者说："按教研员的要求和听评课的标准来看，我是合格的，甚至还拿了不少奖，但在我自己心里，好像遇到了一层透明的天花板，理想中的主动探究、积极有效的学习总是可望而不可即的感觉。"笔者对王老师所面临困境的解读是：王老师充分利用了来自外部支持因素的资源与帮助，也达到了外部评价标准的要求，但他在教学实践中依然感到能力不足，王老师的案例似乎能够揭示出更深一层的阻碍因素。

通过跟随王老师参加区教研室组织的常态化（每二至三周一次）教研活动，笔者发现了一些线索。从组织形式上来看，这些教研活动都是由区教研员"自上而下"安排的，多数活动都有考勤要求，活动形式主要有教研员或相关专家主讲的报告、区内学校本学科教师的公开课观摩以及优秀课例分析等。在这些活动中，教研员处于强有力的主导地位，教研员与教师的关系很像授受式课堂中的师生关系。对一线教师而言，教研员是他们获知课程与教学变革相关政策、理念及具体要求的权威信息来源，同时也是评价标准的制定者和执行者。在同王老师及其他老师接触的过程中，他们经常提及诸如"探究课一定要有学习单""一定要联系生活经验""一定要有分享和讨论环节"等说法，翻看他们的教学设计方案，在教学流程的表示、各教学环节的名称、整体格式等方面都遵循类似的形式，而这些正是笔者在多次教研活动中观察到教研员反复强调的一些"听评课观察点"。

分析至此，笔者对教师能动性的生态取径框架将文化、组织结构及物质条件等外部要素命名为"实践—评估"维度有了更深的认同：在教师能动地付诸行动的过程中，这些外部因素不仅影响着教师的实践能力发展，同时也引导着教师对自己实践能力的评估，进而反馈至观念、动机等内在要素。在上述教研活动的组织形式之下，更深层次的文化因素也是不可忽视的。教研员在实践中将自己定位为"解读者"，有位教研员曾经这样说："某教授（知名教学研究者）的话老师们是听不懂的，要推广探究学习，必须跟老师讲清楚一二三四，听评课就看这些点有没有做到，这样才能落实。"对某种教学模式进行适当的简化和分解，从而提高可操作性和推广实施效率，这在变革初期或对于新手教师群体而言，不失为一种有效手段。但过度依赖这种思路，甚至潜移默化之中将其视为教研员的工作模式，则无形中塑造了一种限制教师能动性发挥的文化氛围：教师的专业地位与实践智慧被低估，对可操作性与规范化的过度追求使得教学的外显特征取代实际效果成为评价的主要指标，教学实践境脉的丰富性和复杂性被忽视，教学工作蜕变为程式化的操作。在这种情形之下，教师在课堂上一方面要为面面俱到地满足诸多"一定要有"的要求而疲于奔命，同时也遭遇着具体教学方法与策略的匮乏所带来的各种困扰。比如，要求"一定要有学习单"，但并没有人帮助教师掌握如何设计有效的学习单；要求"一定要有学生活动"，但教师们所掌握的活动组织形式与方法却十分有限。这便是造成很多先进教学模式在课堂上"有形而少实"的原因。长此以往，不仅会导致教师"有心无力"的挫败感，更会导致如王老师所表现出的一种错误归因：教研员的要求我都做到了，但实际效果并不令人满意，那只能说明探究学习并不实用或者学生尚不具备自主探究的能力。这种归因于自己不可控因素的思维方式，会对教师能动性的发挥产生极大困囿。

（五）分析小结

三位教师的案例代表了当前课程与教学变革的一些典型场景，涉及课程内容形态、信息化学习环境及课堂教学模式等方面，以发展的眼光来看，他们面临的阻碍也是课程与教学变革深入推进过程的必经阶段：在教师实现了观念转变，对自己的教学实践提出新的目标追求之后，日常工作境脉中的社会文化与组织结构这些较为隐性的因素就凸显出来，成为制约教师实践能力发展的关键。"教师能动性的受限状态"为我们对"眼高手低"这一症状的分析和诊断提供了"病理模型"，帮助我们意识到教师主观动机和发展需求与当前学校的社会文化和组织结构境脉之间存在着不匹配、不适应的问题。因而，在推进课程与教学变革的进程中，需要突破只关注教师自身因素、只关心如何培训教师的思维定式，要重视对学校文化与组织结构中的诸多因素的系统性调适，从而解除教师能动性的限制性因素，实现"心"与"力"、"眼"与"手"的齐头并进。

四、实践启示：学校文化与组织结构的双重变奏

结合上述案例分析，从学校文化与组织结构的角度反思"教师能动性的受限状态"，我们意识到当前的学校文化与组织结构在帮助教师达成"眼高"方面或许是有效的，但要实现下一步的"手高"——实践性知识的发展与丰富，则亟须学校文化与组织结构的系统变革，否则教师的能动性就有可能长期处于"受限状态"。学习的社会文化机制强调，实践者身份认同的建立与实践共同体的支持是实践境脉中学习的有效发生特别是实践性知识生成和发展的基础和保障。[①]身份认同是维系实践共同体的必要社会文化条件，而实践共同体在实现知识生产与共享的同时，也不断生产和强化着共同体成员作为专业实践参与者的身份与文化。因此，从学校文化层面帮助教师建立专业实践者的身份认同，实现从被动的执行者到主动的问题解决者的自我形象转变，从组织结构层面构建由教师、研究者及教研员多方参与的专业实践共同体，实现上述角色从彼此隔离或单向作用到有效协同与深度互动的转变，是消除教师"眼高"与"手低"之间差距的必由之路。正如著名课程学者富兰（Michael Fullan）所言，对于课程变革的发生而言，文化重构（reculture）与组织结构重构（restructure）缺一不可。[②]

---

① Wenger E，McDermott R A，Snyder W. Cultivating communities of practice：A guide to managing knowledge［M］. Harvard Business Press，2002：177.

② Fullan M. Change Forces With a Vengeance［M］. Routledge，2003：56.

（一）培育尊重和激励教师专业主体性的学校文化

确立教师的专业主体性地位，是建立教师作为"专业实践者"这一身份认同的重要前提。专业主体性地位不仅赋予了教师作为专业实践共同体成员的合法性，同时也为教师能动地在其中发挥作用提供了必要保障。教师专业主体性的确立，意味着教师成为专业的、主动的和自治的实践者。

第一，教师专业主体性的彰显需要培植尊重教师专业性的文化。尽管教师专业化的合法性已经得到公认，但在今天的校园里，教师依然难以摆脱"教书匠"的社会文化刻板印象。以主观感觉和经验为依据的教学评价、以行政手段推进的教学模式改革、"满堂灌"的培训讲座，诸如此类长期备受诟病但又难见改善的"顽疾"，都蕴含着对教师及教学工作专业性的漠视。营造尊重教师专业性的文化氛围，不仅意味着对教师"赋权"——赋予并尊重教师在教学工作中的自主权和对学校课程与教学管理事务的参与权，同时也意味着对教师"赋能"——为教师学习和发展专业化知识与技能，摆脱纯经验化积累的专业发展模式创造机会和提供支持。

第二，教师专业主体性的彰显需要培植激发教师主动性的文化。上述三位教师的案例所展现出的教师自身强烈的专业发展动机与对外部评价要求的疲于应付形成了鲜明对比，这反映出外部因素与教师自身因素之间的不匹配。教学模式推广过程中的过度简化、教学评价"找观察点给分"的过度机械化，都在潜移默化中将教师视为被动的执行者。虽然今天的课程理论与管理制度相比历史上"防教师课程"时期已有巨大进步，但在日常实践中，文化意义上的思维定式仍然积习难改。因此，一方面需要在制度上给予教师更多自主决策的空间，另一方面要更新观念，尊重教师的实践智慧，创设自下而上的教学模式生成与理论升华通道，教研员及相关研究者要关注教师面临的实践问题，将指导与被指导的单向传递关系转变为基于充分互动的合作双赢关系。

第三，教师专业主体性的彰显需要培植促进教师专业自治的文化。专业自治既是教师专业化和主动性的制度保障，同时也是激励和维护教师专业自主性的文化根基。当前以教研组为代表的基层教研组织，在课程实施与教学评价等专业实践领域主要扮演"执行机构"的角色。事实上，基层教研组织对课程与教学变革过程中的各种具体问题感知是最为实切的，但专业自治意识及经历的匮乏，容易导致教师放弃专业责任，放弃自己作为教学设计者和行动研究者的身份。引导一线教师以主人翁的姿态投入诸如教学问题诊断、教学效果评价等专业实践，较之被动依靠外部专家的模式，不仅有利于更深入和全面地分析问题，而且能够使教师的专业自治意识和能力得到有效提升。

（二）构建基于实践共同体的专业发展组织结构

当前教师专业发展的组织结构，是依附和从属于教育行政管理结构的，这就导致了教师作为课程与教学这一专业领域的实践者与同属该领域的其他参与者（如研究者、教研员）之间被科层关系所区隔，专业实践活动以行政管理方式驱动，从而使教师丧失了专业主体性身份。与教师专业主体性身份相适应的，是专业实践共同体的组织结构。与以科层关系为主体的行政管理结构不同，实践共同体是以学校境脉中的具体课程与教学问题为中心，将专业领域的各类参与者凝聚在一起，以平等协商、各尽所能的方式解决问题的组织结构。以下分别就教师实践共同体构建的两条基本原则，展开具体论述。

一是以教学实践境脉中的问题解决为中心。程式化的教学模式推广之所以难以深入持久，从知识论的角度来看，被过度简化了的教学模式是一种去情境化的知识，它易于从研究者、教研员那里"传递"给教师，但是当教师"孤立无援"地面对自己课堂上的具体境脉时，他"拥有的知识"并不能直接被应用。因此，只有研究者、教研员及教师都参与到针对特定教学问题的共同体中，对问题及其境脉的共同感知为他们之间的知识分享与会话协商提供了基础，有效的交流和互动才得以发生，实践性知识才得以生成。从具体操作层面来看，用于构建共同体的教学问题可以是短期的和特定的（如一门STEM课程的开发），也可以是长期的和普遍的（如科学探究教学模式的实施），可以是学科内的，也可以是跨学科的，但这些问题一定是具体的，是镶嵌于真实境脉之中的。

二是建立多元参与者之间的平等协商与互惠关系。正如莱芙（Jean Lave）和温格（Etienne Wenger）所说："共同体成员拥有不同的兴趣，对活动作出不同的贡献，并且持有不同的观点。多层次参与是实践共同体的成员关系所必需的。"[①]真实境脉中的问题是复杂的和立体的，不论研究者、教研员还是教师，都受制于自己视角与知识的局限，现有组织结构的科层化特征，使得不同参与者对问题的认知难以整合，从而限制了他们之间的交流与协作。在实

---

① 莱夫，温格.情境学习：合法的边缘性参与［M］.王文静，译.上海：华东师范大学出版社，2004：45.

践共同体中，教师与其他参与者因"共同体成员"这一共享的身份而变得平等，同时得以保持各自的专业主体性，在真实境脉中面对复杂问题时，无论是教师还是研究者、教研员，都不再是局限于各自视野的"孤军奋战"，而是能够得到分布于共同体成员的多元化知识与技能支持，同时也得以发展自己的实践性知识并为共同体所共享。现实中，实践共同体的参与者不仅是多元的，也可以是动态的，在问题解决的不同阶段可以有不同的角色参与，同一个人也可以在不同阶段或共同体中扮演不同角色。

总而言之，实践共同体的组织结构及其所蕴含的文化，有助于将教学实践从对行政管理结构的依附中解放出来，有助于扭转以行政管理方式解决教学问题的思维误区，从而为教师能动性的充分施展提供良好的社会文化境脉支持。

［选自《全球教育展望》2020年第11期］

教师的道德认同及其叙事建构

王夫艳[①]　高义吉

[**摘要**] 道德认同是教师专业认同的核心向度，也是影响教师专业实践和教师专业道德建构的内在要素。从品格视角看，道德认同是道德与教师自我的融合；从社会认知视角看，道德认同是教师的道德图式。教师的道德认同在经验的理解与叙事中被建构。教师道德认同的叙事建构可从如下三方面展开：叙事形式上，呈现何种故事主线；叙事方向上，利用何种叙事资源；叙事路径上，运用何种反思方式。

[**关键词**] 教师；道德认同；叙事建构

作为一个跨越道德发展和认同形成两个研究领域的概念，道德认同是教师专业认同的核心向度，也是影响教师专业实践和专业道德建构的内在要素。这主要体现在道德认同之于教师的道德动机、道德行动的价值上。"有较强道德认同感的人们更可能做他们认为正确的事情，更可能表现出持久的道德承诺。"[②]换言之，道德认同是教师道德责任、道德行动的有力推动，可有效激发、预测教师的道德行为。故阿基诺（Aquino）也明确指出，道德认同与特定的信念、态度和行为结合在一起，是激发个体道德行为的自我规控机制，是个

---

① 王夫艳，华东师范大学教育学部副教授，主要从事教师教育研究。
② Hardy S A, Carlo G. Moral identity [M] // Schwartz S J, et al. Handbook of identity theory and research. New York: Springer, 2011: 495-513.

体道德行动的理想原则。①这就有效弥合了教师的道德认知、道德判断与道德行动之间的鸿沟。

当前，为数不少的教师表现出不同程度的道德焦虑、道德困惑乃至道德迷失、道德失范。这固然与社会转型的加剧、道德价值的多元等外在因素不无干系，但更为根本的原因则在于教师的道德认同问题。因此，教师道德认同的建构，无论对于教师群体的专业道德建设，还是教师自身精神路向的探索、生活世界的重构，无不具有重要的现实意义。本文即在揭示道德与教师专业认同的逻辑关联、阐释教师道德认同内涵与结构的基础上，探讨教师道德认同的叙事建构策略，以助于教师道德品性的提升与道德行为的改进。

一、道德：教师专业认同的核心向度

（一）教师专业的道德基础

教师可谓道德性专业，道德位于教师专业实践的核心，道德话语是理解教师实践和决策的关键。从共性上看，服务理念作为专业必备的关键特质，蕴含着专业者以服务对象利益为指向的道德承诺和道德意识。这是专业获得公众信任的必要前提，既表征着专业的社会地位，亦助力于专业实践的质量提升。一如沙利文（Sullivan）所言："专业者无可避免的是道德能动者，他们的工作有赖于公众对其成功的信任。"②相反，离开了引导其成员行为的道德操守和符合道德标准的专业精神，专业就不可能存在。学生是教师最直接的服务对象。为学生发展服务的道德责任规控着教师的专业行为，给教师专业建立了公共问责和内部规训机制，维系了教育中的公共关系。

从个性上看，教师的道德责任和社会使命不同于其他专业者。芬斯特马赫（Fenstermacher）指出，在知识的神秘化、社会距离和努力的相互性等方面，教师专业与医生等专业殊异，不可简单地直接加以类比。③这意味着，教师专业的道德有其独特的条件和基础。第一，师生知识关系的平等性。与

① Aquino K. The self-importance of moral identity［J］. Journal of Personality and Social Psychology，2002（6）：1423-1440.

② Sullivan W. Preparing professionals as moral agents［EB/OL］. http:// www. Carnegiefoundation.org/perspectives/perspectives2004.

③ Fenstermacher G D. Philosophy of research on teaching：Three aspects［C］// Wittrock M C. Handbook of research on teaching. New York：Macmillan，1986：37-49.

医生等专业对专业知识的垄断、封闭不同，教师不需要将知识神秘化以维持师生间的知识差距，即借助于"圈内知识"来维持自身的专业地位。相反，教师具有较强的教育意图，希望将所知尽可能传授给学生。第二，师生关系的亲密性。与其他专业的客观中立态度、与服务对象的疏离关系不同，教师需要与学生建立密切的、支持性的人际关系，以便于理解和帮助学生，对学生的认知、社会情感和道德发展予以引导、协助。换言之，教师专业实践深蕴着教师自我的个人情感和所信奉的道德价值观。第三，教学实践的双边性。与其他专业的单方服务承诺不同，教学的有效性取决于师生双方的投入。也就是说，教师不能独自施教，教师的努力有赖于学生的配合。这些都要求教师不但要对自身的道德行为负责，还要对学生的道德成长和发展负责。也就是说，教师的道德责任与教育的道德目的彼此交织，道德理性与教学理性相互融合。坎贝尔（Campbell）也指出，教师的道德能动性包含两个截然不同但又密切关联的承诺：一是教师作为一个道德的人和道德的专业者所应持守的规则与美德；二是教师作为道德教育者，通过榜样示范和审慎教学来促进学生的道德发展。①

（二）教师专业认同的道德维度

认同是人类无法逃避的问题。认同是个体存在的核心，认同问题源自个体对自我生存处境、生命意义的深层理解。就认识层面而言，认同是人们对"我是谁"的理解，是人所赋予自己的以及被别人所赋予的各种意义。②认同基于承诺，回答"我是谁"的问题就是理解什么对"我"具有关键的重要性，"知道我是谁，就是知道我站在何处"。③通过对自我的个体化、本体性阐释，在类同、差异的互动与张力中，个体确证自我的归属方式，建构起自我存在的核心意义。可以说，认同赋予个体的自我理解以结构和内容。透过认同，个体既能认识自己、协调自我主观性，同时也能被别人所认识、与外界有所关联。

---

① Campbell E. Ethical knowledge in teaching: A moral imperative of professionalism [J]. Education Canada, 2006（4）: 32-35.

② Beijaard D. Teachers' prior experiences and actual perceptions of professional identity [J]. Teachers and Teaching, 1995（2）: 281-294.

③ 查尔斯·泰勒. 自我的根源：现代认同的形成 [M]. 韩震，等译. 南京：译林出版社，2011: 37.

教师专业认同表明了在制度框架和社会文化背景下，教师在专业生活场景中对"我"是谁、"我"想成为什么样的教师、"我"怎样看待自己作为教师的角色等问题的思考和追问。教师的专业认同固然包含了教师的态度、行为、知识、信念等内容，但道德维度不可或缺。研究表明，同情关怀学生、对学生负责等深具道德意涵的认同是教师专业认同的核心。譬如，戴（Day）等学者就指出，基于道德价值观的认同是教师的核心认同。[①]这种道德认同是教师最内在、最本真的专业认同，折射出教师的道德信念和人文理念。对于教师这一道德性专业而言，基于道德的专业认同也是比较理想的。道德认同赋予教师专业生活以道德合法性，是教师职业幸福建构的重要基点。反之，丧失了道德的承诺或认同，教师即失却了专业实践的道德方向感和稳定的专业生活目的及生活意义。

笔者在调研中发现，诸如"当老师实际上是什么，其实说到底是个良心活""教育就是一个良心活，就是对学生负责任""凭着良心干活""重要的是对得起自己的良心""我本着我的良心把工作干好"等道德话语，频繁出现在教师的实践叙述中。[②]"良心活"这一道德隐喻集中表征着教师对学生的责任心、爱心。而且，对学生的责任与关爱被教师内化，成为教师专业认同的重要标的。"关怀者""有责任心的人"是诸多教师对"好老师"的诠释和自我定位："我觉得一个有责任心的老师即所谓一个比较好的教师，没有制度他也会这么做的……我真是一个比较有责任心的人"；"当老师并不累，做一个有责任心的老师特别累……我自己感觉很有责任心"。

诸如此类的道德认同带有明显的价值理性意味，在教师工作中起到一个"枢纽"的作用。这主要体现在道德认同是教师对既往工作经验的呈现和理解，也影响着教师当前的专业实践状态和未来工作方向的选择。譬如，有教师认同民主公正的道德理念。在此道德认同的引导下，该教师也希望发展学生的民主公正的信念与行为，并身体力行、以身示范，在课堂教学、师生互动中展示民主公正的言语与行动。简言之，在民主公正的道德认同框架中，教师遵从

---

① Day C，Elliot B，Kington A. Reform，Standards and teacher identity：Challenges of sustaining commitment［J］. Teaching and Teacher Education，2005（5）：563-577.

② 除特别说明外，本文中所涉及的教师实例、所直接引用的教师话语，皆出自笔者对一线中小学教师的深度访谈。

了期望学生养成的道德规范，从而增强了自我的道德能动感和责任感。又如，对于众多的教师来说，以责任、关爱为标的的道德认同是影响专业实践的首要的、最为根本的因素："当老师就是一个良心活。有的时候，不管别人对你再怎么样，每当你想到这一帮活蹦乱跳的孩子在你的手中掌握着，或者说这些孩子就交给你了，家长那殷切的目光就说交给你了，真是不忍心就毁了这些孩子的前途。……你就感觉如果因为我评不上职称或者我心里不高兴，我就不上课了，我也不管他们了，这我做不到，我感觉是做不到。……人的这个责任心啊，这个良心啊，还是占第一位的。"反之，失去内在道德认同的引导、衡量与约束，外在道德标准的规范效力就大打折扣："如果一个老师不想教好的话，你用这些道德标准卡着他，他也不会好好教，而且你也找不出他大的错误来。……有的老师不备课就去上课，有的老师精心备课才去上课，这两者的差别非常大。……就是我主动地去参与这节课，还是被动地去上这节课。"上述话语皆凸显了道德认同之于教师专业实践的重要意义。

二、教师道德认同的内涵与结构

道德认同何以能成为教师专业实践的关键推动力量？其激发教师道德行为的内在机制是什么？这些问题的答案与道德认同的内涵和结构关系密切。借鉴哲学、心理学等领域对道德认同的相关研究，结合笔者对一线教师的深度访谈，本部分主要从品格和社会认知两个视角来审视教师道德认同的内涵和结构。

（一）道德认同是道德与教师自我的融合

从品格的视角来看，道德认同是个体在道德向度上的自我理解，是围绕一系列道德特质所组织起来的自我概念。[①]具体到教师而言，道德认同即教师围绕道德进行自我界定、用道德来标识自我。道德成为教师认同的核心内容，是教师核心自我的组成部分。作为道德与教师自我的统一体，道德认同代表了教师自我与道德的高度统一、与道德目标的广泛融合。譬如，"我真是一个比较有责任心的人"这一道德认同，即揭示了教师个体的道德理想、道德承诺，表明了道德对教师自我意识的重要性或中心性程度。对于教师来说，道德并不

---

① Aquino K. The self-importance of moral identity［J］. Journal of Personality and Social Psychology，2002（6）：1423-1440.

是简单的对与错，而是具有本体性意义和价值，关乎教师的职业幸福和生活世界的建构。

鉴于道德意识与个人目标的统一程度，教师的道德认同强度具有个体差异性。譬如，道德典范型教师具有较强的道德信念，孜孜于道德上的正确。其自我旨趣、意愿与何为道德上的正确意识是同义的，能够将道德承诺与个人关切无缝融合。①教师道德认同的内容、范畴亦因人而异，有的教师重视关心，有的教师强调公正，有的教师则突出正直、诚实，但总有一些道德为多数教师所认可，比如责任、敬业、尊重。从存续性上讲，教师的道德认同具有跨越时空的相对稳定性。作为教师核心自我的表达，道德认同犹如教师的特质，比较持久、稳固。具有道德认同的教师表现出对道德理想的深度承诺，视道德行动为自我的根本道德责任："当老师实际上是什么，其实说到底是个良心活。自上而下的这种所谓的压力，有的时候的确压得我们感觉不知该怎么办，可是呢，你该怎么办？我可以干，我也可以不干；我可以干好，也可以干不好。但是拍拍良心，还是应该得干好。"故达蒙（Damon）和哈特（Hart）也强调，无论基于理论还是经验，都有足够的理由认为，道德对于自我的中心性或许是道德判断和道德行为协调一致的唯一的、最强有力的决定因素，那些自我概念围绕着道德信念来组织的人们，极有可能把道德信念付诸生活实践。②

道德认同作用于教师道德行动的内在机理在于教师的自我一致。当个体以道德关切为核心进行自我界定时，他将感到被迫以与道德自我解释相一致的方式行动。③也就是说，融合个人与道德目标、维持道德信念与道德行为的一致性、实现核心自我的意愿链接了教师的道德认同与道德行动，成为教师道德行为的内在动机和驱动力。譬如，为寻求内心的"问心无愧"，有的教师明确将"对学生负责任"的道德信念置于外界评价之上："我觉得应该怎么干，自

---

① Colby A，Damon W. Some do care：Contemporary lives of moral commitment［M］. Now York：Free Press，1992：300.

② Damon W，Hart D. Self-understanding and its role in social and moral development［C］// Bornstein M H，Lamb M E. Developmental psychology：An advanced text-book. Hillsdale，NJ：Erlbaum，1992：421-464.

③ Blasi A. Moral identity：Its role in moral functioning［C］// Kurtines W M，Gewirtz J L. Morality，moral behavior，and moral development. New York：John Wiley & Sons，1984：128-139.

己想怎么干，才能对得起学生。……我就觉着我不是说为了我自己要争得什么荣誉、要得到领导的什么好评，我就觉着应该对他们负责。我一看这个情况不对，我就要纠正，我就要去教育、去说服、去引导他们。这时候我就按照我自己的思路。不管怎么样，你只要是问心无愧了，别人怎么评价你，我觉得都不是很重要。"这就表明，唯有建基于个人认同、受自我一致的倾向性所推动时，教师才会毫无迟疑地表现出较强的道德能动性和道德责任感，教师的道德判断才可有效地预见并导向道德行为。而且，追求道德上的自我一致、在行动中忠诚于道德自我，并非自我牺牲，而是教师生活世界所必需，表征着教师道德自我的实现和道德成熟。相反，未依循道德意识而行动则意味着教师的自我怀疑与自我拒绝，会给教师带来强烈的消极情感体验，如"自责""愧疚""后悔""遗憾""问心有愧""良心的谴责"等，从而侵蚀着教师的职业幸福感和积极的价值体验。

（二）道德认同是教师的道德图式

从社会认知的视角看，图式是道德认同的核心，认知上可获得的道德图式网络构成道德认同的基础。所谓图式，指的是表明自我、关系和经验等方面的组织化的、独特的知识结构。[①]道德图式包含原形（如个体对自己作为一个道德的人意味着什么的认知意象）、行动脚本、对特定道德行为事件的呈现。[②]道德认同是个人社会图式的一部分，关涉一个道德的人的所想、所感、所为的清晰认知意象。[③]循此，教师的道德认同就是对教师的道德意象、道德价值观、道德行为及其脚本的认知呈现。这些道德图式有助于教师在道德情境中处理相关社会信息。譬如对身为教师的"典范形象"的道德认知影响着教师的行为选择："我就觉得我是个老师。老师跟其他人不一样，你要影响他（即学生）往好的方向一辈子，首先你自己、你的各方面，是有道德的、有修养的。……你可以有自己的业余生活，丰富多彩的生活……这些必须是正方

---

① Fiske S T. Schema［M］// Kazdin A E，et al. Encyclopedia of psychology：Vol.7. Washington，DC：American Psychological Association，2000：158-160.

② Hardy S A，Carlo G. Moral identity：What is it，how does it develop，and is it linked to moral action［J］. Child Development Perspectives，2011（3）：212-218.

③ Kihlstrom J F，Klein S B. The self as acknowledge structure［C］// Wyer R S，Thomas K. Handbook of social cognition：Vol.1. Hillsdale，NJ：Erlbaum，1994：153-208.

向的"，"不是别的，要给学生做示范"；"你要无时无刻不在注意维护自己的形象。作为一个老师，你要想着自己是个老师"。

依内在与外在的分类框架，道德认同包括内化和符号化两个维度。[①]内化维度指教师的道德自我意识和认知呈现，表明了道德之于教师的生活世界和自我存在的重要性，旨在表征道德认同位于教师自我认同的核心性程度。譬如教师对道德之于教师工作根本性的认识："道德非常重要，有时候这个老师哪怕他知识教不好，都没有这个道德来得那么严重"；"作为一个老师，你的这一方面不健全的话或者跟常人不一样的话，就不配做一个老师了"。符号化维度指向教师的道德行动，是教师道德自我在行动中的呈现，内含教师道德认同的社会指涉。换言之，教师将自我置于社会脉络和公共场域，通过行动将道德象征性地投射到社会中，来表明在行动中对道德自我的忠诚。譬如教师对"以身施教"进行强调："比方说诚信。我在我们班这样做的，我答应孩子的，即使再困难我也得履行自己的诺言，给孩子树立一个好榜样，不能让孩子说老师怎么说话不算话啊！……通过这样老师树立一个好榜样，孩子就会跟着老师去学习、模仿。"正是在此意义上，教师的道德认同可谓一种对自我至关重要的社会认同，内蕴着教师对其所扮演的社会角色的道德承诺。

道德认同亦具有时间深度。依演变递嬗的分类框架，教师道德认同分为追溯和前瞻两个向度，分别对应个体道德记忆的再呈现和道德方面的理想自我。追溯向度包含教师对过去的自我道德意象的认知、评价和情绪记忆等要素，对所经历道德事件的时间、地点、人物等的记忆，以及对既往道德经历的内心体验和感悟等。譬如教师对"加班加点"的道德记忆："这个素质教育新政出台之前，我们加了不少班，但是肯定不会和你的这个劳动成正比的。……但是那个时候就是老师出于工作的责任心，这些事情都干了。"这些道德记忆构成了教师道德叙事的资源。前瞻向度则指向教师的道德理想和对道德自我的未来构想、展望与探索，蕴含着想成为某种教师的道德信念和价值观，是对应该的、可能的、期望中的道德自我的认知图式。譬如有的教师阐述了其作为一个"有责任心的人"的道德追求："决不能让想学习的学生失望，决不能耽误学生的前程，决不能马马虎虎地工作。"这类道德图式深蕴着教师的未来承诺，作为目

---

① Aquino K. The self-importance of moral identity ［J］. Journal of Personality and Social Psychology，2002（6）：1423-1440.

标导向，通过激发意欲的道德行为、规避非道德行为来指引教师的道德行动方向："我就总想着凭我的热情，或者凭我的真诚，或者凭我的善意引导他们。"

作为道德图式的道德认同作用于教师道德行为的条件有两个：道德图式之于个体认同的重要性和可获得性，二者缺一不可。首先，道德图式之于教师自我认同的重要性是道德认同发挥功能的可能和前提性条件。教师实际上拥有多重专业认同，如一名中学教师可被称为初中教师、音乐教师、负责任的教师等。道德认同越是居于教师自我的核心，其在规控教师道德行为中的作用就越大。道德认同的中心性、自我一致性与品格视角异曲同工，前已述及，不再赘述。其次，道德图式的可获得性是道德认同发挥作用的支持性条件。道德图式的可获得性使得个体对情境的道德层面更为敏感，对情境的理解和反应更为迅速，道德行动表现出高度的确定性和毫不迟疑。[①]教师多重的亚认同与教师所处的不同情境密切关联。在某一特定的时刻和情境中，通常只有一个亚认同被激发，即此时此刻的认同、工作中的自我。也就是说，情境线索激发或抑制教师自我概念的知识结构。在特定情境中，道德认同能否被激活以及被激活的程度，直接决定其对教师道德行为的影响力。相关道德图式的可获得性、激活性越高，对教师道德行为的影响越大。否则，道德认同也就失去了激发教师道德行为的效力。比如，重视成绩、绩效评价的现实情境降低了教师道德认同的重要性，生存的压力束缚着教师对责任心的践履："可能就会去压制学生，这样教师就很难做到学生和老师之间那种从良心上去真正地教育学生。"

上述两种视角对教师道德认同的界定相互补充。品格视角有助于解释教师的道德模范行为，彰显了道德承诺的持久性、道德行为的稳定性、教师道德自我的独特性，以及教师的审慎思考和深思熟虑。而社会认知视角则有助于理解教师自动性、缄默性的日常道德行为，突出了教师道德认同的多元性、动态性，以及道德实践的情境性、即时性。

三、教师道德认同的叙事建构策略

叙事对教师道德认同的获致至关重要。教师的道德认同在经验的理解与叙事中被建构。"个人的认同不是在行为之中发现的（尽管行为很重要），也

---

① Hardy S A，Carlo G. Moral identity［M］// Schwartz S J，et al. Handbook of identity theory and researck. New York：Springer，2011：495-513.

不是在他人的反应之中发现的，而是在保持特定的叙事进程之中被开拓出来的。"①教师植根于个人的生活史，叙述性地看待自我的专业生活，通过讲述自身所经历的道德故事、铺排专业生活中貌似随意的道德行动和道德事件、描述未来的道德意象，把握专业生活的统整性，理解专业实践的道德意义和目的，找寻自我的道德归属与承诺，建构起具有连续性、内在一致性的主观道德现实和整合性的道德自我。在此意义上，叙事是教师诠释道德自我、发现和表达道德意义的媒介。

不过，叙事并非平铺直叙地交待在特定的时间、地点发生了什么样的故事，而是对以往生活史的选择性重构。教师生活本身也很少由孤立的事件所构成。为叙述故事，教师须确立所追求的价值目标和评估架构，据此择取并排列不同的事件，进而建立事件与道德目的之间的因果联系。在对"什么样的生活值得过，什么是充实且富有意义的生活，什么构成高尚的生活"等问题的审思中，教师不断理解道德自我、道德经验、道德期待，确立自我与道德的关系，赋予个体行为以道德意义，探索"我是谁""我想成为谁""我将走向何方"的道德含义。换言之，建构道德认同的任务要求教师扮演小说家而非秘书的角色，其工作是讲述一个好的故事而不是确切地报告会议中发生了什么。②鉴于教师叙事的特点，本部分着重从叙事形式、叙事方向和叙事路径三方面来阐述教师道德认同的叙事建构策略。

（一）叙事形式：呈现何种故事主线

教师并非抽象的、孤立的存在，而是无可选择地存在于道德问题空间中。教师总是基于特定的道德基点来理解自我的生活、讲述生命故事，来赋予自我的生活以道德合法性，解释自我的道德承诺，确证自我所认同的道德。基于叙事的价值意图，格根（Gergen）主张故事中的事件在一个二维的评价空间运行。根据事件是否向所珍视的目标行进，叙事可分为三种基本的形式：稳定叙事、进步叙事、回归叙事。③每种叙事形式深含不同的道德意义，教师在其

① 安东尼·吉登斯. 现代性与自我认同［M］. 赵旭东，方文，译. 北京：生活·读书·新知三联书店，1998：60.

② McAdams D P. Narrative identity［C］// Schwartz S J，et al. Handbook of identity theory and research. New York：Springer，2011：99-114.

③ Gergen K J. Narrative，moral identity，and historical consciousness：A social constructionist account［C］// Straub J. Narration，identity，and historical consciousness. New York：Berghan Books，2005：99-119.

中建构殊异的道德认同。

在稳定叙事中，事件叙述的轨迹是平稳的，相对于价值目标而言未发生变化。为展示个体的道德特征、探究长期珍视的道德价值，教师可借助稳定叙事形式，叙述专业生活中类似的道德事件，表明自我的道德信念和对特定道德价值观的持守，塑造一贯的道德形象。譬如，一位教师在叙述专业生活故事时，一直强调自己的"崇高教育理想"即"人的教育"。为此，该教师讲述了专业实践中的诸多典型事件：作为新手教师在"现实冲击"境遇中对教育理想的珍视与秉持、在新课改中的"得心应手"（新课改"恰恰是符合我的理想"）、面对考试束缚时的"窝心"与"感伤"（"我讲得最顺手的恰恰是那些不考试的"）、"厚德载物"的强烈使命感和未来期望。这些具有内在一致性的事件，反映出该教师对"人的教育"这一本真教育价值的不变传承与深切承诺。

进步叙事和回归叙事则展示着转变中的自我，表明了教师道德认同的动态发展。在进步叙事中，事件叙述的轨迹朝着所期望的道德目标前进，指向个体道德生活的进步。借助于进步叙事，教师可呈现出不断进取的道德形象，进而精进专业道德。譬如，一位教师讲述了从"对一些孩子偏爱"（"成绩好的我爱，成绩不好的我不爱""这种性格我爱，那种性格我不爱"）到"教师必须有大爱"（"大爱就是无选择""什么样的孩子我都爱""来到这个班里，只要你是我的学生，一定要有那种爱心"）的师德感悟。这一叙事转折既传递出该教师对"教师是一个良心活"的职业追求，也体现出教师道德认同的积极变化，表征着教师的道德成长，如对学生多样性的日渐包容、对学生发展责任感的增强等。

回归叙事意味着个体生活的退步，即事件叙述的轨迹与所追求的道德价值渐行渐远。有的教师分享了入职后的"挫败"感："不知道什么事就会伤害学生。一些话呀，你说要是控制不住自己的情感，火气就上来了，伤害了几个学生，对孩子心灵的伤害还是很大的。所以工作两年以后，还是很痛苦的。"不过，回归叙事具有较强的补偿功能，即消极体验的积极转化。教师叙述专业生活中的消极故事，不是为了宣泄"痛苦"情绪，也不是为了引起关注与同情，而是为了表明对既往专业实践行为的后悔与自责，以及对自我道德提升的期许：怎么样"干一行爱一行"，"把这个干好，对得起自己的良心"。这也说明，回归叙事实际上为教师道德认同的重塑提供了新契机。

（二）叙事方向：利用何种叙事资源

道德认同由教师利用可获得的资源建构而成。根据建构道德认同所运用的资源，教师叙事可依向内、向外两个方向进行。向内叙事基于影响教师道德认同的内部条件。教师的专业实践是个人性的，需要教师个体的投入，如教师个体的道德情感、价值观、信念和思想意识等。这些因素内嵌于教师的个人生命史。向内叙事可有效透视教师的心理世界，展露教师的内心体验和感受，探寻教师心灵深处的道德图景。譬如，情感的识别在决定教师道德认同中非常关键。情感表达决定了道德认同的品格。[①]在专业实践场域中，教师会体验大量、复杂的情绪。这些情感与道德理想、自我认识的融合对教师道德认同的建构至关重要。可以说，教师是带着情绪进行自己的道德认同建构的。一位教师如此叙述了个人的"职业幸福感"："我找不到幸福感。为什么呢？我教给学生的，学生不需要。我想教给学生的，我没有机会和时间去教。……比如说，我非常想对孩子进行生命教育、感恩教育。但它不是你这课的内容。或者说，你这堂课，没有人能等到你出成果。谁会等到你去出成果啊。"为此，教师感到"很苦恼"，"有点违背自己的本性"。"士气磨没了""职业幸福感越来越差""幸福指数越来越低""太痛苦"等消极情感体验，固然描绘了教师情绪地图的部分内容，更传递出教师的道德诉求和理想或期望中的自我道德形象，如关心学生、对学生负责、帮助学生全面发展与快乐成长等。但需注意的是，教师情绪本身是一种社会表现。情绪话语获得意义，不是依赖其与内部世界的关系，而是借助于其在文化关系样式中呈现的方式。[②]这实际上指出了教师道德认同建构的情境性和社会性。

向外叙述基于影响教师道德认同的外部条件、社会结构。教师道德认同的建构与社会结构是密切结合在一起的，既包含当前的教育制度和教育政策，更植根于特定的历史和文化脉络。"个人认同被设置或蕴含于历史叙事中，因此道德存在被历史叙事所维持（或阻碍）"，"我们都存在于并被特定的历史叙事所

---

① Gergen K J. Narrative, moral identity, and historical consciousness: A social constructionist account ［C］// Straub J. Narration, identity, and historical consciousness. New York: Berghan Books, 2005: 99−119.

② Gergen K J. Narrative, moral identity, and historical consciousness: A social constructionist account ［C］// Straub J. Narration, identity, and historical consciousness. New York: Berghan Books, 2005: 99−119.

建构"。①特定的社会历史、文化传统构成一种独特的文化图式和理解系统，为教师建构自己的经验提供了一个可接受的故事架构和文化参照，从而为教师可能成为谁提供了背景与可能。教师呈现文化记忆、讲述道德故事意味着参与到文化传统中，在传统中获致生活意义、建构道德认同。譬如，前文中主张"教师必须有大爱"的这位教师，即叙述了我国传统文化的道德认同意蕴："师德，包括我们的公民道德，都应该吸取传统文化的精华。……我觉得咱的传统文化里面，比如说这个'仁者爱人'啊、'己所不欲，勿施于人'啊，我觉得这些东西都非常好。……我给我女儿说，咱的一生啊，它就像是一棵大树。这个树根是什么呀？这个树根就是你的道德，必须深深扎进中国这片土壤里面。"该叙述运用普遍的文化规范和道德意象、道德隐喻，将个人的道德认同与我国传统文化价值观和道德联系起来，将个人生活史穿插于社会历史、传统中，表明了教师的社会观念、历史意识，回应了社会、制度等对教师的规定和角色期待。诸如此类的历史叙事既为教师道德社群的建构提供了传统文化资源，也有助于提升教师个体的传统美德意识，传承和弘扬我国的道德文化传统。

（三）叙事路径：运用何种反思方式

反思是教师在叙事中理解自我、建构意义的路径与方式。自我认同"并不仅仅是被给定的，即作为个体动作系统的连续性的结果，而是在个体的反思活动中必须被惯例性地创造和维系的某种东西"，"是个人依据其个人经历所形成的、作为反思性理解的自我"。②讲述故事本身就是一个反思性的意义理解过程。教师总是需要反思性地审视、评价自我，理解既往经历和事件，赋予生命故事以意义，进而不断修订生命故事，不断建构起新的道德认同。在此意义上，反思即为教师道德认同建构的内在机制。

首先是教师个体的独立反思。鉴于教师专业实践的个体化特征，教师可通过书写个人记忆、报告个体历史来识别道德自我。在新媒体时代，愈来愈多的教师通过博客等网络平台记录日常教育生活、呈现个体的实践感悟与理性反思，从而个性化地表达自我、塑造自我的公众形象。譬如，一位教师坚持通

---

① Gergen K J. Narrative, moral identity, and historical consciousness: A social constructionist account [C] // Straub J. Narration, identity, and historical consciousness. New York: Berghan Books, 2005: 99-119.

② 安东尼·吉登斯. 现代性与自我认同 [M]. 赵旭东，方文，译. 北京：生活·读书·新知三联书店，1998：58.

过网络教育日志的形式来记述自己的教育故事与实践体悟、探寻教育的本真与意义，撰写了大约十几万字的"小蜗牛日记"。①日记内容涵盖了学科教学、班主任工作等方方面面。一个个真诚、真实、细腻、触动心灵的故事既展现了该教师的专业成长轨迹，更塑造出一个"用智慧和爱去滋养孩子""静待花开""超越自我""孜孜前行"的积极教师形象，帮助教师建构起"以师爱关注学生"的道德认同。尤其值得注意的是，教师在专业生活中总会经历一些重大转折，总有一些违背期待或常规的道德事件，牵涉道德的麻烦与两难。这些所谓的"关键事件""刻骨铭心的事情"为教师提供了重新理解道德意义、重塑道德自我的机会。对这些经历的深度反思可让教师批判性地审视道德与自我。一位教师回忆了其在学校的一段痛苦经历：在追求成绩而层层压制、缺少关爱的学校氛围中，"我当时的感觉就是学生不是学生，老师不是老师。……这样一种观念让你作为老师的心理变得扭曲。……所以学生犯了小错误，你不能饶恕他，你眼睛容不进沙子去"。这使得该教师在工作中找不到成就感，没有工作热情，出现明显的职业倦怠感，感觉自己根本就不是一个"正常的人"。"我要是在这里就活不下去了""一定要走"等话语表明，正是对过去艰难经验的体悟、对道德实践中的不一致甚或矛盾的反思与解决，推动着教师开启了道德认同重构与道德自我重塑之旅。此现象就是所谓的"通向美好生活的艰难之路"②。

其次是教师的集体反思。教师要在专业实践社群中、在与同侪的互动与对话中建构道德认同。本质而言，自我是被嵌入在"对话网络中"："一个人只有在其他自我之中才是自我。在不参照他周围的那些人的情况下，自我是无法得到描述的。"③语言是社会交流的衍生物。就其社会功能来说，叙事也必然具有一种关系属性，内含人际要素。"叙事建构总是假定了一个听众和共同

---

① "小蜗牛日记"博客地址：http://blog.tgjy.com.cn/u/T3853/Blog.aspx。该教师对自身教育故事的梳理、提炼，以及对教育日志如何促进其道德成长的反思，详见其硕士学位论文《教育日志促进教师专业发展的叙事研究》（山东师范大学，2014）。

② King L A. The road to the good life：The happy，mature person［J］. Journal of Humanistic Psychology，2001（1）：51-72.

③ 查尔斯·泰勒. 自我的根源：现代认同的形成［M］. 韩震，等译. 南京：译林出版社，2011：48-49.

建构的可能性。"①实际上，在进行独立反思时，教师也总是就某些道德事件与他人展开想象性的对话。"小蜗牛日记"的作者即表达了撰写日志的同侪对话与交往初衷："日志最初的记录，除了满足自己对于低年级儿童天真无邪的内心世界以及其成长背景的好奇心，最重要的目的在于弥补自身低年级班主任经验的不足，希望能够让有经验的老师们给支支招，达到向同事沟通请教的目的。"②在专业实践社群中，教师将个人记忆中的、发生于专业实践场域中的重要道德事件与同侪分享，将个体的故事移到外部世界，展示自己的真情故事与心路历程。一方面，听众的情感抑或行为反应、共鸣抑或歧见，皆直接影响故事主线的后续展开。譬如，"小蜗牛日记"吸引了同侪的讨论和交流，教育博客成为教师对话、沟通、分享、互动、合作的新场域、新平台："日志得到了区内很多同事的经验分享和教育共鸣，在你来我往的交流中，自己对低年级的孩子越来越关注和喜爱，观察和记录的热情也越来越高"，"达成了'静待花开'的教育共识，形成了'不急不躁'的教育合力"③。这表明，同事不只是"我"的道德故事的倾听者，更是故事的参与者乃至协同创作者。另一方面，教师叙事的有效性亦获得了同侪的认可，获致合法性。"小蜗牛日记"的作者说："在我的日记后面，伴随着学科老师们的点评——数学老师说：'不愧是亲妈啊，吃喝拉撒啥都管！'兄弟班班主任老师说：'马老师真是细致，这么琐碎的生活在你的笔下都能有滋有味，向你学习！'"④这说明，个人叙事所引发的同侪感慨、共鸣与鼓励，更是确证、坚定了教师个体的道德认同，升华了教师个体的道德理念，亦贡献于教师专业实践社群的道德文化塑造。

［选自《教育科学》2016年第6期］

---

① Lapsley D K. Moral agency: Identity and narrative in moral development ［J］. Human Development，2010（2）：87-97.

② 马丛丛. 教育日志促进教师专业发展的叙事研究 ［D］. 济南：山东师范大学，2014：9.

③ 马丛丛. 教育日志促进教师专业发展的叙事研究 ［D］. 济南：山东师范大学，2014：10-14.

④ 马丛丛. 教育日志促进教师专业发展的叙事研究 ［D］. 济南：山东师范大学，2014：17.

05

教育信息化

学校在线教育的理性之维

李逢庆[①]　史　洁　尹　苗

[摘要] 基于通信技术和智能化技术支持的在线教育，已成
为当前"互联网+"时代人才培养新模式、教育服务新模式的重要
实践形态。文章从高等教育、基础教育和非正式教育等三个方面
详细梳理了在线教育不同领域的实践发展脉络，阐明了在线教育
变革发展的动力来源，在此基础上围绕技术与教育的关系揭示了
在线教育的本质内涵，并从基础设施建设、教师、学生等方面对
学校在线教育创新发展所需要解决的关键问题进行了深刻阐释。
以期为教育领域在线教育教学改革与创新提供理论指导和实践
依据。

[关键词] 在线教育；混合式教学；智慧课堂；核心素养；全
面发展

一、引言

当前，基于新型冠状病毒肺炎疫情防控工作的需要，教育部发布《关于
2020年春季学期延期开学的通知》。随后，针对延期开学期间学生"宅家"如

---

① 李逢庆，山东师范大学教育学部副教授、博士，主要从事教育信息化与学校变
革研究。

何学习的问题，教育部提出利用网络平台，"停课不停学"①。一时之间，在线教育机构和教育信息化企业发起免费提供资源、平台等的竞争大战，并进而引起"教育，请你不要蹭本次疫情的热度了"②的严肃质疑。"延迟开学一声令下，在线教育概念闻风起舞"③，如何理性看待此次在线教育的集体暴发？对于在线教育的真实意蕴究竟是什么，在线教育与学校教育是何种关系以及学校在线教育创新发展的关键问题有哪些等的审视与思考，将成为促使在线教育能够"长期在线"的关键。

二、在线教育的实践样态考察

在现实实践中，在线教育往往与网络教育、远程教育、线上教学等概念交叉重叠，其原因在于不同领域对于在线教育的理解与认知不同。为更加深刻理解在线教育与学校教育的关系，需要对不同领域在线教育的实践样态进行考察与梳理。

（一）高等教育领域在线教育创新发展的实践考察

20世纪90年代初，伴随着互联网技术的飞速发展和普及应用，以多媒体、广播电视和卫星通信为主要媒介的远程教育，逐渐被双向交互的网络教育所取代，成为远程教育在信息时代的新形态。网络教育主要是为解决传统远程教育过程中教育教学模式单一、教学资源匮乏以及师生交互性差等问题产生的④，是传统广播电视大学教育教学形式的一种信息时代的创新性改革。

进入21世纪后，信息技术不断推动教育领域的创新发展，教学信息化的迅速发展首先引起课程形式发生重大变革，其标志性事件为2001年美国麻省理工学院（Massachusetts Institute of Technology，MIT）推出的开放式课程

① 中华人民共和国教育部.教育部：利用网络平台，"停课不停学"［EB/OL］.（2020-01-29）［2020-02-13］. http://www.moe.gov.cn/jyb-xwfb/gzdt-gzdt/s5987/202001/t20200129-416993.html.

② 星空下成长.教育，请你不要蹭本次疫情的热度了［EB/OL］.（2020-02-05）［2020-07-01］. https://mp.weixin.qq.com/s/oe0nELgc2wK69j-T0AS-Yg.

③ 财联社.延迟开学一声令下 在线教育概念闻风起舞 烧钱行业或迎利好［EB/OL］.（2020-01-31）［2020-02-13］. https://tech.sina.com.cn/roll/2020-01-31/doc-iimxyqvy9352366.shtml.

④ 钱立娟，杨晓妹.浅析网络时代成人教育的多元化发展途径［J］.成人教育，2015（11）：35-38.

（Open Course Ware，OCW）计划。该计划致力于将MIT所开设课程的教学材料和课件公布于网上，供全世界的学习者和教育者免费无偿使用。在OCW计划的影响下，截至2003年，92.7%的美国公立高等教育院校提供了在线课程，至少注册一门在线课程的学生人数高达197万。[1]斯隆联盟发布的美国在线高等教育评估报告中，按标准定义（Standard Definitions）确立了在线课程和在线教学的含义，即在教学过程中课程内容超过80%通过网络提供的课程称为在线课程（网络课程），利用在线课程开展的教学称为在线教学（网络教学）。

进入21世纪的第二个十年，以OCW计划为代表的开放课程项目和视频公开课的融合创新，最终汇聚成为席卷全世界高等教育领域的MOOC（大规模在线开放课程）浪潮。通过"问题视角"对MOOC热的冷思考[2]，"借以本校的课程设计与开发为主，将MOOCs课程内容作为课程资源，或嵌入或引用的'相交模式'而开展的混合式教学，成为高等教育研究者、实践者和管理者关注的共同焦点"[3]。混合式教学主要采取线上知识学习和测验、线上师生互动及生生互动讨论、线下翻转课堂引导讨论、线下辅导及线下考试等线上线下互动结合的方式开展教学，其教学实施流程如图1所示。

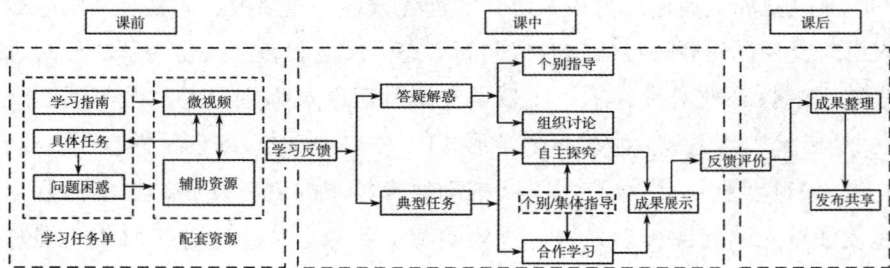

图1　混合式教学的实施流程图[4]

① Allen I A, Seaman J. Sizing the opportunity: the quality and extent of online education in the United States, 2002 and 2003［EB/OL］.（2003-09-01）［2020-06-21］. https://files.eric.ed.gov/fulltext/ED530060.pdf.

② 高地. MOOC热的冷思考：国际上对MOOCs课程教学六大问题的审思［J］. 远程教育杂志，2014（2）：39-47.

③ 李逢庆.混合式教学的理论基础与教学设计［J］. 现代教育技术，2016（9）：18-24.

④ 高地. MOOC热的冷思考：国际上对MOOCs课程教学六大问题的审思［J］. 远程教育杂志，2014（2）：39-47.

随着我国"双一流"工程建设的不断推进，依托线上线下混合式一流课程建设开展在线教学[①]，改进课程教学内容和教学环节，探索新型人才培养模式，实现人才培养目标，逐渐成为高等教育在线教育教与学模式发展的新思路。[②]

（二）基础教育领域信息技术支持下的教与学创新

自1993年美国提出建设"信息高速公路"至2018年我国正式发布《教育信息化2.0行动计划》的25年间，国家不断致力于通过教育信息化基础设施建设、系统建设、资源建设，推动信息技术与课程教学的融合创新，进而提高教育教学质量。随着人工智能、大数据等信息技术教育应用的逐渐深化，技术中介的智慧教育成为现今基础教育信息化的新境界和新诉求。[③]而智能环境支持下的课堂教学变革与创新，成为"推动人才培养模式、教学方法改革，发展智慧教育"[④]的核心和关键。其具体实践形态主要分为三种形态：智慧课堂、基础教育网校和同步课堂。

智慧课堂是以智慧教育理念为指导，借助智能化技术支持，在翻转课堂教学结构变革的基础上，对翻转课堂的重塑和升级。[⑤]智慧课堂不仅将课堂教学拓展为课前、课中、课后三阶段，而且更加强调将课堂教学由物理环境延伸到网络虚拟环境，形成了线上线下相结合的新型教学模式。智慧课堂教学结构如图2所示。其基本样态是基于大数据、人工智能、物联网、移动互联、云计算等技术支持，采用"云网端"系统，支持教师开展数字化学情分析和个性化问题诊断，实施精准教学，旨在促进学生核心素养提升与全面发展。

---

① 中华人民共和国教育部. 教育部关于一流本科课程建设的实施意见［EB/OL］.（2019-10-30）［2020-02-13］. http://www.moe.gov.cn/srcsite/A08/s7056/201910/t20191031-406269.html.

② 谢幼如，张惠颜，吴利红，等. 以MOOCs为代表的在线教育教与学模式的理论分析［J］. 电化教育研究，2016（3）：52-60.

③ 祝智庭. 智慧教育新发展：从翻转课堂到智慧课堂及智慧学习空间［J］. 开放教育研究，2016（1）：18-26.

④ 中华人民共和国教育部. 中共中央、国务院印发《中国教育现代化2035》［EB/OL］.（2019-10-03）［2020-02-13］. http://www.moe.gov.cn/jyb-xwfb/gzdt-gzdt/201902/t20190223-370857.html.

⑤ 祝智庭. 智慧教育新发展：从翻转课堂到智慧课堂及智慧学习空间［J］. 开放教育研究，2016（1）：18-26.

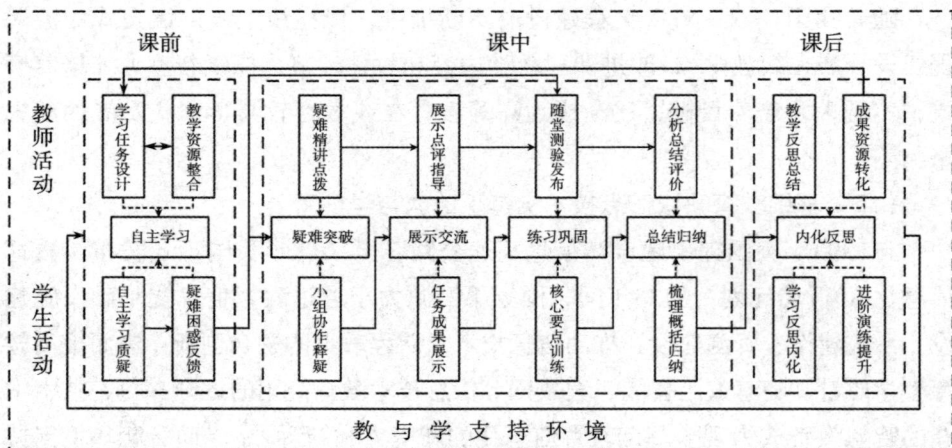

图2　智慧课堂教学结构框架图

基础教育"网校"概念的提出，是中小学名校向远程教育领域拓展的结果。自1996年101远程教育网成立以来，基础教育网校一直处于蓬勃发展的状态。其基本方式为网校端充分利用互联网等信息技术制作、传播课程资源，学习者借助互联网、卫星电视网、有线电视网等网络技术，获取相关学习资源，开展远程端的自主学习。网校的本质是充当学生的"高级家教"，在面向素质教育和应试压力选择之间，网校仍是作为应试教育的服务工具而被利用。①

为解决教育资源分布不均衡和配置不合理的矛盾冲突，基于教育卫星通信技术的同步课堂教学模式率先在基础教育领域开始了萌芽和起步。②随着我国教育领域"三通两平台"工程建设的不断推进，教师基于通信、网络技术支持，开展跨区域实时现场教学互动的同步课堂教学模式得以大范围推广。同步课堂的基本流程为"采用摄像设备，将优质学校的课堂教学活动及教师课件画面等音视频信号传送至流媒体编码器，压缩成数据流，通过流媒体服务器经网络传送到接收端课堂，从而实现若干课堂的同步教学讨论"③。

---

① 胡小勇，张川.当前国内网校建设状况的调查及思考［J］.中国电化教育，2000（10）：48-50.

② 姜辉.国际同步课堂的发展实践与建设标准研究［J］.教育教学论坛，2018（33）：29-31.

③ 周玉霞，朱云东，刘洁，等.同步直播课堂解决教育均衡问题的研究［J］.电化教育研究，2015（3）：52-57.

（三）非正式教育领域成为在线教育创新发展的新势力

2000年，新东方在线的成立是校外培训机构转型在线教育领域的标志性事件。受网络软硬件条件、民众对在线教育的认知度以及在线教育质量的影响，2010年之前我国在线教育培训行业，始终处于热情高涨但盈利不足的状态之中，其市场主体主要是高等学历教育及职业培训。原因主要有两条，一是在提升学历、求职、考证等应用场景中，在线教育培训需求更强烈；二是成人自控力强、学习目标明确。

反观K12的在线教育市场，尽管受到应试教育的影响，在线教育市场也存在强烈的刚性需要，但家长对应用网络开展学习存在着诸如影响视力、游戏沉迷、课程质量参差不齐等的忧虑，导致K12阶段的在线教育长期低迷。随着信息技术在生活、工作中的常态化应用以及"80后""90后"新生代父母教育意识的升级，2019年上半年的统计数据表明，K12在线教育市场从2012年的占比9%提升到20.7%，成为在线教育领域的重要力量。[①]

基于上述分析可以发现，在线教育发展演变的主要推动力有三个：一是信息技术的发展为在线教育提供了工具、手段和环境的支持；二是教育公平理念引领下的"自上而下"的优质教育资源共建共享的强力驱动；三是人的全面、自主、个性和终身发展的"自下而上"的需求推动。在此过程中，政策引导与社会资本的介入，共同促进了在线教育的发展演变。

三、在线教育的本质内涵解读

梳理已有研究发现，当前对在线教育的理解偏重于形式上的认识，即"在线是方式，教育是本质"[②]，而"在线"背后的隐喻是技术的发展演变导致在线教育与学校教育形态的差异化。因此，当前学术界对在线教育的普遍理解是："在线教育是指计算机作为交流媒介的远距离教育。"[③]这种从字面含义的解读，界定了在线教育与面对面教育形式上的差异，却导致在线教育的线上

---

① 艾瑞咨询. 2019上半年中国在线教育行业数据报告［EB/OL］.（2019-10-21）［2020-02-13］. http://www.199it.com/archives/951081.html.

② 梁林梅，蔡建东，耿倩倩. 疫情之下的中小学在线教学：现实、改进策略与未来重构［J］. 电化教育研究，2020，41（5）：5-11.

③ Mason R，Kaye A. Computer Mediated Communication in Distance Education［M］. Oxford：Pergamon Press，1989：58-60.

教学走向了"面对面课堂教学"的搬家。因此,理解在线教育的本质内涵,最终还要回归于技术与教育关系的审视与思辨。

（一）教育的本质目的是育人

教育是一种培养人的活动,教是途径、方法,育是教育的出发点和落脚点,是教育的本真。"育的目的是人的全面发展,是身心的一同成长"①。受时代发展的影响,不同阶段对"育什么样的人"的认识也在不断变化。20世纪90年代以来,为应对人才和资源在全球范围内的流动和重新配置所带来的挑战,世界各国教育机构和联盟组织纷纷将教育改革与创新作为立足点,着力于推进对适应社会发展所需要的人的关键能力和素养的探讨。

经济合作与发展组织（Organization for Economic Cooperation and Development，OECD）于1997年启动核心素养框架项目,历时6年最终确立三类核心素养,包括交互使用工具的能力、在异质群体中有效互动的能力和自主行动能力。在汲取OECD成果经验的基础上,欧盟于2006年发布了名为"为了终身学习的核心素养:欧洲参考框架"的文件,强调了核心素养与知识、技能和态度的联系。我国教育界将学生发展核心素养分为"文化基础、自主发展、社会参与"②等三个方面,并细分为六大素养和十八个基本要点,在此基础上确立具体学科的学科核心素养。学科核心素养既是核心素养在具体学科教学中的落实和具体化,也体现出"学科独特价值",而核心素养是学科核心素养的整合和提升,也是教育的终极目标。核心素养明确提出人的发展所应具有的关键品格和必备能力,成为当前我国教育改革发展的目标取向,也为在线教育的发展指明了战略方向。

（二）技术支持教育目的实现

回溯教育发展的历史可以发现,技术的更新迭代不断优化教育教学的过程和形式,以更好地促进教育目的的实现。语言的普及和应用为人类教育提供了手段和工具的支持,促进了代际生存经验的传承,从而使人类教育与"动物学习"相区别;文字的发明和使用将人类的思想、智慧和知识更加准确地记录、表达和传播,并为学习者和知识拥有者的分离式学习提供了支持;印刷术

---

① 李承先.教育本义考辨［J］.教师教育研究,2008（3）:46.
② 核心素养研究课题组.中国学生发展核心素养［J］.中国教育学刊,2016（10）:1-3.

在教育领域的广泛应用，有效地推动和支持了大规模教育教学活动的开展。人类社会进入工业时代以来，无声电影、电话、广播电视、计算机、卫星及互联网技术的广泛应用，不断加速信息和知识的流动和交换。在此过程中，教育资源的获取更加灵活便捷，课堂和学校对教育教学活动的场域限制被打破，4A（Anyone，Anywhere，Anytime，Anything）环境中的移动学习、非正式学习成为常态，教育教学活动的效率不断提高，人才培养质量不断提升。

随着人类社会进入21世纪，以人工智能、增强现实和虚拟现实等技术支持的个性化教育时代正式来临。人工智能、大数据、自适应等信息技术在学校教育和在线教育领域的广泛应用，推动了教学环境智能化、教学决策精准化、教学过程数据化和教学结果可视化，促进了教师的精准化教学和学生的个性化学习，共同支持和满足了人们工作、生活、学习的需求，使得人的全面、自主、个性和终身发展成为可能，促进了教育公平和教育质量提升。

（三）信息技术对教育教学的重塑

信息技术是人类自觉应用自然科学的结果，从本质上来说属于生产力的范畴。遵从马克思主义关于生产力和生产关系基本原理的论述，信息技术进入教育教学领域并引领和推动教育教学的变革创新，需要建立与信息技术相匹配的教育领域生产关系。

教与学的关系是教育领域生产关系的基本形式。建立与信息技术相匹配的教与学关系，需要真正完成从以教师为中心的教学向以学生为中心的学习转变，进而促进师生之间平等关系的建立和角色转化。在此基础上，以学生为中心开展教学的流程也将得以重建，从"以教定学"走向"以学定教"，促进学生由被动接受式的学习向主动探究式的学习方式转变。与此同时，教与学在环境和场所方面也从以课堂为主的教与学向多场景、多样态的学习转变，形成课前、课中、课后三阶段的一体化、线上线下相结合的教学活动组织与实施，最终实现对教育教学生态的重塑。

基于上述分析讨论可以发现，从技术角度看，在线教育是指综合运用多种信息技术支持教师线上教学和学生线上学习的教育形态；从教育角度看，在线教育是指教育教学资源、教学过程、教学方式、教学评价等的多样化、数据化、智能化和可视化；从技术与教育融合的角度看，在线教育指通过信息技术与教育教学的深入融合，提升教育教学效率和人才培养质量，促进教育的公平和优质均衡发展；从人才培养目的来看，在线教育是基于信息技术实施人才培养的全过程变革，实现教育教学生态重建，促进人的全面、自主、个性和终身发展。

四、学校在线教育创新发展的关键问题

教育信息化2.0行动计划明确提出："努力构建'互联网+'条件下的人才培养新模式、发展基于互联网的教育服务新模式。"①这不仅为我国教育领域创新发展指明了战略方向，也将影响和推动学校以互联网思维开展教育教学变革，并进而助推在线教育的大规模、常态化应用。在此进程中，学校开展在线教育所面临的系列化问题解决成为核心和关键。

（一）信息化基础设施支撑保障能力提升是基础

随着国家对教育信息化重视程度的不断提高，教育信息化基础设施建设投入增加的效应逐渐显现出来。截至2017年底，超过92%的中小学实现了网络接入，接入网络带宽超过10Mbps的中小学比例为80.07%，中小学多媒体教室占比为85.06%，使用省级网络空间支持平台的比例接近56%，超过83%的中小学采取各种措施促进信息技术在教育教学中的常态化应用。②与此同时，国家教育资源公共服务平台的资源数量也在不断增加，2017年全国共450多万名教师参与"晒课"活动，年度"晒课"近560万堂，生成性资源近1424万条，存储用户数据和资源500TB。③

成绩的取得固然令人欣喜，但此次疫情期间学生同时开展网络直播（录播）的线上学习，也反映出一系列问题。具体表现在：以教师展示为主的数字教育资源与以学生为中心的线上学习不匹配；优质教育资源，尤其是体系化、结构化的优质教育资源比较匮乏；体量巨大的学生同时访问导致掉线、卡顿现象严重，反映出网络带宽以及服务器负载能力的严重不足，也体现出当前教育

---

① 中华人民共和国教育部.教育部关于印发《教育信息化2.0行动计划》的通知［EB/OL］.（2018-04-18）［2020-03-02］.http://www.moe.gov.cn/srcsite/A16/s3342/201804/t20180425-334188.html.

② 教育部教育信息化战略研究基地（华中）.中国教育信息化发展报告（2017）［M］.北京：人民教育出版社，2018：9-30.

③ 教育部教育信息化战略研究基地（华中）.中国教育信息化发展报告（2017）［M］.北京：人民教育出版社，2018：163-164.

信息化基础设施建设与"经常用、普遍用"的发展目标相去甚远；网络学习平台设计存在缺陷，并发、扩展能力不足，崩溃现象时有发生；智能化技术的应用体现不足，数据统计缺乏精准性、完整性，严重制约了决策效率。脆弱的功能、糟糕的体验引发大量学生和家长的投诉和声讨，社会各界批评之声也不绝于耳。

现象背后反映出当前我国教育信息化基础设施建设支撑保障能力的严重不足。因此，从教育信息化创新发展的需求出发，超前谋划、提前布局，构建与学校在线教育未来发展的新形态、新模式、新业态相匹配的支撑保障机制已经刻不容缓。

（二）教师的教育教学理念转变与能力提升是前提

在线教育落地实施的关键因素之一是教师，而教师开展在线教育教学的影响因素主要有以下两方面，一是教师是否愿意参与线上教学；二是教师是否有能力开展线上教学。

教师意愿性问题的解决途径主要有四条：一是学校制定出台线上教学改革实施的政策性和激励性文件，提高教师参与教学改革的意愿；二是通过广泛宣传、召开座谈会、开展专家讲座、组织信息化教学比赛等方式，更新教师教学理念，营造教改文化氛围；三是树立线上教学改革典范，建立骨干教师领衔的学科教学团队，使处于线上教学起步阶段的教师在共同参与的过程中，转变观念、熟悉流程、增强信心，激发教师投入智慧课堂教学改革的热情；四是制定线上教学督导评价方案并纳入学校整体评价体系中，在评优树先、职称晋升等方面起到导向作用。

教师能力性问题的解决途径主要有三条：一是通过开展体系化、制度化的教师培训、教学沙龙、教学研讨交流会等活动，促进教师的信息技术与课程深度融合能力的提升；二是组建校内各学科或跨学科的教学实践共同体，通过观摩交流、头脑风暴、深度汇谈等方式，促进教师解决教学实践问题能力的提升；三是组建专家引领的跨学科校际教研共同体，以专题教研为抓手，通过学科同课异构、课堂行为分析等多样化教研活动，促进教师教学研究能力提升，促进教师专业发展。

（三）学生自主学习能力提升与信息素养养成是核心

在在线教育设计与组织实施的过程中，由于学生习惯于面对面讲授式教学，存在一定的行为惯性，同时学生的自主学习能力、信息素养等方面存在不足，难以支撑线上教学各阶段有效学习活动的完成，影响了整体效果的达成。

提升学生自主学习能力可以从教师和学生两主体的四个方面展开：一是课前自主学习任务的设计以及问题的确定要贴近学生的真实生活经验，以此激发学生自主学习的动机，同时在问题解决过程中，注重引导学生掌握学习方法和认知规律，培养自主学习的意识；二是针对学生课前学习结果的反馈要体现即时性和针对性，采用线上交流讨论和线下面对面指导相结合的方式，促进学生的真实问题解决，使学生自发主动地开展学习，从而养成积极主动学习的习惯；三是在学生课堂任务展示和师生点评的过程中，要体现引导性和激励性的原则，充分尊重学生的个性发展，增强学生的自我效能感；四是培养学生的元认知能力，使学生在活动参与过程中，通过观察、对比、反思、总结，发现自我的不足，促使学生发展良好的自主学习能力和习惯。

学生信息素养培养的有效途径可以通过以下四个方面达成：一是深化中小学信息技术必修课或选修课的课程内容，增强学生的信息意识和信息技能；二是组织开展创客、电脑制作、综合实践等项目活动，提高学生信息素养培养的积极性和应用信息技能解决问题的能力；三是针对开展在线教与学活动所使用的云端系统、移动终端等设备开展技术培训，使学生掌握开展智慧课堂学习的基本工具、手段和环境；四是在开展在线教与学活动的过程中，教师要给予指导和帮助，提高学生利用信息技能掌握课程内容和课程资源的学习能力，使学生在问题解决的过程中实现信息素养的提升。

（四）学生家长的支持与配合是必要条件

家长对学生使用移动学习终端的担忧主要体现在以下三方面：一是无节制的网络聊天与娱乐；二是沉溺于网络游戏；三是通过网络接触不良信息。解决以上问题可以通过三条途径：一是教育引导，学校与家长应加强对孩子使用移动学习终端的教育引导，教师和家长要以身作则，在使用网络特别是手机等移动终端设备时，要做到理性、节制；二是严格管理监督，制定预防学生沉迷网络的工作制度，在移动学习终端使用过程中，通过管理监管，规范学生移动学习终端使用行为，避免学生过度使用；三是技术更新完善，企业在移动学习终端研发时，应注意通过技术手段预防各种安全漏洞，过滤各类不良信息，预防技术破解，同时对所安装的应用软件实行安全管控，禁止学生玩游戏、上网等操作，实现绿色可控的学习环境创建。

五、小结

借助信息技术的支持推动，在线教育打破课堂教学的时空限制，有效促进信息技术与学科教学的深度融合，不仅满足了学生的个性化学习和差异化教育需求，真正实现因人而异、因材施教，而且还为破解当前学校教育大规模因材施教难题，推动教育教学的理念变革、模式创新，打破教育质量提升的天花板效应，提供了便捷、高效的途径。在线教育的深入发展还将为精准扶智行动提供技术、环境、平台、资源、模式支持，消弭区域、城乡、校际、教师之间的差距，形成优势互补、协同推进、整体发展的教育优质均衡发展新格局。与此同时，基于大数据平台的个人终身电子学习档案以及优质在线教育资源的建设，使得4A环境中的移动学习、非正式学习成为常态，将有力促进泛在化终身教育服务体系的构建与发展。

［选自《电化教育研究》2020年第8期］

论在线课程教学系统的建构①

王永明②　　徐继存

[**摘要**] 互联网和信息技术将引发未来教育的重大变革，而在线课程教学系统的发展是其中的核心变革之一。如何建构合理的在线课程教学系统呢？本文尝试对这一问题做出初步的探讨。基于相关文献和实践以及对未来的预测，我们以系统论方法论为指导，建构起一个初步的在线课程教学系统架构模型。我们以为这一系统的环境是一种网络教育生态环境，其中的学习系统是智能化的个人学习系统，系统本身的结构则包含了MOOC资源库、课程云层、智能化课程选择系统、SPOC教学系统、智能化监测系统、人性化动机激发系统及个体学习行为等几个有机关联的子系统。这一系统使个体与广大的网络教育世界合理地对接，促进个体的学习和个性全面发展，促进网络教育世界的进化和社会的更好发展。

[**关键词**] "互联网+"；生态；智能化；系统；主体

"互联网+"教育是一个过程而不是一种状态或结果，是一个互联网和信息技术与教育不断融合、创新的过程，是在教育发展的价值导向和基本规律指导下，新的教育关系、教育空间、教育资源、教育方式、组织机体等不断生成

---

① 本文系北京市教育科学十二五规划重点课题"信息化条件下北京市中小学学生学习方式变革实验研究"（课题编号：ABA14010）的阶段性研究成果。
② 王永明，山东师范大学教育学部副教授、博士，主要从事课程与教学论研究。

的过程。互联网和信息技术可能会引发未来教育的重大变革，甚至重塑整个教育，未来围绕此变革的一个长久而核心的问题是在线课程教学系统的建设问题。就目前的发展状况而言，我们可以将"在线课程教学系统"理解为有大量教育者和学习者参与的在线课程教学网络，围绕特定的发展目标，生成非常多样的课程资源和教学形式，产生极为丰富的主体互动和知识交互，并能够通过自身的学习和进化产生适应性，适应更多个体以及社会的发展需要。该如何合理建构在线课程教学系统呢？根据研究和分析，我们做出三个推测：第一，未来将逐步发展起一种网络教育生态环境，这是外部的在线教育环境；第二，将建立起处于这个环境当中的智能化个人学习系统，这是内在的在线学习机制；第三，将建立起适宜于个人学习的在线课程教学系统，这是外在的在线课程教学支持体系。三者由内而外形成一个生态圈，最外层是网络教育生态环境，中间层是在线课程教学系统，核心层是智能化个人学习系统。本文的逻辑是，根据生态性网络教育环境和智能化个人学习系统去设计和建构未来的课程教学系统，它们构成内在的统一性整体。这样的系统将有助于解决碎片化学习的随意性和低效率问题、在线学习的动力不足问题、网络教育资源整合不足问题，等等。

一、在线课程教学系统的环境

在线课程教学系统的环境就是"互联网+"教育所不断塑造的网络教育大环境，它是一个先进的技术环境，更是一个复杂的生态环境。"'互联网+'行动计划的核心是生态计划。"[①]其中，网络技术是网络教育生态环境的基本元素，技术的关联构成技术群，技术群的联合形成技术域，技术域界定技术空间，技术创造新的教育组织，开拓新的教育空间，生成和塑造网络教育生态环境。这样的网络教育生态环境固然有一般网络技术环境的特殊性，但同时必然且必须带有"教育"及其参与者的特殊性，也必须根据教育的特殊性去建构。我们认为未来逐渐生成的网络教育生态环境应该有如下几个特点。

（一）网络教育生态环境应是有加有减的

这是从网络教育生态环境发展的动力机制上说的，这样的环境应该是有加有减的，如同有正必有负，有阴必有阳。"加"至少有三方面含义，一是新的教育资源在教育的网络生态环境当中不断充实内容和优化结构，二是新的教

---

① 马化腾，等.互联网+：国家战略行动路线图［M］.北京：中信出版社，2015：58.

育技术的不断开发、创新和推广应用，三是通过网络信息技术将教育与其他领域的人、组织、实体、设备等连接。"减"也有三方面含义，一是新的教育通用网络技术协议的探索与达成，二是新的教育综合平台的建设与使用，三是教育的智能化。一般协议促进复杂多样的教育技术之间更广泛的融通与转换，减少技术阻隔，提高技术自由度；教育综合平台提供更便捷而全面的教育技术和教育资源，减少主体教育活动的复杂性，提升活动效率；智能化促进技术与主体之间更为合理的互动，减少教育活动的盲目性，提高主体的适应性。"加"是增加网络教育生态环境的丰富性，创造出更加丰富的教育资源和更大的教育空间。"减"是减少信息流通的障碍，提高信息流通的自由度，减少网络教育生态环境的复杂性，提高主体的适应性和自由性。"加"是不断生成，不断关联，体系不断扩大。"减"是不断消解，不断融通，体系不断一体化，成为越来越大的自由空间。"加"与"减"相互之间形成一种有张力的创造性关系，既激发网络教育生态环境的活力，又保持网络教育生态环境的稳定。

（二）网络教育生态环境应是以人性为本的

这是从网络教育生态环境建设的根本价值上说的，以人性为本的网络教育生态环境建设必然是基于人性、适宜人性、激发人性、发展人性的，而不应是压抑人性、污染人性、替代人性、物化人性、撕裂人性的。工商业经济活动是用网络信息数据去发现和挖掘更多更大的市场需要，攫取更多更大的经济利益，教育则是要利用网络信息数据去挖掘人性中更多的真善美慧，并创造相应的网络教育环境去激发、引导、发展和实现人性中更多的真善美慧。这要求网络教育生态环境这个特殊的教育环境本身就是追求真知的、充满善意的、体现美感的，在这里不是人性的压抑和泯灭，而是人性的舒展与熏陶。在环境及其内部各种成分和内容的设计、开发、建设、运行、操作、呈现等方面都体现出人性化的特征。

首先，网络教育环境应是基于人性的，是基于人性而开发和设计的网络资源和环境，其出发点是人而不是技术、利益、权力或其他什么。其次，网络教育环境应是适宜人性的，是适应于人性的教育资源和环境，是便于人去感知、操作和互动的环境，是适宜人们生存于其中的环境。再次，网络教育环境应是激发人性的，能够广泛地激发人的多方面能力和潜能，使得人性在此能够得到全面而充分的展现。最后，网络教育环境应是发展人性的，能够支持和促进人性中的德性和能力、个性和社会性的发展。此外，网络教育环境的人性化，还意味着网络教育环境具有过滤和净化能力，能够去除极其复杂的网络世界中的有害信息。

（三）网络教育生态环境应是结构完备的

这是从网络教育生态环境的整体结构上说的，其结构的完备性包括两层含义，一是其作为一个系统，内部构成的完备性；二是其作为更大的教育系统和社会系统的一个子系统，与其他系统的联系的完备性。两个层次之间既相对独立又相互统一，交互作用，内外融通。就第一层含义而言，网络教育生态环境中众多的学习主体（个体或群体）、众多的教育主体（个体、组织或群体）、丰富的社会互动、大量的教育资源、多样的教育方式、多维的活动空间、多彩的教育情景、多元的运行机制以及创造性的技术支持等等，构成一个复杂的完整的教育生态系统。有研究者认为，网络学习环境的生态性体现在其内部要素之间存在的丰富的"给养"关系[①]，"给养"的概念蕴含了很强的生态学意义。

就第二层含义而言，网络教育环境是与人、社会和世界相适应、相对应、相统一的。这种对应性和统一性体现了网络教育生态环境的完备性、开放性、动态性，使其能够与个体、社会和世界产生多方面甚至全面的互动，提供全方位的教育信息支持、资源支持、技术支持、空间支持、关系支持、活动支持等等，从而能够促进人和社会的发展进步，同时也推动网络教育生态环境自身的发展进化。网络生态环境结构的完备性将大大影响人的发展的全面性和完整性。当前的网络教育的结构是不完备的，比较零散，缺乏关联，不能构成一个完整的系统，其价值和功能不健全，甚至存在冲突和扭曲。但是，我们也应该看到，结构的完备是一个不断生成的过程，而不是一个已经完满的状态。变化的普遍存在导致环境结构之内外的差异、错位、缺口等，使得环境的结构不断生成，不断更新，也不断趋向完备，这是一个自组织的更新与发展的过程。网络教育生态环境的结构完备性是不断生成的完备性，不断与人和社会实现更大的统一性，这是其本质内涵。

（四）网络教育生态环境应是良性平衡的

这是从网络教育生态环境的内部关系和动态变化上说的，体现为环境结

① 李彤彤，武法提. 给养视域下网络学习环境的生态结构新解［J］. 电化教育研究，2016（11）：51-59.

构或内部生态关系的和谐性与平衡性。良性平衡是一种动态的平衡，体现为环境系统的非平衡性与平衡性之间不断地动态转换，而这个转换的过程是自然和谐的变换过程。当网络教育环境无法满足教育主体（包括个体、群体和社会）的需要的时候，它处于非平衡态，而通过自身的学习、重构与生成等，产生新的平衡态以满足教育主体的需要，同时，其自身也不断地生成与发展。也就是说，动态平衡性既是在线教育环境自身的功能特征，同时又是其发展的动力机制。"只有系统内各相关因素处于动态平衡态势时才能形成网络结构，或者说，网络结构是系统内各相关因素相互作用至彼此容纳的结果。"①

在线教育环境具有这种动态的良性平衡的根本原因在于它是一个复杂的网络系统，其内部要素或结点之间是普遍关联、相互作用的，构成一个宏大的教育生态系统，具有开放性、有序性、自组织性等，这使它能够保持动态平衡。从目前来看，在线教育生态环境系统所在的更大的网络环境系统已见雏形，虽然在线教育生态环境系统尚未初步形成，但发展非常迅速。随着其不断地生成和完善，它将具有更大的适应能力和自我调节能力，体现出其生态智能，而其发展和运行有赖于众多教育主体直接或间接的参与，同时它也能满足教育主体多样的教育需要。在线教育生态环境的发展，一是靠教育主体的积极参与和创造，二是系统自身自组织性的结果，也就是说其良性平衡并非完全自组织的结果，教育主体的合理合法参与非常重要。人并不是在线教育生态环境的构成要素，人是生存和生活在环境中的主体。

在线课程教学所在的这样的网络教育生态环境的总体目的是更加适合和支持个体的教育与学习，更加适宜于个体的多方面发展甚至个性全面自由发展。网络教育生态环境的建设也秉持了"五大理念"，即"创新、协调、绿色、开放、共享"，这"五大理念"渗透并体现在网络教育生态环境的每一个特点中，创造和发展出适合于所有教育主体生存于其中、创造于其中、在其中自由全面发展的环境和空间。它是一个教育生态信息圈，个体与这样一个广大而动态的教育生态信息圈展开更加全面而自由的信息连接、交流、互动、转换、融合等，实现自我的信息、知识、能力、智慧的更新和发展。

"社会生活不仅和沟通完全相同，而且一切沟通（因而也就是一切真正

---

① 谭长贵.动态平衡态势的网络结构［J］.自然辩证法研究，2002（3）：52-55.

的社会生活）都具有教育性。"①而要合理地引导和利用这种广泛存在的教育性，就需要有意识地创造良好的教育环境。网络教育生态环境无疑是另一种特殊的社会生活环境和教育环境，并且是一种极为便捷、极为广泛的沟通，具有更加普遍的教育性。因而我们就更需要有意识地进行合理的建设，使其适宜于每个身在其中的个体并能获得良好的发展，使每个个体都能在其中获得最适合于自己的教育与学习的环境、资源、方式、途径，这就需要在网络教育生态环境中建构一种智能化的个人学习系统。

二、在线课程教学系统的学习系统

在线课程教学系统的学习系统是一种智能化的个人学习系统，这也是与在线教育生态环境相适应的教育活动形式，其符号标志可以用"⑩"表示。可以说，未来教育发展的一个重要趋势就是建立智能化的个人学习系统。这样的学习系统是在网络教育生态环境中利用网络教育生态环境建构起来的，而网络教育生态环境也是可以支持这样的智能化个人学习系统的，二者是协调一致的，是统一的。智能化个人学习系统最基本的命题，是它直接与个体发生交互。系统与个体交互的直接性，体现出其个性化；系统与个体交互的适宜性，体现出其智能化；系统的个人化是其智能化的基础，系统的智能化是其个人化的升级。

（一）在线学习系统是个人化的学习系统

在线学习系统是个人化的学习系统，它非常符合个体的个性和学习特点，乃至于可能达到这种学习系统与个体的全面融合，能够完全自动地感知、调节、适应、建构和促进个体的学习活动，个体可以自主且自由地进行学习和探索。这种个人化学习系统是从更大的社会背景着眼，基于对个体学习数据的全面准确的分析和计算，从而全面地把握个体学习的状况和学习的需要，剖析个体的不足，发展个体的优势，挖掘个体的潜能，最优化地搜集、选择、组织和利用网络教育生态环境中的教育资源和空间，形成以个体为中心的教育活动体系。以个体为中心的教育活动体系，不是仅仅以满足个体需要和兴趣为目的的，而是为了促进个体在知识、技能、道德、智力、审美、人格等多方面的合理发展而提供适宜的教育环境、资源和技术支持。"当社会中的每个人都能按

---

① 杜威.民主主义与教育［M］.北京：人民教育出版社，2001：98.

他的自然禀赋做有益于别人的事情时（或对他所属的整体有贡献的事情），社会就能稳固地组织起来；教育的任务就在于发现一个人的禀赋，循序渐进地加以训练，应用于社会。"①而信息技术提供了实现这一教育任务的强大工具。个人化也是在线学习系统的重要优势所在，在线学习系统的开发与设计必然是围绕个人化展开的，围绕个体学习者展开的，但个人化的在线学习系统绝不是个人中心的，而是建立在更大的教育背景、技术背景、社会背景和历史背景中，是为了帮助个体在其中自我实现的。

（二）在线学习系统是社会化的学习系统

在线学习必然是网络化的学习，这使得个体的学习超越了个人的有限性，而走向更为广泛而复杂的社会学习系统，在多样的、广泛的、复杂的社会互动过程中学习和发展，甚至创造与创新。彭特兰（Alex Pentland）等人的研究证明，社会互动和多样化而独特的社会学习对个体的行为、决策、创新、习惯甚至人性具有重要的塑造与改变作用②。因而，我们上面所说的个人学习系统是个性化的社会性学习系统，体现在丰富的网络学习群体、大规模的社会学习数据、便捷而丰富的交互、多层多维多面的融合等方面。网络教育生态环境系统，为个体结识更多的学友、建立更为广泛的学习的社会关系，提供了几乎没有时间和空间限制的无限可能性。如果我们要学习一本书或一种教材，通过扫描书上的二维码，就可以进入相关的读者群，组成学习共同体，与小伙伴们一起学习、讨论、共享，相互监督，共同进步。如此类推，我们可以进行某一门课程的学习，某一个主题的学习、探讨与探究，某一项活动的共同开展与相互合作等等。由此，网络空间中将生成和呈现数量庞大的多种多样的学习群，个体在网络中开展学习和探索，会逐渐与不同的学习群建立联系，逐渐形成与个体自我发展相关的独特的学习群体系，促进个体的个性化发展、社会性学习和自我实现。个体在学习群体系中是作为接受者、学习者、分享者、合作者、建构者等多种学习角色而存在的。

个人化的在线学习系统能够在网络教育环境和在线课程教学系统中为个体建构起个人化和社会性的学习空间，这种学习空间"支持学习者开放获取资

---

① 杜威.民主主义与教育［M］.北京：人民教育出版社，2001：98.
② 阿莱克斯·彭特兰.智慧社会：大数据与社会物理学［M］.杭州：浙江人民出版社，2015：37.

源、自由参与活动和反思交流的学习环境，具有个性化、开放性、联通性、交互性、伸缩性等关键特征"①，而更关键的核心特征是智能化，有了智能化，这样的学习系统和学习空间就如同有了"脑"与"魂"，如同有了类似于人的"智力"与"精神"。

（三）在线学习系统是智能化的学习系统

在线学习系统是通过智能化实现的，也必须通过智能化才能更好地实现。在线的教育和课程教学系统正在实现着能够使个体随时随处学习任何感兴趣的内容的可能性，而智能化的学习系统则是要研究计算机和网络在什么地方、什么时刻以什么内容、什么方法使人学习和发展得更好，这不仅仅涉及计算机的科学与技术，更要依据教育的规律和方法。

在线学习系统要实现智能化，就必须不断地与人、知识、技术、应用程序、平台、站点、教室（物理教育场所或空间）等更多的节点（结点）建立更多的关联，保持联通的状态，再通过系统的自组织和涌现等，产生出系统的教育智能。因而，教育系统智能化的发展至少体现在三个方面，一是网络教育生态环境和课程教学系统的智能化；二是个人化学习系统的智能化；三是网络教育生态环境和课程教学系统与个人化学习系统之间联通的智能化。

要实现环境或系统的智能化，基础是个体与数字之间建立更为密切、广泛、深入的关联，它包括个体的数字化和数字的个体化。个体的数字化是个体个性化的相关信息转化为可计算、可利用的数字或数据并与更大的数据信息系统对接关联的过程，而数字的个体化过程是所有相关数字或数据经过计算和分析后形成的针对个体的个性化学习策略和学习方案，这两个过程正是智能化之体现与实现。由此，智能化学习系统的基本结构就包括三个方面，即数据、技术和交互界面。数据是智能化的信息源；技术是对数据的计算和处理，以实现系统的智能化；交互界面则实现着人与电脑、数据、网络之间的联通与转换。网络教育环境的不断生成和发展以及个体在其中的不断活动，将产生海量的教育数据，即教育"大数据"。关键是如何在这海量的不断膨胀的教育大数据中，找到对个体有用的、有价值的教育信息，建构有效的教育模式，形成所谓

---

① 毕家娟，杨现民.联通主义视角下的个人学习空间构建［J］.中国电化教育，2014（8）：48-54.

的"大数据、小模式"①。这就需要借助于大数据分析技术、网络虚拟技术、学习分析技术、量化自我技术、云技术、人工智能等对信息进行有效的分析和处理，从而能以教育学的规律和方法加以科学化地组织和利用，最后形成适应于个体的学习、思考和创造的具体环境和系统。

网络教育生态环境智能化提供智慧化的大教育环境，在线课程教学系统智能化保证个体学习的系统性、适应性和有效性等，智能化的个人学习系统则更进一步，在不断地为个体生成与塑造着最适宜个体学习和发展的、具有电脑智慧的"具身学习环境"②。智慧学习环境作为开放互联环境的一种典型形态，是一种能感知学习情景、识别学习者特征、提供合适的学习资源与便利的互动工具、自动记录学习过程和评测学习成果，为师生提供开放学习环境和个性化服务，以促进学习者实现任意时间、任意地点和任意步调进行学习的场所或活动空间③。智能化的学习系统应该能够适应个体学习者的特点和需要，帮助学习者确定具体的学习目标、选择学习的内容和方法、建立教育关系、建构学习策略、设计学习活动等，提供具有个性化、整体性、长远性和有效性的建议和规划，并密切监督、评价和反馈学习过程和结果，能够根据实际情况进行灵活的动态调整，保证学习目的的达成，促进学习者持续而有效地发展。

但是，我们始终都应该明确，人是主体，是网络教育环境中的主体，是数据的主体，是技术的主体。我们所追求的智能化系统绝对不是要以技术和数据替代甚至压抑个体的经验、思维、智慧、观察力、洞察力，而是在智能化系统中，通过智能化系统，使个体与外部社会世界建立更多样更广泛的接触和关联，并形成适合个体的教育目标、内容、情境、方法、路径、资源等，促进个体学习者多方面的发展，并实现个体的个性化学习和教育，促进其独特潜质的充分发展，使其成为自我、环境和技术的主体。而随着教育目标的达成——促进人的发展，智能化系统将隐退或消失，同时也将生成新的目标机制，促进人的进一步发展。"智能的魅力看上去减少到'无'时，我们就可以完全理解它

---

① 卢西亚诺·弗洛里迪.第四次革命：人工智能如何塑造人类现实［M］.杭州：浙江人民出版社，2016：14.

② 郑旭东，王美倩.从静态预设到动态生成：具身认知视角下学习环境构建的新系统观［J］.电化教育研究，2016（1）：18-24.

③ 黄荣怀，等.互联网促进教育变革的基本格局［J］.中国电化教育，2017（1）：7-16.

的方法了。"①也就是说，智能化学习系统是持续不断地为学习者的学习、教育和发展提供恰如其分的"支持"（类似于"支架"的功能）和帮助的智慧系统，并且这样的学习系统不仅是支持个体学习的系统，还是一个支持个体创造的系统。

智能化的个人学习系统是为了帮助学习者成为学习的主体，成为创造的主体，而不是替代学习者记忆、思维、思考等。为此，智能化个人学习系统是代表了在线教育系统，作为"教育对话者"。"智能化"是在个体与网络世界的对话中实现的，智能化即"对话"——人的智慧与电脑的智能之间的对话。数据和技术展现了电脑的智能，交互界面使电脑智能和人的智慧展开对话。智能化是人机双边的智慧开发和智慧实现，在人则体现为智慧（大脑的、精神的、身体的）开发，在机器则体现为智能进化，而这是在"对话"中实现的。个体学习者与这个智能的"教育对话者"的对话越多，这个智能的"教育对话者"就越了解个体学习者，也就越能提供更加个性化的全面的教育支持、教育活动和教育服务。"对话越多"意味着个体学习者与智能化个人学习系统、在线教育网络环境以及在线课程教学系统所建立的联系、产生的交互和达成的"协议"越多且有效，基于此而建立起个性化的学习模式、课程教学体系及教育空间。

智能化的个人学习系统是个性化的、具体的，也是社会化的、开放的，它紧密联系着个体，服务于个体，又与整个在线教育系统乃至整个网络世界联通，发挥其强大的智能化教育支持能力，促进个体个性的全面发展。基于网络教育生态环境建构的智能化个人学习系统不仅能够适应个体的个性化学习和发展，为其提供丰富的教育资源和教育关系，而且也有助于个体的社会化发展和社会的创造性发展，智能化个人学习系统能够成为个体与社会合理发展的有效机制。

三、在线课程教学体系的结构模型

在线课程教学系统是介于网络教育生态环境和智能化个人学习系统之间的中介系统，它在广大无边的网络教育生态环境与特殊有界的智能化个人学习系统之间架起桥梁，通过层层转化与沟通，最终实现个体的智能化学习或智慧学习，促进个体个性的全面发展。网络教育生态环境与个体之间本来是直接

---

① Ray Kurzweil. 奇点临近［M］. 北京：机械工业出版社，2011：160.

交互的，但由于环境的复杂性和个体的有限性，使个体的教育和学习出现随意性、零散性、浅表化、碎片化等问题，因而必须要有系统化的在线课程教学体系提供连续而有序的教育，又要有更加紧密地契合于个体的智能化个人学习系统提供更具体（或用一个时髦的词"具身"）的指导、协助与支持。

　　未来的在线课程教学系统，一方面向网络教育环境普遍开放，另一方面与个体的学习具体对接，向学习者开放。开放意味着它能接纳来自两方的所有相关信息，并能有效地处理和转化、创造性地组织和利用所有相关信息，建构起适合于个体发展的课程教学体系。因此，未来的在线课程教学系统必然带有其所在环境和所服务对象的特殊性，如开放性、丰富性、复杂性、生成性、自组织性、智能化、人性化等等。这样的在线课程教学体系将实现智能化的课程开发、管理、组织、整合、实施、评价与反馈，构成一个智能化课程教学整体系统，一个可持续发展的教育生态循环系统。

　　基于对网络教育生态环境建设与智能化个人学习系统创建的预测和教育技术发展的现状与未来可能，我们尝试建构未来的在线课程教学体系模型，如图1所示。

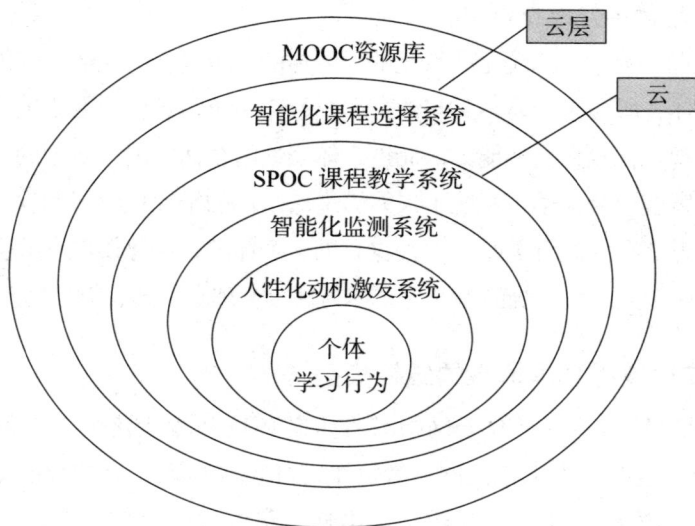

图1　在线课程教学系统模型

　　第一，MOOC资源库。MOOC采用其最基本的概念含义，即大规模在线开放课程（Massive Open Online Courses），不断生成的在线开放课程组成一个持续发展的巨大而庞杂的课程资源库，这样一个MOOC资源库并不会以某一种或几种固定课程模式作为主导，其内容和模式是极为丰富多样的，同时又是有组织和结构类别的，对其参与开发、创造和实施的主体是众多的，这些都反映出MOOC资源库具有开放性、创造性、复杂性和有序性。在巨大而庞杂的课程资源库中，如何确认和保证课程资源的质量呢？这将会以在线教育系统的竞争机制和自由选择机制作为内在动力机制，通过自然筛选过程，形成优质课程资源序列，促进课程资源开发质量的提升。

第二，课程云层。"云层"是一种形象的说法，它是云技术在网络教育系统中运用所展现出来的功能，作为分析、计算、转换、协调、集成、共享、贯通的平台和机制，实现资源集成、网络互联、按需服务。多种多样的既有课程集聚于"云层"，促使大量的在线教育资源、教育内容、教育形式和教育技术实现课程化生成、组织、开发和创新，从而形成了"云课程"。"云课程"是一种新的课程形态，"这个概念可以较好地概括诸如视频共享课、网络课程、电子教材、虚拟课堂、远程同步教学、学科资源中心、数字化学校等信息技术所带来的课程与教学的形式变化"[①]。"云课程"可以实现社会与个体、固定与随机、集中与分散、基础与拓展等的共存。"云课程"是从在线课程的形态或形式上而言的，MOOC则是从在线课程的内容上而言的。

第三，智能化课程选择系统。它可以对庞大的MOOC资源库进行智能化的选择与组合，以适应不同学习者的学习目的和学习需要，形成适合于个体的个性化的课程体系。智能化课程选择机制介于教育生态环境、MOOC资源库和学习者之间，一方面对环境和资源库中的信息进行有效的个性化的捕捉、编辑、存储、管理等，另一方面对学习者个体的信息进行搜集、分析、整合、提炼等，并对两方面信息进行匹配与组合，实现课程的智能化、个性化选择。智能化课程选择机制可能会涉及人机交互（或者称为"人机对话"）和机器学习。

第四，SPOC课程教学系统。SPOC采用其最初级的概念含义，即针对性个体在线课程教学活动（Special Personal Online Courses），它具有更为紧密的组织关系和密切、及时、丰富的互动，能够提供更加具有指导性和针对性的课

---

① 王本陆.关于加强云课程研究的几点思考［M］.课程·教材·教法，2013（12）：3-7.

程教学资源和活动。SPOC可以是教师组织的，也可以是学习者自己组织的，还可以是其他人组织学习者参与的；既可以是有中心的，也可以是无中心的，在教学的方式方法上还可以有多种形式。

第五，智能化监测系统。它是对学习者在整个学习过程中所有的状况、状态、行为、表现、结果等的记录，是关于个体学习的所有数据的全面记录和监测。智能化监测系统产生出属于每个个体的"小数据"，是个体自我在教育中的数据化呈现，是"量化的自我"或"数字化自我"，这是智能化个人学习系统运作的数据基础和信息依据。智能化监测系统获得的数据经过授权后进入云层并上传到更大的数据库中，与"大数据"对接，被更大的课程系统处理和使用，一方面以利于大课程教学系统合理地开发、组织、管理和建设，另一方面以利于个体课程教学体系恰当准确地选择、组织、实施及评价等。简单地说，智能化监测系统提供了个体学习及在线课程与教学的数据基础。

第六，人性化动机激发系统。它能够根据人性特点和心理规律，创建多种路径和方法，激发人的学习动机，推动人坚持不断地学习。人性化动机激发系统更深层次的发展，是它能够发现、激发和开发个体的潜能，促进个体对自我的深度理解与合理定位，促进个体的优势和特长的充分发展和实现。此外，人性化动机激发系统能针对个体的缺点和不足，提供相应的弥补对策，提醒和帮助主体逐渐克服、消除、纠正个体自身的缺点和不足。

第七，个体学习行为。它是在网络教育生态环境和智能化个人学习系统中展开的个性化的、更加自由的、更加自主的、更加高效的、更加系统的个体学习活动。经过一层层的网络智能平台和机制的支持，最后形成每个个体的课程、教学和学习计划，个体按照自己的课程教学计划，在网络教育生态环境和在线课程教学系统中展开学习，获得发展。从另一个角度来说，个体学习行为是个体与在线教育系统及环境的交互行为，而这是产生个体数据、保证系统运行、提升系统智能、促进系统发展的源泉。

以上七个方面形成不同构成的子系统和层空间，它们之间有复杂多样的交互，包括从外到内的递进、从内到外的生成、临近层空间的交互、不同层空间的跨界交互等。大量的、多样的、有序的"交互"是在线课程教学系统智能化和复杂性的机制保障，交互使得信息得以流动、组合、生成，使得学习的网络得以不断建立，课程教学体系得以发展更新。交互的过程也是对话的过程，是在线课程教学系统智能进化的过程，是学习者智慧发展和成为主体的过程。

　　这一在线课程教学系统的核心是建立有助于网络教育生态环境发展并适应个体学习者的智能化个人在线课程教学系统，该系统的上面七个子系统正是为了实现这一核心目标的。这样的系统模型在一些大型在线课程系统中已经有部分体现，例如Coursera，而就目前的整体发展状况来看，MOOC资源库已有所发展，但依然不够丰富多样；"云课程"尚处于非常初步的发展阶段；智能化课程选择系统已有所体现，但其智能化依然不足；SPOC教学系统也已有初步发展；智能化监测系统和人性化动机激发系统的发展则十分欠缺；个体学习行为的研究尤其是在线学习行为的研究尚不够深入；更为欠缺的是，以上这些部分尚未能有机组合形成一个统一的系统。目前的计算机和网络技术已经有很多能够支持智能化个人在线课程教学系统的建构与发展，关键问题是如何合理地引入与应用到在线教育系统中，实际上，这个问题也就是如何充分利用现代信息技术建构智能化个人在线课程教学系统的问题。对此，我们提出"有机化发展"的策略，即从某一门在线课程的建构与开发开始，须包括基于本课程的学习者分析机制的研发、学习主体动机激发机制的研发、智能化监测机制的研发、SPOC教学机制的研发、课程选择机制的研发等，尤其注意本课程与个体学习者及更大的教育环境和资源深入广泛地关联与交互的可能性，这些部分的合理研发与组合，使该课程本身就成为一个智能教育有机体，并且其结构与宏观在线课程教学系统是同构的，从而使其能够对接和参与建构宏观在线课程教学系统。如此引发更多在线课程的开发建构与组织衍生，每一门课程自身都是在线课程教学系统中的一个完整的智能有机细胞或组织，进而促进智能化个人在线课程教学系统及其环境的持续生成，每一门课程不断丰富和对接宏观在线课程教学系统，宏观在线课程教学系统则不断重组和统整所有在线课程，并为建构属于特殊学习者个体的更加合理的个性化在线课程教学系统和学习系统提供强大的系统智能支持，这是一个有机化、自组织发展的过程。

　　从主体的视角上说，这样的课程教学系统又有社会学意义上的教育系统建构。一个个的个体及其学习系统和学习活动与课程教学系统、与网络教育生态环境之间有广泛而深入的互动，个体之间有多样化的群集和互动。实际上，这是在更大范围的社会学意义上进行的，是新的教育关系和教育系统的建构或重构。教育关系的重建是要在网络教育生态环境中使每个个体既是一个高效的学习者，也是一个活跃的教育者，而在一个个个体的交互与关联中激活和开发群体教育智能，形成一种分布式的群体教育，在这样的关系中，既有个体之间的智能交互融合，又有个体与群体之间的智能交互融合，促进个体的快速发展与成长，促进群体的不断更新与生成。其结构可能如图2所示。

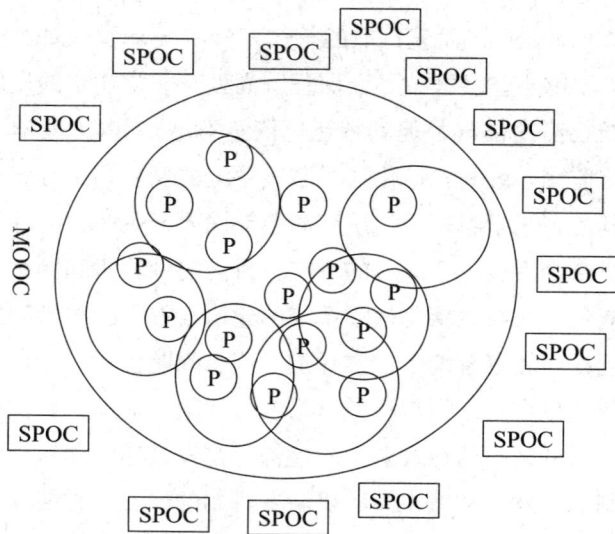

图2 在线课程教学系统教育组织关系

概括而言，网络教育生态环境的分析是在线教育系统宏观基本特征的分析，智能化个人学习系统的探讨是在线教育系统的目的聚焦，在线课程教学体系的预想是具体的课程教学系统的建设思考，它应符合网络教育生态环境的基本特征，应能实现智能化个人学习系统的目标。在理论上，我们要研究和理解个人学习的规律和机制；在实践上，我们要建构在线教育生态环境和在线课程教学系统，环境和系统围绕个人学习系统展开建构，以支持和实现智能化的个人学习活动，促进个体更好地发展。最后，还有一个很重要的问题：由谁来建设这些环境和系统？我们以为，一方面需要发挥教育市场的作用，另一方面要坚持教育的公共性，这需要国家的支持、投资和引导。发挥教育市场的作用，可以调动多方面的力量加入，使系统的发展建构更具活力，也更有社会适应力；坚持教育的公共性，可以保证教育的公平性和人的全面发展的教育目的。

[选自《中国电化教育》2018年第3期]

利用有效失败的创客学习活动设计
——一项探索性研究①

刘新阳②

[**摘要**] 针对当前中小学创客教育实践中存在的"有形而少实"的现实困境，本文以"如何使学习有效发生"为着眼点，以"有效失败"的相关理论成果为指导，探索通过脚手架促进学习有效发生的设计策略。研究采取参与式观察与深度访谈相结合的方法，在真实教学境脉中探究了不同类型和强度的脚手架组合设计在支持和引导学生有效经历创造性问题解决过程中所发挥的作用。在研究进程中，研究者与教师在平等协商、充分互动的基础上共同完成了学习活动设计方案的三轮迭代，是对教学设计理论研究与教师专业发展支持相结合的一次实践探索。研究结果支持了"有效失败"的新近理论观点，验证了利用"有效失败"的脚手架设计经过多轮迭代之后，能够最大程度地与学生的已有知识与能力相匹配，从而达成优化教学设计方案、提升学习效果的目的。研究揭示了创客工具对于发展学生创造性思维的脚手架价值，提出了创客教育评价要重视学习过程的有效性以及为教师提供动态教学设计策略支持而非静态教学模式的推广等实践建议。

[**关键词**] 有效失败；创客教育；学习活动设计；脚手架

① 本文系2015年度教育部人文社会科学研究青年基金项目"发展核心素养的科技类综合实践活动设计研究"（项目批准号：15YJC880047）的阶段性研究成果。
② 刘新阳，山东师范大学教育学部副教授，主要从事教学设计、学习科学研究。

一、引言

在当前中小学创客教育蓬勃发展的表象之下，已有学者注意到实践中所表现出来的创客教育"空心化"①及"泡沫化"②现象。这些现象反映出在创客教育迅速推广的过程中，由于对创客教育规律特别是教学设计问题的关注远远滞后于硬件设备及空间环境的建设而导致的创客教育"有形而少实"的现实困境。当前的情形与21世纪初教育信息化推进过程中重硬件轻软件、重建设轻应用的情况非常类似。历史的教训警示我们，仅凭信息化技术装备的普及并不能实现教育变革，同样道理，在缺乏教学设计理论与教师教学实践支持的情况下，仅凭创客空间的建设及创客教育活动的开展，所达到的也许只是表面繁荣。

作为培养学生创新能力与实践能力的重要载体的创客教育活动，其教育成效的达成，取决于学生是否真正经历了创造性问题解决的过程以及在此过程中学习是否得以有效发生。当前对中小学创客教育的研究，多集中在较为宏观的理论层面，尚缺乏对微观层面的学习过程及其有效性的研究③④。面对一线教师"创客教育究竟该怎么教"的疑问，笔者尝试从"如何使学习得以有效发生"的视角，探讨创客学习活动的教学设计与教师教学实践支持问题。

二、当前中小学创客学习活动存在的问题

（一）"造"与"创"的失衡

当前中小学创客学习活动的主要组织形式有两类：一是在校内以校本课程、综合实践活动或兴趣小组等形式开展，二是校外教育机构所开发的商业性课程。从学习活动的设计与实施情况来看，均存在着重"造"而轻"创"的问题。在缺乏相关教学设计理论及工具支持的情况下，学校教师很容易将自己

---

① 黄利华，包雪，王佑镁，等.设计型学习：学校创客教育实践模式新探［J］.中国电化教育，2016（11）：18–22.

② 余胜泉.警惕创客教育泡沫化［EB/OL］.［2017–09–22］. http://www.edu777.com/redian/2015/1008/13369.html.

③ 谭玉，张涛.创客教育研究的现状、热点与趋势：基于2013—2016年CSSCI数据库刊载相关文献的知识图谱分析［J］.现代教育技术，2017（5）：102–108.

④ 王滨，乜勇.国内创客教育研究现状与反思［J］.中国医学教育技术，2017（4）：361–366.

熟悉的授受式教学"迁移"到创客学习活动中来,从而使"看得见、摸得着"的操作步骤和制作成品在不知不觉中成为教学目标的全部,而对于创造性思维及创新能力的培养,则显得既"无心"亦"无力"。校外教育机构所开发的商业性课程,往往出于"批量生产"的需要,在学习活动设计与课程实施方面均较为程式化,特别是有些机构受商业利益的驱动,秉持"一定要让家长看到作品"的理念,导致很多学习活动沦为"照着做"。另外,近年来出现的很多中小学创客赛事,在评价方式上重结果而轻过程的做法,也产生了不良的导向性作用。

中小学开展创客教育,并非简单地把创客运动引进校园。中小学生与创客的区别在于后者是具备较强的动手能力、创新能力以及创造性动机与热情的人,而中小学生恰恰是需要通过创客教育发展上述能力的人。也许正是"在面对国内学生创新精神与实践能力不强的焦急心理的驱使下,将创客教育作为教育改革的万能药"[①],才导致有"造之形"而少"创之实"的失衡现象。脱离了"创"的"造"很可能沦为"仿造",这显然与创客教育的初衷是背道而驰的。

(二)结果导向的教学设计思维定式

中小学创客学习活动重"造"轻"创"现象的根源,并非教育者在思想意识上对创新能力的轻视,而是由于对创新能力不同于一般知识技能的发展规律的认识欠缺,以及与之相适应的教学设计策略的匮乏,致使主导授受式教学的结果导向的教学设计思维定式乘虚而入的结果。

教育心理学研究表明,作为综合能力的问题解决能力和创新能力是不能直接教授的,必须以包含实质内容的学习活动为载体[②]。由此看来,面向全体中小学生的创客教育应该是一种"创客式教育"[③]——以创客活动为载体,使学生在运用技术工具解决真实问题的过程中,掌握相关知识技能并发展创新能力。因而,教学设计的重心应当由对学习结果的关注转移到对有效学习过程的支持上来。

---

① 王滨,乜勇.国内创客教育研究现状与反思[J].中国医学教育技术,2017(4):361-366.

② 皮连生.教育心理学(第四版)[M].上海:上海教育出版社,2016:142-177.

③ 杨现民,李冀红.创客教育的价值潜能及其争议[J].现代远程教育研究,2015(2):23-34.

结果导向的教学设计思维定式在实践中表现为"追求成功、力避失败"。笔者发现，在很多创客学习活动中，学生因成功实现了预期的功能而欢呼雀跃，但问及排除故障的过程以及为何要实现某项功能，多数学生语焉不详。对制作成功的追求，使得教师倾向于直接教授解决问题的具体方法而不是支持学生的问题解决过程。在结果导向的教学模式下培养的学生如同日本学者波多野谊余夫（Giyoo Hatano）所定义的"常规专家"——他们熟练掌握了特定领域的技术操作，能够有效应对常规问题，但他们并不具备"适应性专家"所特有的在多变的境脉中创造性解决问题的"适应性专长"（Adaptive Expertise）①。结果导向的教学设计思维定式，仅关注表现意义上的"学生做到了什么"而忽视了"学生经历了什么"以及"学习是否发生"。对于创新能力这样的高阶认知能力而言，没有对学习过程的支持，是不可能达成发展目标的。

综上所述，当创客学习活动过程蜕变为"照着做"，而学习目标又单一地指向"做出来"时，创客学习活动所肩负的发展学生创造性问题解决能力的使命就变得虚无缥缈了。因此，我们必须反思和改进创客学习活动的教学设计，为学生真正经历真实的问题解决过程创设条件并提供支持，从而实现"创"与"造"的平衡以及学习结果与学习过程的"双丰收"。

三、有效失败及其对创客学习活动设计的理论启示

（一）有效失败及其对于学习的意义

长期以来，学习科学领域围绕如何支持学习者在真实的问题解决情境中学习这一问题开展了大量研究，主导性的研究思路是通过各种脚手架设计帮助学习者"成功"解决问题从而达成学习目标②③。自2008年起，卡普尔（Manu Kapur）将目光转向另一种可能，发现学习者在问题解决初期经历的失败对有

---

① Hatano G，Inagaki K. Two courses of expertise［C］// Stevenson H，Hakuta K. Child Development and Education in Japan. San Francisco：Freeman，1986：262-272.

② Brown J S，Collins A，Duguid P. Situated Cognition and the Culture of Learning［J］. Educational Researcher，1989，18（1）：32-42.

③ Reiser B J. Scaffolding Complex Learning：The Mechanisms of Structuring and Problematizing Student Work［J］. Journal of the Learning Sciences，2004，13（3）：273-304.

效学习的发生具有促进作用，于是提出了"有效失败"（Productive Failure）[①]这一概念[②]。卡普尔借由准实验对比研究发现，全程提供充分脚手架支持的经典PBL活动就短期学习效率和效果来看是令人满意的，但从长期效果来看，在学习结果的可迁移性、适应性及创造性运用方面则是欠缺的，与直接教学方式并无显著差异，而经历了有效失败过程的学习者在这方面的表现是显著优于前者的[③]。

卡普尔所建立的利用有效失败的学习活动设计模型由两个相继的学习阶段构成，即"探索—生成"阶段和"整合—巩固"阶段[④]。在前一阶段，学生在几乎没有任何脚手架支持的情况下，以小组协作的形式尝试解决问题，营造开放和包容的文化氛围，鼓励多样化的思维方式和解决方案，通常这一阶段的多数解决方案都是"失败"的。在后一阶段，在教师的引导及相关脚手架支持下，学生通过与成功解决方案的比较，对失败方案的问题及其根源进行分析，由此达成学习目标。卡普尔发现，在"探索—生成"阶段学生所生成的"问题表征与解决方法"（Representations and Solution Methods，简称RSMs）多

---

① Productive Failure的中文译法尚不统一，笔者当前能够检索到的4篇文献中共有3种译法："启发性挫败"（杨玉芹. 启发性挫败的设计研究：翻转课堂的实施策略［J］. 中国电化教育，2014（11）：111–115）、"有价值的失败"（张澜，王婷. 浅析课堂中"有价值的失败"的机制及设计原则［J］. 教学与管理，2015（18）：94–96）及"有效失败"（郭婧远. 创客教育中利用有效失败促进学习的研究［D］. 上海：华东师范大学，2016；曹鹭，Jacobson，徐光涛. 利用虚拟世界及基于代理的模型学习科学探究：计算机化科学探究模型浅析［J］. 中国电化教育，2017（7）：33–41）。统筹考虑Productive Failure所表达的"任务表现上的失败与学习的有效发生共存"这一本质特征，以及卡普尔新近提出的几个相关概念的对应译法：Productive Success（有效成功）、Unproductive Failure（无效失败）与Unproductive Success（无效成功）（Kapur M. Examining Productive Failure, Productive Success, Unproductive Failure, and Unproductive Success in Learning［J］. Educational Psychologist, 2016, 51（2）：289–299），笔者采用了"有效失败"的译法。

② Kapur M. Productive Failure［J］. Cognition & Instruction, 2008, 26（3）：379–424.

③ Kapur M. A further study of productive failure in mathematical problem solving: Unpacking the design components.［J］. Instructional Science, 2011, 39（4）：561–579.

④ Kapur M, Bielaczyc K. Designing for productive failure［J］. Journal of the Learning Sciences, 2012, 21（1）：45–83.

样性越强，学生在学习活动结束后进行的概念性理解、迁移水平等测试中表现越好。卡普尔对此的解释是：学生自主生成RSMs的过程为其创造了与核心概念及其关键特征开展充分的认知互动的机会，从而有助于深化概念的理解并提升迁移水平[1][2]。

从建构主义的学习观来看，学生的认知结构是在与外界的互动过程中形成和改变的。表征问题、构建及检验解决方案的过程，既包含学生运用、操纵相关概念乃至与其"对质"[3]的过程，同时也是相关概念通过现象或结果向学生"回话"[4]的过程，这种双向互动为知识建构所必需的同化与顺应过程的有效发生创造了条件。相较之下，过早地为学生提供结构化知识，甚至为追求问题解决的"成功"而直接教授解决方案，都因剥夺了上述过程而造成学习结果（特别是长期效果）欠佳。因此，对有效失败的关注，有利于转变教学实践中存在的重结果而轻过程的问题。

（二）有效失败对创客学习活动设计的理论启示

创客学习活动的性质决定了学生在学习过程中遭遇各种失败的机会比常规课堂教学更多，有效失败理论强调利用失败促成学习的发生，对创客学习活动的设计具有重要的理论启示。现具体阐释如下。

1. 学习活动设计目标：促成有效学习的发生

对有效失败的研究转变了传统教学设计策略中"规避失败"的思维定式，反映了教学设计的关注点从学习结果到学习过程的转移，这其实正是近年来在学习科学的推动下人们对"人是如何学习的"这一问题有了更为深入认识的表现。学习是一个复杂而曲折的过程，新的概念结构与学习者已有概念结构之间通常要经历"冲突—解构—重新建构"的过程才能真正为学习者所掌握，而这一过程中往往是充满任务表现意义上的"失败"的，但经历这一过程，其

① Kapur M, Bielaczyc K. Designing for productive failure［J］. Journal of the Learning Sciences, 2012, 21（1）：45-83.

② Kapur M. Comparing Learning From Productive Failure and Vicarious Failure［J］. Journal of the Learning Sciences, 2014, 23（4）：651-677.

③ 安德烈·焦尔当, 裴新宁. 变构模型：学习研究的新路［M］. 北京：教育科学出版社, 2010：161-162.

④ 舍恩. 反映的实践者：专业工作者如何在行动中思考［M］. 北京：教育科学出版社, 2007：63-65.

实是学习成功的必要条件[①]。相反，学习过程"一帆风顺"的背后，很可能是必要的知识建构过程的缺失，由于新的概念并没有真正融入学习者自身的认知结构，往往会导致学习的长效表现不佳。因此，从教学设计目标暨价值追求维度来看，有效失败理论最为重要的启示就是专注有效学习的发生，这比对学习结果的追求更加符合学习的过程性本质。

2. 学习活动设计关键：恰到好处的脚手架支持

并非所有失败对学习都是有意义的，因而利用有效失败并非完全排除教师的支持，相反，它要求教师设计更加精准的、更具导向作用的脚手架，从而达到让学生充分经历最具学习价值的失败，尽量避免无意义失败的目的。因此，从教学设计意义上来说，"在什么情况下提供脚手架"以及"提供什么样的脚手架"决定了学生有可能经历的失败的性质。

如果按照问题解决过程中教师所提供支持的强度构建一个连续统，那么完全放任学生的试误式问题解决和教师直接替代学生解决可视为两个极端。所谓"恰到好处的脚手架设计"即根据具体情境在这个连续统上寻求最有利于学习发生的位置，卡普尔借用球类运动的术语，将其形象地称为"甜蜜点"（sweet-spot）[②]。卡普尔的研究表明，使学生的学习活动聚焦于作为学习目标的核心概念及其关键特征，有利于深化概念性理解及增强迁移能力。受其启发，笔者认为，创客学习活动中提供脚手架的时机以及脚手架的支持强度，应该由学生所遭遇的问题情境的性质及其与核心概念的关联程度共同决定。

将脚手架支持强度的连续统与学生在学习活动中所遭遇困境的特征相结合，得到如图1所示的参照框架，它能够为在创客学习活动中设计恰到好处的脚手架提供指导。

---

① 裴新宁. 让学习成功：变构模型及其教学应用［J］. 教育生物学杂志，2013（4）：263-270.

② Kapur M，Bielaczyc K. Designing for productive failure［J］. Journal of the Learning Sciences，2012，21（1）：45-83.

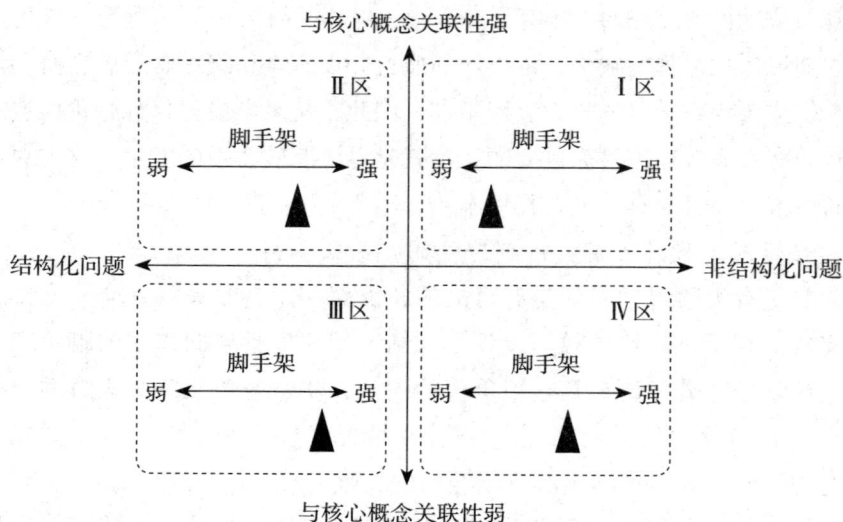

与核心概念关联性强

Ⅱ区　　　　　　　　　　Ⅰ区

脚手架　　　　　　　　　脚手架
弱　←——→　强　　　弱　←——→　强

结构化问题　←————————————→　非结构化问题

Ⅲ区　　　　　　　　　　Ⅳ区

脚手架　　　　　　　　　脚手架
弱　←——→　强　　　弱　←——→　强

与核心概念关联性弱

图1　利用有效失败的脚手架设计参照框架

对该参照框架的具体描述，详见表1。

表1　对脚手架设计参照框架的具体描述

分区	脚手架设计目标	说明及举例
Ⅰ区	弱化脚手架支持使学生充分遭遇失败	该区为与核心概念密切相关的非结构化问题。学生在该区遭遇失败，有助于深化新旧概念之间的认知互动，从而促进学习的有效发生。例如，实现特定功能的编程算法的设计，往往存在着多种可能方案和诸多"陷阱"，遭遇并处理这些问题，对学生理解算法原理、发展计算思维颇有助益
Ⅱ区	适度脚手架支持使学生适度遭遇失败	该区为与核心概念关联性强的结构化问题，主要体现为重要的陈述性知识与操作性知识，学生在脚手架支持下适度遭遇失败，有助于深化概念性理解。例如，对于一些重要的编程语法规则，遭遇并成功排除相关错误有助于学生深化理解并强化编程技能
Ⅲ区	强化脚手架支持力避学生遭遇失败	该区为与核心概念关联性弱的结构化问题。为学生提供直接的帮助，避免学生在该区遭遇失败，有助于减轻学生认知负荷、节约时间以及减少挫败感对学习动机和兴趣的影响。例如，对于工具软件的参数设置、各类传感器的引脚连接等，应为学生提供"即用即查"的快捷支持，避免在这方面浪费精力
Ⅳ区	适度脚手架支持使学生适度遭遇失败	该区为与核心概念关联性弱的非结构化问题，适度经历此类问题解决过程有助于学生积累实践经验并发展通用性问题解决策略。例如，引导学生运用排除法、替换法定位软件或硬件故障

3. 社会文化因素：脚手架发挥作用的必要保障

脚手架所提供的认知维度的支持，并非学习发生的充分条件，特别是在将失败转化为有效学习的过程中，社会文化因素的作用不容小觑。社会文化因素在学习者个体情绪和动机的调控以及学习者共同体文化与交往方式的塑造等方面有着不可替代的作用。社会文化因素的设计目标，包括营造包容失败、鼓励探索与尝试的文化氛围以及构建利于协作与分享的社会性互动支持两个方面，这与创客文化的价值取向是高度契合的。

社会文化因素的设计并非一个独立的环节，而是与整个学习活动设计过程特别是与脚手架的设计相融合的。在学习活动的目标定位方面，教师要努力摆脱结果导向的教学设计思维定式，积极探索使学习得以发生的"另一种可能性"[①]。在学习组织形式方面，要重视学习共同体的培育，鼓励协作、弱化竞争，为分工、讨论、沟通、分享等基本人际互动形式提供方法、工具及规则等方面的指导和支持。在学习任务设计方面，要设置适当的问题空间，鼓励学生在过程中发现问题并自主探究，引导学生表达和分享完成任务的过程及其情感体验。在学习评价方面，倡导"不以成败论英雄"的价值取向，重视过程性、发展性的评价方式，指导学生通过反思学习过程来评价自己的学习成效。

四、利用有效失败设计创客学习活动的实践探索

从公开发表的文献来看，目前仅有1篇硕士论文针对创客教育中利用有效失败的教学设计模式开展实证研究，其主要成果是验证了卡普尔所提出的两阶段教学设计模式对创客学习活动的有效性[②]。以此为基础，本研究试图从教师教学设计实践的角度对利用有效失败的具体设计问题（如脚手架设计）做进一步考察。这一研究动机源自笔者在与创客教师的接触过程中所了解的他们的一个困惑：学习了不少教学理论和模式，但在实践中感到"不好用"和"不会用"。这启示笔者转变研究思路，不再把教师的教学实践仅视为检验理论有效性的工具，而是对教师的教学实践进行参与式观察，通过与教师的充分互动实施"柔性"的研究干预，并在此过程中探查教师对有效失败的认识及利用情况。

---

① Kapur M. Productive Failure [J]. Cognition & Instruction，2008，26（3）：379-424.

② 郭婧远. 创客教育中利用有效失败促进学习的研究 [D]. 上海：华东师范大学，2016：77.

（一）实践探索的基本情况说明

参与本研究的赵老师（化名）为其所在学校的创客教育骨干教师，拥有教育技术学硕士学位和七年初中信息技术课程教学经验。赵老师所在学校为市重点初中，在科技创新教育方面有一定的特色。2016年初学校建成"创客空间"并引进了校外机构开发的创客教育课程，利用课余时间以兴趣小组的形式面向初一、初二年级学生开展学习活动。赵老师是该校创客教育从无到有过程的全程参与者，对创客教育充满热情并投入了大量精力。在研究开始之前，笔者向赵老师讲解了有效失败理论以及图1所示的脚手架设计框架，赵老师认同有效失败的教学价值并表示愿意在教学实践中对其进行探索。

本研究所涉及的教学内容为Arduino课程中"循环结构的应用"部分，此前学生已经学习过Arduino编程的基本知识（使用Mixly环境），该部分的重点在于应用。经与赵老师协商，利用三周的时间在三个平行进度的初中一年级兴趣班中实施三轮设计迭代，具体情况如表2所示。笔者全程参与赵老师的备课及教学过程，在课前及课后对赵老师分别进行约30分钟的访谈并录音，在教学过程中对每个学生小组的学习活动全过程进行录像。

表2　三个兴趣班的相关情况

班号	人数	分组数	开课时间	使用方案
1班	9	3	第一周周二下午16:00—18:00	第一轮设计
2班	8	2	第二周周二下午16:00—18:00	第二轮设计
3班	10	3	第三周周三下午16:00—18:00	第三轮设计

（二）实践探索过程及分析

1.赵老师的第一轮设计

（1）设计方案

赵老师第一轮设计的学习活动序列如图2所示，与原初方案的唯一不同之处就是去除了第一个环节——复习循环结构。

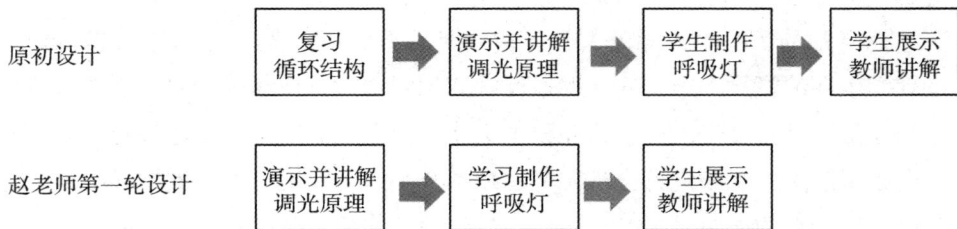

图2　赵老师的第一轮设计与原初设计对比

在课前访谈过程中，赵老师对此的解释是：

"它（指有效失败）给我一个启发，就是让学生自己去用所学的知识解决问题。以前呼吸灯这个内容我的理解就是对循环结构的巩固和应用，上来复习一下，相当于暗示学生要用到循环。不复习的好处就是让学生在实战中检验他们所学的东西，这就可能会碰到有效失败，我想这样的经历应该比复习会让他们印象更为深刻。"

由此可见，赵老师对有效失败的基本内涵已经有了初步的认识，并采取了"推迟结构化教学"的措施来为学生创造更多的从失败中学习的机会。这与卡普尔早期开展的一些研究中，对教学活动流程的调整是类似的[1][2]。

与此同时，笔者注意到赵老师对于"LED调光原理"这个内容，仍然保留了结构化教学的方式，赵老师对此的解释是：

"调光原理这个内容，我觉得还是讲给他们比较好，有效失败不是强调关注核心概念么？这节课的核心应该是循环的应用。"

赵老师的上述认识与课堂观察所见相互印证，笔者认为赵老师倾向于将Arduino课程的教学重点定位于掌握编程语言。对于"LED调光原理"，在赵老师的坐标系中似乎被置于偏向Ⅲ区的位置（与核心概念关联性弱的结构化问题）。

（2）实施与反思

第一轮设计实施之后，赵老师对教学效果的自我评价是"并非预期中的那样好"，在课后访谈过程中，他主要表达了两个困惑。正是这两个困惑，为

---

① Kapur M. Productive Failure［J］. Cognition & Instruction，2008，26（3）：379-424.

② Kapur M，Kinzer C K. Productive failure in CSCL groups［J］. International Journal of Computer-Supported Leaning，2009（4）：21-46.

笔者分析赵老师的教学过程并帮助其改进教学设计提供了重要线索。

　　赵老师的第一个困惑是关于"提供什么样的脚手架"的问题，当赵老师发现学生在编写循环结构程序的过程中遇到困难时，他纠结于"应该怎么帮助他们才既不是直接告诉他们错在哪里又能帮他们解决问题"。通过对该班全部三个小组的课堂视频进行分析，笔者在两个小组中发现了他们就循环结构问题向赵老师求助的情况，赵老师对他们的处理方式是相同的：首次求助时仅提示他们"自己动脑想一想"（但两个小组均未能自主解决），再次求助时赵老师给予较为具体的提示（如"步长的设置正确吗"），最终两个小组的问题都得以解决。但是赵老师对自己的做法并不满意，认为这样做"跟以前直接告诉他们哪里错了没什么区别，他们再遇到类似的问题，肯定还要问"。

　　参照前述"脚手架强度连续统"进行分析，赵老师在学生首次求助时几乎没有提供帮助，处于脚手架最弱的一端，而学生再次求助时所用的提示，则接近于告知学生解决方法，处于脚手架最强的另一端，可见，赵老师缺乏相对丰富的脚手架设计策略。鉴于此，笔者帮助赵老师设计了一个为学生排除故障提供帮助的"循环结构检查单"（如图3所示），包含了Mixly环境的循环结构示例（语法）、排除常见循环结构问题的检查要点以及一般性的编程思路。

　　"循环结构检查单"作为脚手架，不仅为学生排除故障提供了一种结构化的参照，同时也将其注意力导向"循环结构"这一核心概念及其关键特征，帮助学生在使用过程中深化理解并掌握解决编程问题的一般方法。

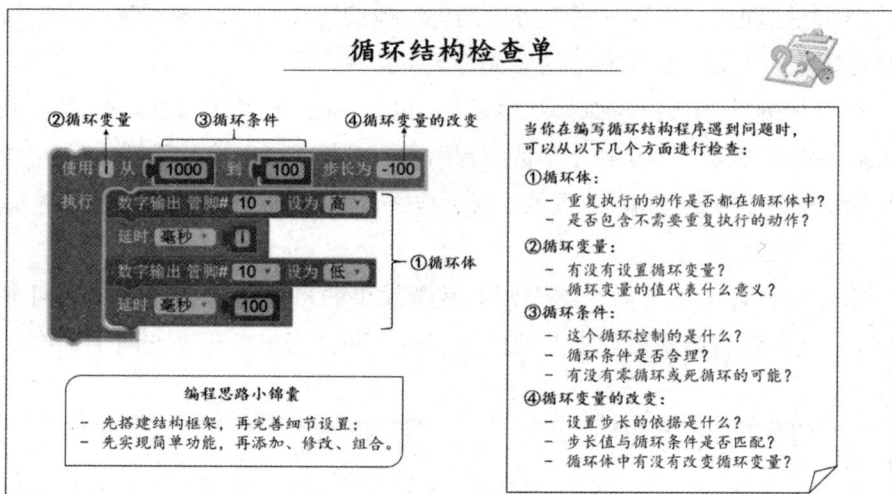

图3　循环结构检查单

赵老师的第二个困惑是他发现了一类"意料之外"的错误：有两个小组最终实现的是亮暗交替变化效果，而非渐亮渐暗的呼吸灯效果，原因是他们将赵老师演示亮度调节原理的程序"照搬"到了循环结构中。赵老师对此的分析是：

"呼吸灯其实就是连续改变LED的亮度，也就是连续改变亮灭时间比例。那个演示原理的程序是保持一种亮度，也就是固定的比例。我问过学生，他们知道呼吸灯是什么样子的，但他们就是做不出来，这里是需要一点迁移的。"

借着赵老师所说的"迁移"，笔者引导他反思第一环节"演示并讲解调光原理"中学生学习的有效性问题，建议他将"调光原理"视为与"循环结构"同等重要的核心概念，重新进行教学设计。

2. 赵老师的第二轮设计

（1）设计方案

① 探究：如何通过编程改变LED亮度？

学生探索 → 展示结构 → 教师讲解

② 实践：制作一个调光LED灯

学生探索 → 展示结构 → 教师讲解

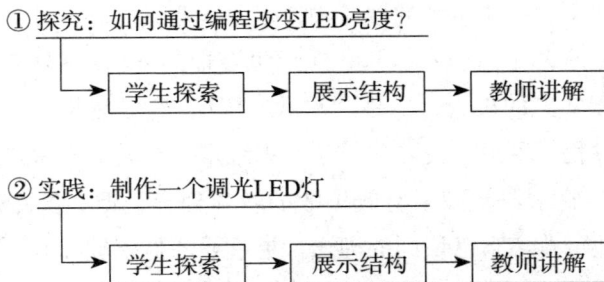

图4　第二轮设计方案的结构框架

用赵老师自己的话说，他的第二轮设计"是彻底解放思想的结果"。一方面，他将"调光原理"由直接讲授改为学生自主探究；另一方面，他用"设计一个调光LED灯"取代了"实现呼吸灯效果"的任务。他对此的解释是：

"学以致用嘛，能用某个原理解决现实问题，这才是真正的学习。调光灯是对LED调光原理最直接的应用，比呼吸灯更有实用价值，学生可能会更感兴趣。以前我也想到过用调光灯，但这需要额外用到电位器和几个函数，以前是怕这些东西喧宾夺主，所以不敢用。现在受你这个图的启发（指图1），我把这部分归为'与核心概念无关的结构化问题'，直接把电位器的接法以及相关的程序给学生，这样他们就能专注到调光上了。"

（2）实施与反思

第二轮设计的实施过程颇有些戏剧性。在"探究如何通过编程改变LED亮度"过程中，赵老师并未提供任何脚手架支持，结果两组学生均未得出有价值的结论，赵老师不得不回到第一轮设计中所用的"演示并讲授"的方法。这令赵老师感到"很受挫"，甚至"对这种设计的实际效果以及学生的探究能力都产生了怀疑"。

然而，在接下来的"设计调光灯"过程中，赵老师为学生提供的两种脚手架——循环结构检查单以及电位器相关内容发挥了作用，最终两个小组都成功地完成了任务。

两相对比，赵老师似乎形成了一个定论：

调光原理，对于学生来说太难了，不适合探究，还是直接讲的方式好……把呼吸灯改成调光灯是对的，对调光原理的应用更直接，学生都做成了。

与已有研究发现[①]类似，教师在尝试探究教学遇挫的时候，倾向归因于学生的能力限制并用自己所熟悉的授受式教学方法取代之。另外，赵老师对"调光灯"的肯定基于两个理由：一是"应用更直接"，这其实是减少了学生在变化的情境中运用知识的机会；二是"都做成了"，这显然是在评价依据上偏重结果而非学习过程。可见，授受式教学的思维定式对教师来说是根深蒂固的，即使教师通过理论学习认同了有效失败的教学理念，但在实践过程中还是很容易"不自觉地"背离自己认同的理念。更重要的是，教师的反思往往意识不到这一点，从而导致其对所尝试教学方法的有效性以及学生的能力水平产生怀疑，这往往会进一步强化教师对授受式教学方法的认可，弱化教师尝试做出改变的动机。

笔者认为，在这种情况下，也需要为教师反思和改进教学设计提供"脚手架"。于是，笔者开始引导赵老师评价"设计调光灯"环节的脚手架设计，并与之探讨设计脚手架支持学生对"调光原理"开展探究的可能性。

笔者：赵老师，您觉得（循环结构）检查单和电位器这两个脚手架的效果怎么样？

赵老师：（循环结构）检查单效果很好，学生终于学会了自己排查错

① 刘新阳."教师—资源"互动视角下的教师教学设计能力研究［D］.上海：华东师范大学，2016：267.

误，电位器没有成为我过去想象中的拦路虎，这也是脚手架的功劳。

笔者：探究调光原理，对学生来说是一个开放的或者说非结构化的问题，您没有提供脚手架支持，结果是没有产生有效的学习，可以称为"无效失败"。设计调光灯，其实就是对调光原理的直接应用，学生做成了，但是否有"无效成功"的成分？换句话说，做成一个调光灯，是否意味着学生对调光原理的应用达到了举一反三、灵活运用的水平？设计恰当的问题情境，提供恰到好处的脚手架支持，是利用"有效失败"的关键，我觉得在这方面我们还有改进的空间。

针对"调光原理"环节的"无效失败"问题，笔者和赵老师一起分析了"循环结构检查单"成功的原因，参照其中蕴含的设计原则，确定了改进的方向：厘清调光原理的核心要素，设计支持学生"操纵"这些要素的脚手架。

针对"设计调光灯"环节存在"无效成功"的风险，笔者和赵老师一起分析了电位器脚手架对于拓展问题空间所发挥的作用，赵老师提出了仿照电位器脚手架的设计为学生提供亮度、温度等传感器模块的"强脚手架"支持，以此支持学生在更加丰富的情境中运用核心概念——调光原理与循环结构来解决问题。

3. 赵老师的第三轮设计

（1）设计方案

如图5所示，第三轮设计方案整体上依然由"探究"和"实践"两环节组成，不同的是，探究问题的结构化程度有所增强，而实践环节的结构化程度有所减弱。这两方面结构化程度的调节，均是借助于不同强度的脚手架设计实现的，展示出了赵老师不断丰富的脚手架设计策略。

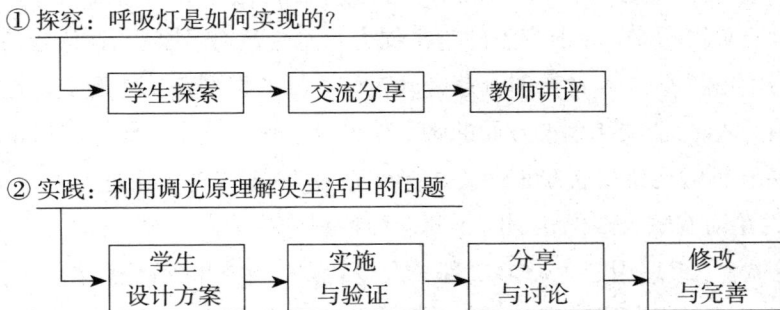

① 探究：呼吸灯是如何实现的？

学生探索 → 交流分享 → 教师讲评

② 实践：利用调光原理解决生活中的问题

学生
设计方案 → 实施
与验证 → 分享
与讨论 → 修改
与完善

图5　第三轮设计方案的结构框架

在"探究"环节，赵老师将演示程序和电路接法提供给学生，然后让他们完成一个如下图所示的学习单：

1. 按照上图（此处略）连接电路并运行程序，记录LED灯的亮度：
  □很亮　□中等　□很暗
2. 将变量on的值改为2，记录LED灯的亮度：
  □很亮　□中等　□很暗
3. 将变量on的值改为8，记录LED灯的亮度：
  □很亮　□中等　□很暗
4. 将程序中所有的延时由1 ms改为100 ms，你看到了什么现象？为什么会这样？
5. 通过上述实验，你能解释LED调光的原理了吗？

图6　探究调光原理的学习单

这个学习单实质上就是支持学生"操纵"调光原理两个关键要素的脚手架，问题2和问题3针对"亮灭时间比例（占空比）"这个要素，而问题4针对"频率"这个要素。

在"实践"环节，赵老师仿照电位器的强脚手架设计，增加了亮度、温度等传感器模块的接线图和相关程序，扩大了问题空间，将任务调整为利用调光原理解决生活中的问题。在学习活动设置上，更加细化，"生成设计方案""实施与验证"以及"分享与讨论"环节均为RSMs的多样化生成与表达创造了条件。

（2）实施与反思

赵老师在教学后的访谈中表示，这次课"学生的学习是成功的"，对于循环结构和调光原理这两个核心概念，"学生有了自己切身的感受""真正理解了"，对于实践环节学生所产生的丰富创意，他"感到很惊喜"，认为"以前低估了学生的能力"。与此同时，赵老师对脚手架的类型与功能的认识也有所拓展，开始考虑社会文化因素方面的脚手架设计——"这次'分享与讨论'环节存在自说自话的现象，这方面我想也应该提供脚手架支持，让讨论更有效"。

在讨论对有效失败的认识时，赵老师特别分析了一个例子：

"这次课2组想用三色LED实现一个变色灯，他们的编程思路，包括对三原色原理的理解，都是正确的，但最后没有实现预期的连续变色，原因是循环的嵌套出了一点问题。但是我觉得他们在这个过程中的收获还是蛮大的。其实

Arduino里面是有一个Analog Write函数直接输出可变占空比（信号）的，如果我将这个函数的用法作为像电位器用法那样的脚手架直接告诉他们，他们的程序可以简化不少，很有可能成功。这就是选择谁作为核心概念问题了。这次课的目的是理解调光原理，如果直接使用函数，就看不到原理了，但如果核心概念是三原色原理，我就可以使用这个函数来简化编程，避免学生在这上面遇到障碍……所以，脚手架设计得好，就有可能避免无效失败、创造有效失败。"

可见，赵老师对如何设计"恰到好处"的脚手架来利用有效失败已经有了较为深刻的体会。纵观三轮设计中脚手架的迭代演化，笔者发现这一过程与卡普尔新近发表的一篇文章对脚手架设计在无效失败（Unproductive Failure）、有效失败及有效成功（Productive Success）的转化过程中所发挥作用的论述[①]是一致的。以本文建立的脚手架设计框架（见图1）为参照系，对三轮设计的核心概念选择及脚手架强度调节进行过程分析，绘制出如图7所示的演化路径。它反映了围绕调光原理和循环结构这两个核心概念，对问题情境的结构化程度进行调整并与各类脚手架的设置相配合的逐步优化的过程。

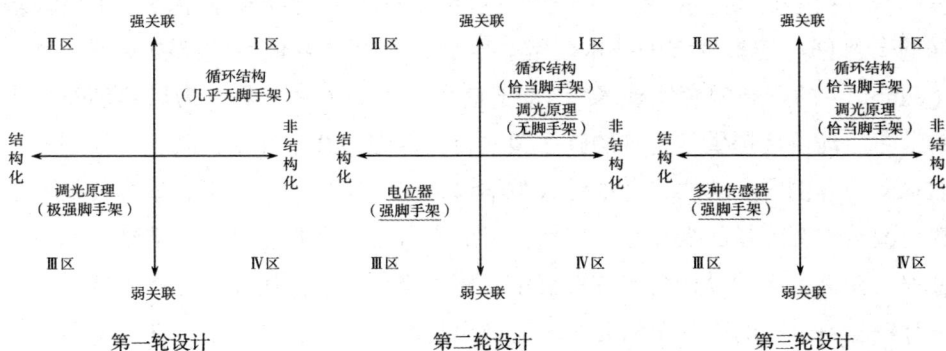

图7　三轮设计中脚手架的迭代演化

三轮设计方案的迭代本质上是在反复探查学生已有知识与能力边界的基础上，不断调整任务难度及脚手架强度，以期达成最有效的学习的过程。经典脚手架设计所追求的使学生在"成功"解决问题的过程中经历有效学习，即同时达成表现意义上的成功与学习的发生，显然比利用有效失败的学习更高效。但是，实践中由于缺乏对学生已有知识与能力边界的精准把握，所提供的脚

---

① Kapur M. Examining Productive Failure，Productive Success，Unproductive Failure，and Unproductive Success in Learning［J］. Educational Psychologist，2016，51（2）：289-299.

手架往往过强或过弱——前者易造成"无效成功"，而后者易导致"无效失
败"①。由此卡普尔提出了有效失败对于优化教学设计的独特价值：利用有效
失败的脚手架设计经过多轮迭代之后，能够最大程度地与学生的已有知识与能
力相匹配，从而真正实现"有效成功"所代表的短期学习效果与长期学习效
果、问题解决结果与学习有效发生的双赢。

五、反思与启示

（一）将创客工具用作发展学生创新能力的脚手架

有效失败的相关研究改变了以往对脚手架功能的相对单一的认识，启示
我们关注到不同强度和性质的脚手架组合所产生的导向功能——引导学习者将
主要精力投注到与有效学习的发生最具相关性的活动中。若要达成发展创新
能力的目标，最大限度地让学生经历发现问题、生成创意、实现原型、验证改
进等过程是非常必要的。长期以来，技术方面的限制和门槛是中小学开展科技
创新类活动的最大障碍。如今，以开源硬件、3D打印机、图形化与模块化编
程语言为代表的创客工具，不仅丰富了解决现实问题的技术手段，更极大地
降低了将创意变为现实的技术门槛。因此，创客教育成为信息技术"使能"
（enable）的创新教育实践场②。基于信息技术的创客工具，为培养创新能力
的学习活动设计提供了丰富的脚手架素材，但在实践中并未得到正确运用。正
如本文的案例所反映的，在授受式教学设计思维定式的影响下，教师往往不自
觉地偏重创客工具的操作性知识教授，而没有使学生真正经历创造性问题解决
过程。在学习活动设计与实施过程中，树立将创客工具用作引导和支持学生经
历有效学习过程的脚手架的意识，有助于解决当前创客教育中存在的偏误。

（二）将学习过程的有效性作为评价创客学习活动的着眼点

对有效失败的研究不仅凸显了学习过程的重要性，更启发我们思考什么
样的学习过程对于实现特定的学习目标来说是有效的，以及如何通过学习活动
的设计与实施来确保学生经历这样的过程。学习过程的有效性，对于作为综合

---

① Kapur M. Examining Productive Failure，Productive Success，Unproductive
Failure，and Unproductive Success in Learning ［J］. Educational Psychologist，2016，51
（2）：289-299.

② 祝智庭，孙妍妍. 创客教育：信息技术使能的创新教育实践场 ［J］. 中国电化
教育，2015（1）：14-21.

性高阶认知能力的创新能力的发展尤为重要。从国外实践经验来看，关注学习过程而非结果，已成为创客教育评价方式的显著特征^①。将学习过程的有效性作为评价创客学习活动的着眼点，有利于引导教师在教学设计过程中更加关注学生的学习体验，摆脱机械套用某种教学设计模式的思维局限，亦有利于丰富和发展面向学习过程的评价方式，纠正当前实践中重结果而轻过程的问题。

（三）以教学设计策略支持取代教学模式推广

本研究是对教学设计研究者与一线教师有效合作方式的一次探索，笔者并没有为教师提供可供"套用"的教学模式，而是通过与教师的密切互动，为教师发现、分析和解决教学问题提供方法与策略支持。在三轮设计迭代过程中，笔者充分感受到了教师在专业理论引导下所展现出的实践智慧与主体意识，也见证了教师教学设计能力的发展。已有研究表明，虽然"以学生为中心"的教学理念已被教师普遍接受，但由于缺乏与之相匹配的教学设计策略，导致教学实践的"有形而少实"甚至是"无实"^②。程式化、流程式的教学设计模式，表面上为教师提供了生成教学设计方案的"快捷方式"，却无法适应动态多变的实践境脉，也无法为教师教学设计能力的发展提供支持和给养。创客活动较之传统学科课程在内容、组织形式及评价方式上具有更多的灵活性，更加凸显了教师作为教学设计者的身份特征。因而，教学设计研究者与教师的合作方式需要从"一阶控制"转变为"二阶控制"，由教学模式的直接提供者转变为教师教学设计过程的支持者与合作者^③。唯有如此，方能营造教学设计理论研究与教师教学设计能力发展协同共进的良性生态结构。

［选自《中国电化教育》2018年第4期］

---

① 郑志高，张立国，等.美国创客教育教学评价案例的分析与启示［J］.现代教育技术，2016（12）：12-17.

② 刘新阳."教师—资源"互动视角下的教师教学设计能力研究［D］.上海：华东师范大学，2016：267.

③ 裴新宁.面向学习者的教学设计［M］.北京：教育科学出版社，2005：129-130.